中国物业管理协会系列丛书——研究系列

"红色物业"生态建设的探索实践

中国物业管理协会　宝石花物业管理有限公司　组织编写

张小　孙丁国　主编

中国建筑工业出版社

图书在版编目（CIP）数据

"红色物业"生态建设的探索实践 / 中国物业管理协会，宝石花物业管理有限公司组织编写；张小军等主编 .—北京：中国建筑工业出版社，2023.10
（中国物业管理协会系列丛书 . 研究系列）
ISBN 978-7-112-29266-0

Ⅰ.①红… Ⅱ.①中… ②宝… ③张… Ⅲ.①物业管理—研究—中国 Ⅳ.①F299.233.3

中国国家版本馆 CIP 数据核字（2023）第 190040 号

责任编辑：张智芊
责任校对：张惠雯

中国物业管理协会系列丛书——研究系列
"红色物业"生态建设的探索实践
中国物业管理协会　宝石花物业管理有限公司　组织编写
张小军　刘寅坤　张玉华　孙丁国　主编

*

中国建筑工业出版社出版、发行（北京海淀三里河路9号）
各地新华书店、建筑书店经销
华之逸品书装设计制版
天津裕同印刷有限公司印刷

*

开本：787 毫米×1092 毫米　1/16　印张：22　字数：337 千字
2024 年 1 月第一版　　2024 年 1 月第一次印刷
定价：**150.00** 元
ISBN 978-7-112-29266-0
（41978）

版权所有　翻印必究
如有内容及印装质量问题，请联系本社读者服务中心退换
电话：(010)58337283　QQ：2885381756
（地址：北京海淀三里河路9号中国建筑工业出版社604室　邮政编码：100037）

"红色物业"生态建设的探索实践编写委员会

主　　编：张小军　刘寅坤　张玉华　孙丁国
副 主 编：任向阳　张　洋　吴一帆　肖　军　李敏月　傅小文
参　　编：（按姓氏拼音字母排列）
　　　　　陈　军　陈　珺　陈燕玲　陈永贵　付文乾　谷永刚
　　　　　韩江雪　韩晓婷　胡　波　胡龙盈　胡之阔　黄玲洁
　　　　　李　剑　刘婧琳　刘新佳　柳　滢　马　昀　牟　辉
　　　　　牛　犇　孙连超　孙梦琪　孙小石　孙　鑫　孙亚澳
　　　　　王芷若　吴宏兴　吴　杰　吴顺龙　徐可鑫　闫婧晶
　　　　　张建国　张　爽　张　婷　赵洪亮　周曼琪

主　　审：黄安永　李杰训
主编单位：中国物业管理协会
　　　　　宝石花物业管理有限公司
技术支持：北京林业大学物业管理系
致　　谢：感谢中国物业管理协会2022年年度课题支持；
　　　　　感谢南京市住房保障和房产局物业管理处、浙江工业大学、河南圆方物业管理有限公司、南京百子物业管理有限公司、武汉百步亭花园物业管理有限公司等单位提供支持帮助；
　　　　　感谢季如进、艾白露、陈德豪、王兆春、宋宝程等提供指导和建议；
　　　　　感谢为本书提供帮助的其他单位和个人。

PREFACE 序

顺应中国特色社会主义新时代的要求,"红色物业"逐步兴起并得到快速发展,在加强城市基层党建、提升社区治理水平、提高物业服务品质、解决人民群众反映强烈的"急难愁盼"问题等方面取得了显著成绩。但"红色物业"创建仍面临许多挑战,特别是"红色物业"可持续发展的问题,单靠政府或者物业服务企业一元主导很难解决,需要从"红色物业"生态建设的角度思考探索。

2022年,宝石花物业管理有限公司(以下简称"宝石花物业")承担了中国物业管理协会年度研究课题《"红色物业"生态建设的探索实践》,研究成果验收评价为"优秀"。为进一步将研究成果转化成工作成效,中国物业管理协会与宝石花物业组建研究团队,在北京林业大学的大力支持下,将年度研究课题成果进一步优化和拓展,成为"中国物业管理协会系列丛书——研究系列"丛书之一。

作为全国首部系统论述"红色物业"生态建设的书籍,该书从企业的视角、生态的理论、系统的思维,研究解决"红色物业"可持续发展的问题。有三个亮点:第一,构建"红色物业"生态建设模型。以生动直观的形式说明"红色物业"生态的形成和运作机理,为多元主体共同参与"红色物业"生态建设提供了方式指引。第二,提出老旧小区治理中"红色物业"生态建设的思路。通过对"红色物业"生态建设的老旧小区治理案例分析,为老旧小区治理难题提供了新的解决思路。第三,提出"红色物业"生态生命力指数这一概念。以生命力指数为核心,建立较为完整的生态建设评价指标体系,成为量化评测"红色物业"生态的重要工具。

该书以丰厚的理论指引和大量的调查研究为支撑，突出了理论上的创新、实践上的突破和研究上的独立，既有研究价值又有工具功能。希望研究探索的新理论、新方式和新内容，能够帮助物业管理行业在党建引领下，进一步认识和把握发展规律，加快实现转型升级和创新发展。帮助物业服务企业解决参与"红色物业"建设原动力、路径及方法等问题，不断拓展"红色物业"成果，实现企业更好更快发展。帮助推动千万物业人，全面落实倪虹部长"大力提升物业服务，让人民群众生活更方便更舒心"的工作要求，在新时代创造物业管理行业新价值。

中国物业管理协会会长

2023年10月17日

前言

FOREWORD

"红色物业"是强化基层党建的创新实践,是推进社区治理的重要载体,也是物业企业融入社区治理的关键途径。在"共同富裕"成为社会经济发展主旋律的情况下,"红色物业"的价值和作用必将进一步凸显。但在目前的实践活动中,"红色物业"创建仍面临诸多突出挑战和矛盾,特别是物业企业成为"红色物业"的动力、路径和模型还不够清晰,"红色物业"的可持续发展问题还没有真正得到解决,并且这些问题单靠政府或者企业一元主导很难解决。

本书从物业企业的视角、生态创建的角度,探索"红色物业"的可持续发展问题。通过文献研究、问卷调查、案例分析、实地调研、实证研究等,梳理"红色物业"的发展历程,剖析物业企业"红色物业"生态建设的实践。通过生态理论、治理相关理论、利益相关者理论、集体行动逻辑理论和企业可持续发展理论等,明确"红色物业"生态的基本内涵和主要特征等,穿透"红色物业"生态建设的底层逻辑。通过剖析生态系统运行机理,构建"红色物业"生态模型,提出生态系统优化措施,搭建"红色物业"生态建设评价体系,并通过案例分析和实证研究等,形成"红色物业"生态建设的完整体系。

本书构建"红色物业"生态建设体系,旨在丰富和发展基层党建理论和社区治理模式,拓展物业行业创新发展的新理论、新方式和新内容,助力推进和解决街道社区、物业企业、小区业主参与"红色物业"生态建设的积极性、主动性和创造性,为创建共建共享共赢社会治理新局面和满足人民群众对美好生活的向往探索新的发展之路。

目录
CONTENTS

序 …………………… IV

前言 …………………… VI

第1章 "红色物业"概述 — 001

1.1 "红色物业"概念 — 002
1.1.1 "红色物业"的内涵 — 002
1.1.2 "红色物业"的特征 — 002
1.1.3 "红色物业"的发展历程 — 003
1.1.4 "红色物业"概念研究现状 — 010

1.2 "红色物业"建设的意义 — 012
1.2.1 "红色物业"建设能够有效破解物业行业难点 — 012
1.2.2 "红色物业"建设是落实"以人民为中心"发展思想的重要体现 — 014
1.2.3 "红色物业"建设是社区治理的重要手段 — 017
1.2.4 "红色物业"建设助力化解民众现实问题 — 019

1.3 "红色物业"建设的内容 — 021
1.3.1 组织层面的建设内容 — 021
1.3.2 业委会层面的建设内容 — 022
1.3.3 物业企业层面的建设内容 — 023
1.3.4 机制层面的建设内容 — 023

1.4 "红色物业"建设存在的问题 — 024
1.4.1 "红色物业"政策法规相对缺失 — 024
1.4.2 "红色物业"建设机制尚未健全 — 024
1.4.3 物业企业"红色物业"创建动力不足 — 025
1.4.4 社区服务供需失衡问题凸显 — 025
1.4.5 居民参与自治积极性较低 — 025
1.4.6 服务质量和管理水平不高 — 026

1.4.7　服务公益性与企业营利性之间存在矛盾 ············ 026
　　1.4.8　出现文化附会和形式主义现象 ················ 026

第2章　"红色物业"生态建设基本理论　027

2.1 "红色物业"生态的概念 ························ 028

2.2 "红色物业"生态建设的意义 ····················· 030
2.2.1 "红色物业"生态建设的可行性 ················ 030
2.2.2 "红色物业"生态建设的理论意义 ·············· 032
2.2.3 "红色物业"生态建设的实践意义 ·············· 033

2.3 "红色物业"生态建设的内容 ····················· 034
2.3.1 "红色物业"生态建设的构成主体 ·············· 034
2.3.2 "红色物业"生态建设的构成客体 ·············· 037

2.4 "红色物业"生态建设的理论基础 ·················· 038
2.4.1 生态理论 ································ 038
2.4.2 治理相关理论 ···························· 040
2.4.3 利益相关者理论 ·························· 043
2.4.4 集体行动逻辑理论 ························ 045
2.4.5 企业可持续发展理论 ······················ 047

2.5 "红色物业"生态建设的理论研究综述 ················ 050
2.5.1 "红色物业"研究综述 ······················ 050
2.5.2 "红色物业"生态研究综述 ··················· 058

2.6 "红色物业"生态建设研究思路 ···················· 062
2.6.1 研究目的 ································ 062
2.6.2 研究内容 ································ 063

2.6.3 研究方法 ········· 064
2.6.4 研究思路与技术路线 ········· 065

第3章 宝石花物业"红色物业"生态建设的定量分析 ········· 067

3.1 宝石花物业数据收集与处理 ········· 068
3.1.1 数据收集 ········· 068
3.1.2 数据处理 ········· 069

3.2 基于业主调研数据的定量分析 ········· 069
3.2.1 调查对象 ········· 069
3.2.2 信效度分析 ········· 070
3.2.3 差异性分析 ········· 071
3.2.4 描述性分析 ········· 075
3.2.5 小结 ········· 078

3.3 基于员工调研数据的定量分析 ········· 079
3.3.1 调查对象 ········· 079
3.3.2 信效度分析 ········· 080
3.3.3 差异性分析 ········· 081
3.3.4 描述性分析 ········· 086
3.3.5 小结 ········· 089

第4章 "红色物业"生态建设的企业案例分析 ········· 091

4.1 宝石花物业"红色物业"生态建设案例分析 ········· 092
4.1.1 宝石花物业酒泉公司 ········· 092
4.1.2 宝石花物业洛阳公司 ········· 093

- 4.1.3 宝石花物业江苏公司 …… 094
- 4.1.4 宝石花物业大庆公司 …… 095
- 4.1.5 宝石花物业西安公司 …… 096
- 4.1.6 宝石花物业唐山公司 …… 096
- 4.1.7 宝石花物业兰州公司 …… 097
- 4.1.8 宝石花物业天津公司 …… 098
- 4.1.9 各公司比较分析 …… 099

4.2 其他典型"红色物业"生态建设的案例分析 …… 108
- 4.2.1 河南圆方"红色物业"生态建设实践 …… 108
- 4.2.2 武汉百步亭花园"红色物业"生态建设实践 …… 111
- 4.2.3 保利物业"红色物业"生态建设实践 …… 113
- 4.2.4 中海物业"红色物业"生态建设实践 …… 116

4.3 地方政府"红色物业"生态建设相关标准文件解读 …… 118
- 4.3.1 山东省烟台市《红心物业建设标准》
  DB3706/T 062—2020 …… 118
- 4.3.2 山东省威海市《红色物业建设规范》
  DB3710/T 133—2021 …… 120
- 4.3.3 黑龙江省哈尔滨市《红色物业小区建设规范》
  DB2301/T 112—2022 …… 121

4.4 案例分析的总结与启示 …… 122
- 4.4.1 抓好物业企业的党组织建设 …… 122
- 4.4.2 发挥党组织的政治引领功能 …… 123
- 4.4.3 实现"红色物业"生态系统的多方联动 …… 124
- 4.4.4 全面提升物业企业服务能力 …… 125

第5章 "红色物业"生态建设的老旧小区治理案例分析 …… 127

5.1 "红色物业"生态建设的老旧小区治理概述 …… 128
- 5.1.1 老旧小区治理的概念 …… 128
- 5.1.2 老旧小区治理的重要性 …… 128
- 5.1.3 老旧小区治理面临的问题 …… 129
- 5.1.4 "红色物业"生态建设对老旧小区治理的作用 …… 131

5.2 基于"红色物业"生态建设的老旧小区治理案例分析 …… 134
- 5.2.1 南京朝天宫街道老旧小区治理案例分析 …… 134
- 5.2.2 南京玄武区老旧小区治理案例分析 …… 137
- 5.2.3 济南历城区老旧小区治理案例分析 …… 140
- 5.2.4 北京劲松社区老旧小区治理案例分析 …… 141

5.3 老旧小区治理中的"红色物业"生态建设思路 …… 143
- 5.3.1 政府统筹规划，多元主体参与 …… 143
- 5.3.2 拓展收入来源，促进经费共担 …… 144
- 5.3.3 健全标准体系，开发现存资源 …… 146

第6章 物业企业"红色物业"生态模型构建 …… 147

6.1 "红色物业"生态模型构建 …… 148

6.2 "红色物业"生态模型运行机制 …… 151
- 6.2.1 党建交叉联动机制 …… 151
- 6.2.2 "三级"协商议事机制 …… 152
- 6.2.3 企业品牌形象创建机制 …… 154
- 6.2.4 企业多元业务布局机制 …… 155
- 6.2.5 企业市场多元业态拓展机制 …… 156

6.3 "红色物业"生态运转优化措施 ·············· 157
  6.3.1 提升基层党建能力 ·············· 157
  6.3.2 健全有效监督机制 ·············· 157
  6.3.3 落实工作奖惩机制 ·············· 158
  6.3.4 加强"红色人才"培养 ·············· 158
  6.3.5 健全综合保障体系 ·············· 158
  6.3.6 服务社区人民群众 ·············· 159

第7章 "红色物业"生态建设的评价 ·············· 161

7.1 "红色物业"生态建设评价概述 ·············· 162
  7.1.1 评价目的 ·············· 162
  7.1.2 评价思路 ·············· 162
  7.1.3 评价方法 ·············· 164

7.2 "红色物业"生态建设评价指标体系设计 ·············· 165
  7.2.1 指标体系构建 ·············· 165
  7.2.2 指标权重确定 ·············· 178
  7.2.3 指标无量纲化 ·············· 190

7.3 "红色物业"生态的生命力指数 ·············· 192
  7.3.1 生命力指数介绍 ·············· 192
  7.3.2 生命力指数计算 ·············· 192

第8章 "红色物业"生态体系的评价应用 ·············· 195

8.1 评价调研工作开展 ·············· 196
  8.1.1 评价调研样本选取 ·············· 196

  8.1.2 评价调研内容与方法 ················· 200

 8.2 典型样本评价 ··························· 202
  8.2.1 社区A ···························· 202
  8.2.2 社区B ···························· 208
  8.2.3 社区C ···························· 214

 8.3 评价结果分析 ··························· 221
  8.3.1 各社区"红色物业"生态体系总体得分
     对比分析 ····························· 221
  8.3.2 各社区"红色物业"生态体系一级指标分数
     对比分析 ····························· 222
  8.3.3 各社区"红色物业"生态体系二级指标分数
     对比分析 ····························· 223
  8.3.4 各社区"红色物业"生态体系三级指标分数
     对比分析 ····························· 223

结语 ··· 231

附录A 宝石花物业各地区公司开展"红色物业"生态建设实践 ······ 233
附录B "红色物业"生态体系评价调研资料 ················· 266
附录C "红色物业"生态体系评价应用——社区数据 ············ 297

参考文献 ······································· 332

第 1 章

"红色物业"概述

本章全面解读"红色物业"的内涵，剖析其在社区治理中的独特价值和作用，追溯"红色物业"发展的历程，探讨其从概念提出到实践推广的过程，阐明建设"红色物业"的重要意义、详细讲述其建设内容，总结"红色物业"建设中存在的困难和问题。

1.1 "红色物业"概念

1.1.1 "红色物业"的内涵

"红色物业"有别于传统物业服务工作，是一种创新的社区治理方法，也是一种新的物业服务运营模式。"红色物业"这一概念最初于2017年中国共产党武汉市第十三次代表大会上提出，其建设目标为通过发挥党组织对物业企业、居民委员会（以下简称"居委会"）、业主委员会（以下简称"业委会"）等的引领作用，规范各主体的行为，凝聚最大共识，形成有效参与（容志，等，2019）。学术界对"红色物业"的解释侧重于对党建引领作用及内含"国家——社会"关系的说明。有学者认为，"红色物业"是指党组织在物业企业的全面覆盖，能充分发挥党组织对物业企业的政治引领作用，推动物业企业更好地参与社区治理（陈琦，等，2018）。

本书归纳总结，认为"红色物业"其基本内涵就是在物业服务领域彰显党的政治色彩，强化党的政治属性，发挥党的政治功能，握牢物业服务的政治方向。具体工作就是以街道社区党组织为核心，整合服务资源，聚集服务力量，健全服务机制，既发挥物业服务功能，又发挥政治引领功能，使社区环境更加美丽、邻里关系更加和谐、文化氛围更加浓郁，使居民获得感、幸福感、归属感不断跃升。

1.1.2 "红色物业"的特征

"红色物业"具有党建引领、多方参与、以人为本、创新创造和自觉自愿的特征。

党建引领:"红色物业"属于基层党建的范畴,强调党建引领物业服务发展的功能,彰显党的政治特性,实现党对物业服务领域的政治引领、思想引领、组织引领和服务引领。

多方参与:"红色物业"需要党组织、社区居民、居委会、物业企业等多个相关利益主体参与,并为多元化主体参与社区治理提供平台,构建多元协调治理的服务体系,体现多部门参与治理的联动性,为坚持和完善共建共治共享的社会治理制度提供有益借鉴。

以人为本:"红色物业"突出以人民为中心的发展思想,解决人民群众"急难愁盼"问题,提升人民群众的获得感、幸福感、安全感。"红色物业"将党的理念和社会主义核心价值观融入物业服务,始终践行中国共产党全心全意为人民服务的根本宗旨。

创新创造:"红色物业"是新时代城市基层党建和基层治理的实践创新。"红色物业"实现了物业服务管理职能拓展、功能完善、效能提升,破解物业服务管理存在的疑难问题和薄弱环节。"红色物业"推进形成物业管理与党建工作相结合的新思想、新模式和新方法。

自觉自愿:通过党建引领、多方共建,并通过"红色文化"和"红色教育"熏陶,传承党的优良传统和价值观,推进"红色物业"各个参与主体以实现公共利益和承担社会责任为目标,自觉自愿参与社区的自治和共治,积极主动参与物业服务工作。

1.1.3 "红色物业"的发展历程

1.1.3.1 "红色物业"的孕育

改革开放以来,由政府或企业单一主体主导的单位制逐渐退出历史舞台,社区成为基层社会治理的最基础单元。

2000年,《民政部关于在全国推进城市社区建设的意见》指出,建立非"单位制"的管理有序、环境优美新型社区,应该由政府主导,各方力量积极参与,具有明显的行政化色彩。

2004年,中共中央办公厅转发《中共中央组织部关于进一步加强和改进街道社区党的建设工作的意见》的通知指出，建设管理有序、文明和谐的现代城市社区，需要充分发挥社区党组织统一领导力，为基层社区治理提供坚强的组织保证。

2007年，党的十七大报告中明确提出，"健全党委领导、政府负责、社会协同、公众参与的社会管理格局"，"党委领导、政府负责"突出强调了社区党建在社区治理中的重要意义。

2012年，党的十八大报告提出，基层党建要贯彻党的理论和路线方针政策，充分发挥基层党组织的战斗堡垒作用；要加快农村以及城市社区的基层党建工作，保障党组织的覆盖面，在服务基层群众、解决群众切实需求的过程中，以党的基层组织建设带动其他各类基层组织建设。

党的十八大以后，党建引领的作用越发得到决策层的重视，逐渐成为贯穿基层社区治理的一根红线（图1.1）。

1.1.3.2 "红色物业"的诞生

2014年，武汉市以幸福社区创建为抓手，逐步建立"1+4"的社区工作运行模式，武昌区被民政部确认为"全国社区治理和服务创新实验区"；百步亭社区"三方联动"案例获"社区发展创新奖"；武汉市被评为"2014年度全国和谐社区建设示范市"。

2017年2月，时任湖北省委副书记、武汉市委书记陈一新在中国共产党武汉市第十三次代表大会报告中，提出实施"红色引擎工程"，首次提出打造"红色物业"。

2017年4月8日，武汉市委印发了《关于实施"红色引擎工程"推动基层治理体系和治理能力现代化的意见》，"红色物业"成为基层社区治理的有力抓手。

2017年6月，《中共中央 国务院关于加强和完善城乡社区治理的意见》中，明确提出"要把加强基层党的建设、巩固党的执政基础作为贯穿社会治理和基层建设的主线，以改革创新精神探索加强基层党的建设引领社会治理的路径"。

2017年12月，武昌区"红色业委会"化解纠纷案例荣获"2017年全国创新社会治理最佳案例"奖。在推广过程中，百步亭物业作为"红色物业"

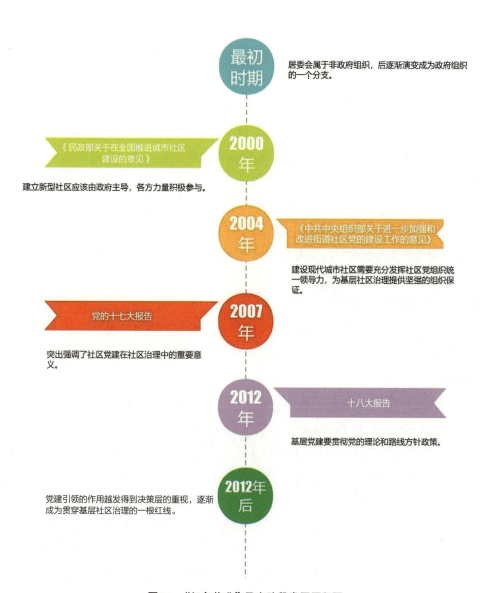

图1.1 "红色物业"孕育阶段发展历程图

的先行者，成为党建引领"红色物业"融入社区治理实践的标杆企业。

2018年1月2日，《人民日报》以"湖北武汉打造城市基层党建新格局'红色引擎'让党组织一呼百应"为题，讲述了武汉市洪山区方桂园社区、汉阳区江欣苑社区、江岸区百步亭社区和江汉北路社区等社区的故事，为武汉"红色物业"助力打造城市基层党建新格局点赞，"红色物业"创建在全国掀起高潮。

2018年3月13日，为贯彻落实中共武汉市委《关于实施"红色引擎工程"推动基层治理体系和治理能力现代化的意见》精神和2018年市政府工作报告确定的老旧小区"红色物业"拓面提质工作目标，武汉市政府发布《全市老旧小区"红色物业"拓面提质工作实施方案》。

2019年1月1日施行的《武汉市物业管理条例》（修订版）总则第一条，在2010年版条例总则的基础上增加了"打造共建共治共享的社会治理格局，不断满足人民日益增长的美好生活需要"的内容，将物业管理的目的上升到社会治理共建共享的政治层面（图1.2）。

1.1.3.3 "红色物业"的探索

2019年5月，中共中央办公厅印发《关于加强和改进城市基层党的建设工作的意见》，提出要加强党对城市建设工作的领导，成为城市基层党建的指导性文件。

2020年7月，《国务院办公厅关于全面推进城镇老旧小区改造工作的指导意见》提出，将城镇老旧小区改造列入各级政府工作日程。

2020年12月25日，《住房和城乡建设部等部门关于加强和改进住宅物业管理工作的通知》指出，住宅物业管理工作是基层社区治理的重要组成部分，要坚持和加强党对物业管理工作的领导。

2022年10月16日，习近平总书记在党的二十大报告中指出"推进以党建引领基层治理"，进一步明确了加强基层治理的关键抓手，对于坚持和加强党的领导、夯实党长期执政的组织基础、推进基层治理体系和治理能力现代化，具有十分重要的意义。

同时，各地"红色物业"的建设进入制度化新阶段：

2022年2月，《杭州市物业管理委员会组建运行实施办法（试行）》明确了

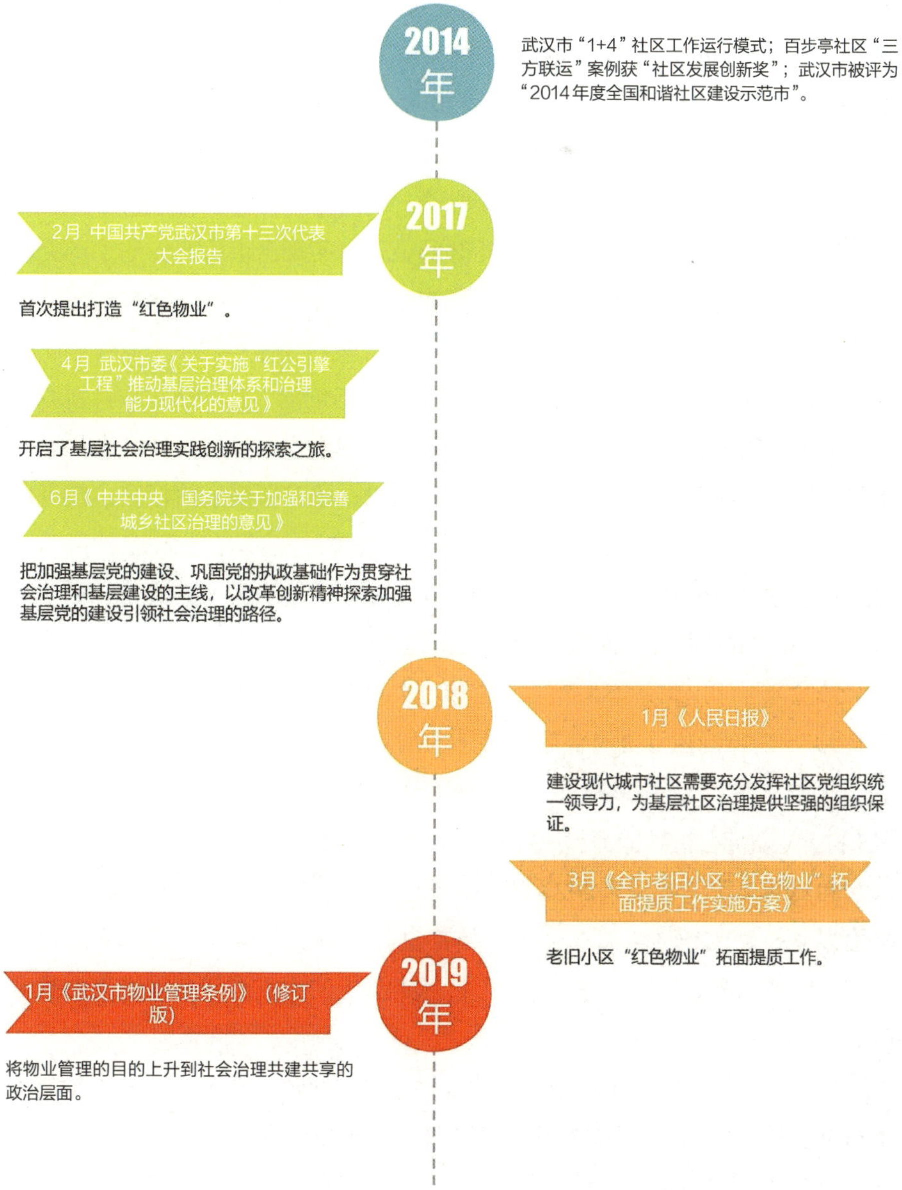

2014年
武汉市"1+4"社区工作运行模式；百步亭社区"三方联运"案例获"社区发展创新奖"；武汉市被评为"2014年度全国和谐社区建设示范市"。

2017年

2月 中国共产党武汉市第十三次代表大会报告

首次提出打造"红色物业"。

4月 武汉市委《关于实施"红公引擎工程"推动基层治理体系和治理能力现代化的意见》

开启了基层社会治理实践创新的探索之旅。

6月《中共中央 国务院关于加强和完善城乡社区治理的意见》

把加强基层党的建设、巩固党的执政基础作为贯穿社会治理和基层建设的主线，以改革创新精神探索加强基层党的建设引领社会治理的路径。

2018年

1月《人民日报》

建设现代城市社区需要充分发挥社区党组织统一领导力，为基层社区治理提供坚强的组织保证。

3月《全市老旧小区"红色物业"拓面提质工作实施方案》

老旧小区"红色物业"拓面提质工作。

2019年

1月《武汉市物业管理条例》（修订版）

将物业管理的目的上升到社会治理共建共享的政治层面。

图1.2 "红色物业"诞生阶段发展历程图

不同情形下物业管理委员会分别履行的主要职责，包括组织业主监督前期物业合同的履行，作为首次业主大会会议的筹备组组织业主成立业主大会、选举产生业主委员会，在未能成立业主大会的小区临时代为履行业主委员会的职责，在业主委员会任期届满换届选举或在任期内终止需要重新选举时履行工作指导组职责，在老旧小区成立业主委员会前临时代行业主委员会的职责。

2022年4月，深圳市住房和建设局发布《关于推进住宅小区业主委员会三年全覆盖的通知》，要求强化党建引领，按照"因地制宜、分类指导、有序推进、应建尽建"的原则，用三年时间，逐步实现全市所有住宅小区党的组织和工作全覆盖，切实发挥好小区党支部的领导核心和战斗堡垒作用，推动党建引领业主自治，筑牢小区治理根基。

2022年5月，中共河南省委制定出台《关于创建"五星"支部引领城市基层治理的指导意见》，以发挥"两个作用"、建设支部过硬社区，动员居民参与、建设共建共享社区，深化"三零"创建、建设平安法治社区，提升服务保障、建设和谐幸福社区，优化营商"微环境"、建设宜业兴业社区为主要抓手，完善城市基层治理体系，提升城市基层治理能力，夯实党在城市的执政根基，"红色物业"创建作为重点工作任务之一。

2022年9月，北京市发布《北京市"十四五"城乡社区服务体系建设规划》，提出要推动建立健全党建引领下的居（村）民委员会、业主委员会（物业管理委员会）、物业服务人员协调运行机制，强化社区党组织领导能力、居（村）民委员会指导能力、物业服务人履约能力。

2023年3月，《银川市2023年物业提升"123"专项行动工作方案》发布，提出以坚持党的领导、总体部署一体推进，坚持从严从紧、扎实开展两项治理，坚持问题导向、实现"三个"目标走深走实为重点任务推进物业提升"123"专项行动。

2023年4月，济宁市微山县发布《微山县"红色物业"建设提质赋能攻坚行动实施方案》，提出要扎实推进"红色物业"建设工作，以切实解决群众身边的"关键小事"为着力点，积极构建共建共治共享的基层治理新格局（图1.3）。

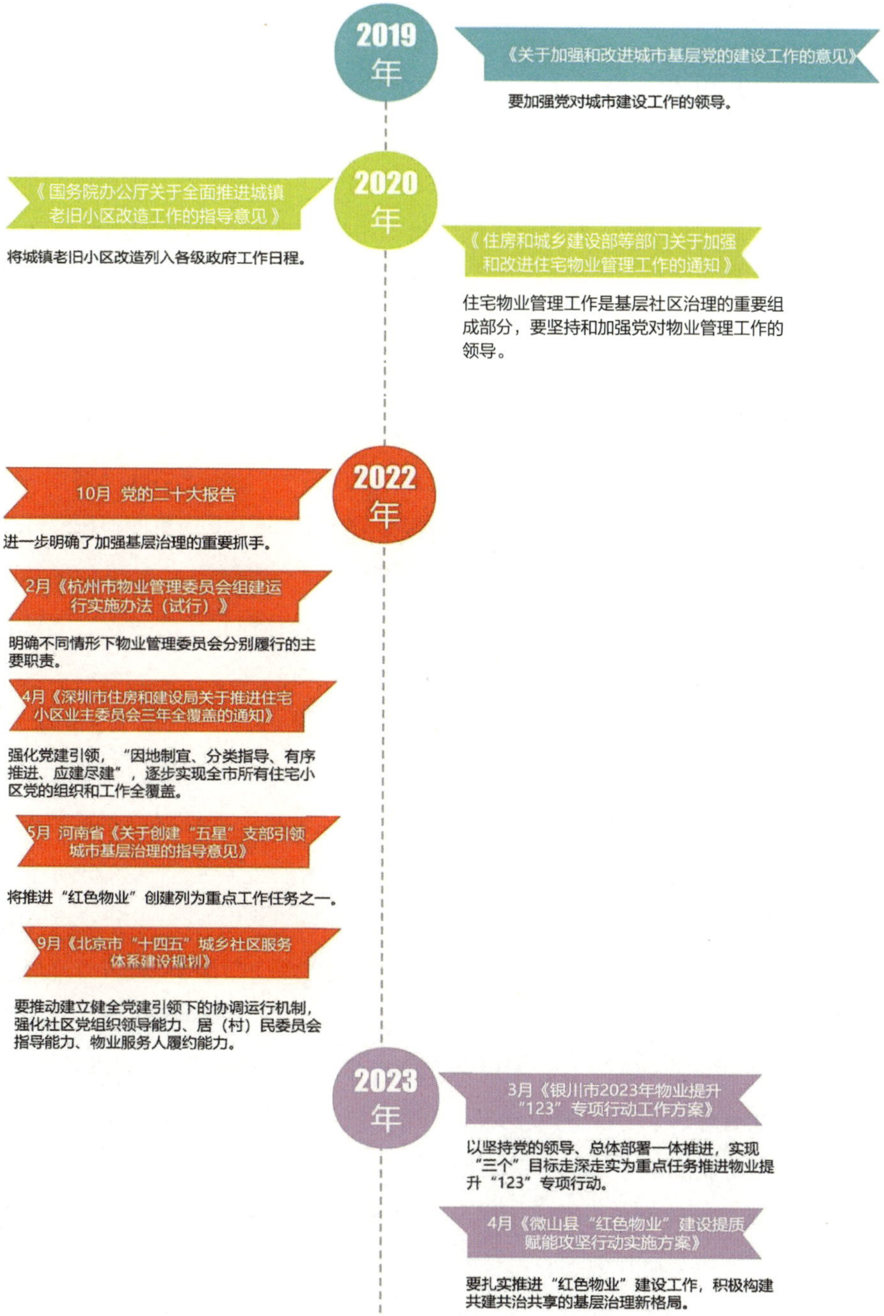

2019年
《关于加强和改进城市基层党的建设工作的意见》
要加强党对城市建设工作的领导。

2020年
《国务院办公厅关于全面推进城镇老旧小区改造工作的指导意见》
将城镇老旧小区改造列入各级政府工作日程。

《住房和城乡建设部等部门关于加强和改进住宅物业管理工作的通知》
住宅物业管理工作是基层社区治理的重要组成部分，要坚持和加强党对物业管理工作的领导。

2022年
10月 党的二十大报告
进一步明确了加强基层治理的重要抓手。

2月 《杭州市物业管理委员会组建运行实施办法（试行）》
明确不同情形下物业管理委员会分别履行的主要职责。

4月 《深圳市住房和建设局关于推进住宅小区业主委员会三年全覆盖的通知》
强化党建引领，"因地制宜、分类指导、有序推进、应建尽建"，逐步实现全市所有住宅小区党的组织和工作全覆盖。

5月 河南省《关于创建"五星"支部引领城市基层治理的指导意见》
将推进"红色物业"创建列为重点工作任务之一。

9月 《北京市"十四五"城乡社区服务体系建设规划》
要推动建立健全党建引领下的协调运行机制，强化社区党组织领导能力、居（村）民委员会指导能力、物业服务人履约能力。

2023年
3月 《银川市2023年物业提升"123"专项行动工作方案》
以坚持党的领导、总体部署一体推进，实现"三个"目标走走实实为重点任务推进物业提升"123"专项行动。

4月 《微山县"红色物业"建设提质赋能攻坚行动实施方案》
要扎实推进"红色物业"建设工作，积极构建共建共治共享的基层治理新格局。

图1.3 "红色物业"探索阶段发展历程图

1.1.4 "红色物业"概念研究现状

"红色物业"是加强基层党建、完善城市社区治理的创新探索，目前有关研究内容丰富。

一是针对"红色物业"内涵与概念的研究。耿荒和张乃仁（2018）概括了"红色物业"的内涵，即"针对社区治理中存在的物业服务问题，以党建为统领，组建一批公益性企业化物业服务实体或改造一批现有物业企业，选聘一批党员大学生从事社区物业服务工作，坚持公益属性、市场运作，通过居委会、业委会和物业企业'三方联动'，增强社区居民参与，实现各种类型小区物业服务全覆盖，提升社区服务水平"。姚寂然（2018）以武汉市水果湖街社区为例，通过对"红色物业"实践的研究，分析了"红色物业"的特点，发现其实现社区党建政治性的重要功能作用，从理论角度得出"红色物业"是坚持和加强党的全面领导的重大探索这一结论，认为解决社区物业管理难题的关键在于社区物业管理处成立党组织，并在党建的引领之下对此进行全方位管理。

二是关于"红色物业"重要性的研究。吴伟俊（2018）指出"红色物业"在基层社会治理中作用非常显著，能够将党的方针政策及时传达到基层，了解人民需求，解决社会矛盾，对推动社会和谐与稳定发展具有重要意义。叶锡祥（2018）选取浙江省衢州市"红色物业"作为研究对象，深入分析当地"红色物业"的发展状况，当地通过构建"红色物业"联盟，充分发挥党建在城市基层治理中的引领作用，努力把习近平总书记提出的"城市管理应该像绣花一样精细"的要求落细落小，落到实处，把业主、物业企业、党员干部、社会组织等联系在一起，形成多方参与的小区治理模式，各方能够鼎力配合、全面合作，为小区物业的发展提供助力。王德福（2019）在研究中提出党建引领机制的两个维度，第一维度是在基层党组织的推动下，促进群众性协作，增强社区的自治管理能力；第二维度是强化领导力，通过基层党组织优化治理体系协作效率，提高社区问题解决能力。基层党建同社区治理现代化精准对接、相互促进，不断巩固社区作为国家治理基本单元和基层党组织战斗堡垒的战略地位。

三是关于"红色物业"实现路径研究。进入新时期，社会结构发生了深刻的变化，物业嵌入党建，在党建引领下开展服务是物业发展的必然趋势。陈琦等（2018）分析了社区治理的特点，明确指出，"红色物业"的提出强化了基层党组织对社区治理市场主体的政治引领作用，重新定位了物业企业在社区治理中的角色，重塑了物业企业与其他治理主体的关系，培育了物业企业融入社区治理的合作共治机制，对于促进社区"善治"具有重要意义。叶成（2018）从利益的视角分析了社区治理不同主体之间的利益博弈，包括物业企业、业委会等，在社区治理中利益各不相同，彼此之间相互博弈，如果不从中协调，那么彼此之间的矛盾会进一步加深，会影响到社区治理目标的实现。"红色物业"通过发挥党组织的核心作用，有效协调了各主体做好服务。叶娟丽（2019）立足于特定场景下多元治理主体的微观行为逻辑，对"红色物业"对社区治理的影响进行剖析，认为"红色物业"作为一种以党建为引领，由多个社会主体组成的协作关系网络，其协作关系极有可能仅限于党建领域工作，例如在贯彻党的方针政策、参与党建活动等方面，而当前在社区其他日常工作中这种协作力度仍显不足，所以"红色物业"推进中要避免这种情况。

四是关于推动"红色物业"融入社区治理的对策研究。孙柏瑛和邓顺平（2015）认为，"红色物业"在解决物业问题方面作用比较显著，可以通过组织嵌入、价值引领、体制吸纳三种方式发挥基层党组织的作用，引领基层治理能力的提升。陆璐（2020）分析了影响社区治理的相关因素，结合城市基层党建的相关理论，提出"要特别注重顶层设计、强化党建引领、厘清多元合作主体职能、加强党员队伍管理、创新服务方式"等促进"红色物业"未来发展的建议。关于"红色物业"满意度的调查较少，杨思祺等（2020）以武汉市江岸区24个社区居民为对象，以"红色物业"为背景构建满意度调查指标体系，模糊综合评判法与实地访谈相结合，对居民就物业管理各个方面的满意度进行调查，结果表明："红色物业"在老旧小区的满意度较低。学者们普遍认为"红色物业"是社区治理的先进探索，但在推进过程中难免遇到许多问题，"红色物业"是否可以持续发展，其他地区是否可直接复制，值得深入持续的关注。目前，我国"红色物业"的实际应用尚处于起步阶段，学术界对其在社区基层治理中的地位和作用、如何解决"红色物业"建设中的难题、推动"红色物业"的长期运作等都有必要进行深入的探讨。

1.2 "红色物业"建设的意义

经过近年的探索实践，"红色物业"在破解行业难点、落实以人民为中心、提升社区治理能力、解决人民群众反映强烈的"急难愁盼"问题等方面取得了显著成绩。

1.2.1 "红色物业"建设能够有效破解物业行业难点

《中华人民共和国国民经济和社会发展第十四个五年规划和2035年远景目标纲要》《住房和城乡建设部等部门关于加强和改进住宅物业管理工作的通知》等政策为物业行业发展指明了方向、创造了条件。当前我国物业行业存在着行业功能定位不够明确、政策法规比较滞后、调价机制相对落后、服务品质提升困难等诸多难点和问题。如何破解这些难点和问题，"红色物业"建设是关键一招。通过"红色物业"建设，加强思想政治建设、建立有效监管机制、不断推进改革创新、落实社会责任等，引导行业健康发展。

一是思想政治建设为破解行业难点提供了行动指南。思想政治建设是党建引领的重要内容，也是破解行业难点问题的行动指南。当前物业行业面临着竞争压力大、服务质量不稳定等问题，物业行业的公益性与物业企业的市场性之间存在突出矛盾，容易导致企业陷入"唯利是图"的困境，导致企业难以实现可持续发展的问题。"红色物业"建设在企业中树立了正确的价值观念，把"不以营利为主要目的""为人民服务""牢记服务初心"等思想理念融入企业文化中，实现了企业价值观、员工价值观与社会价值观的一致性。通过"红色文化"的宣传和普及，能够激励员工始终把服务放在第一位，从而在工作和学习中不断克服困难、追求卓越（图1.4）。

二是有效监管机制为破解行业难点提供了基础保障。物业服务涉及居民生活的方方面面，目前以"居委会+业委会+物业企业"等为核心的工作

图1.4 宝石花物业"红色物业"文化展室

机制,政府部门、业主、物业企业等相关主体之间的职责及利益边界不够清晰,监督机制和评价机制不够完善。在监管机制建设中,仅仅靠行业协会、行业组织及物业企业建立相应的自律管理机制是不够的,必须进行物业管理全链条监管。"红色物业"的监督管理机制,是党建引领的重要内容之一,打破了利益篱笆,突破了固有思维,创新了监督模式,提升了评价水平,为破解行业监管难题提供了基础保障。

三是改革创新为破解行业难点提供了有效途径。物业行业作为服务社区居民的重要领域,面临着日益复杂和多样化的挑战。当前,相比其他行业,物业行业的数字化、信息化和智能化建设有所滞后,相对缺乏科技创新能力,使得企业在服务质量、效率和客户体验上与其他行业相比存在一定差距。"红色物业"以业主满意为检验标准,持续推进理念创新和模式创新。

"红色物业"以理念创新为先导。传统的物业服务是按照服务合同约定、以"四保一服"为主要服务内容的经营活动,侧重于对"物"的管理和维护。而随着社会的进步和居民需求的提升,单纯的对"物"的管理维护已无法满足居民的多元化需求。"红色物业"重新审视自身的价值和使命,成为党组织的宣传队、工作队、战斗队,成为社区治理的"最后100米",强调以人为本、服务至上。

"红色物业"以模式创新为标志。传统的物业管理模式主要侧重于依靠物业企业的资源对"四保一服"基础服务进行管理和运营,然而在新时代的背景下,传统单一的管理模式已经不能适应社区居民的多样化需求。"红色物业"从多个方面进行探索和改进,首先是引入科技和信息化手段,通过物联网、大数据和人工智能等技术,实现物业管理的智能化和高效化;其次是探索共享经济和社区共享模式,通过共享资源和服务,提高资源利用效率,减少浪费,为居民提供更具成本效益的服务;最后是探索实践"大物业"服务模式,通过全面嵌入社区治理、整合内外多方资源和实现一体化综合服务等,突破传统物业服务的底层逻辑,实现"红色物业"可持续发展。

四是社会责任落实为破解行业难点提供重要抓手。社会责任是企业应尽的义务和责任,也是党建引领的重要内容之一。当前,随着我国城市化进程的不断加速,物业企业作为城市社区管理和服务的重要组成部分,其社会责任也日益凸显。物业企业在经营过程中,除创造利润之外,还需要承担自身的社会责任。党建引领在物业企业落实社会责任方面发挥着重要作用。物业企业突出践行社会责任,落实绿色环保、安全防范、文化建设、社会公益等多个领域的职责,提升服务品质,树立社会形象,为城市管理和社区治理作出了更大贡献(图1.5)。

1.2.2 "红色物业"建设是落实"以人民为中心"发展思想的重要体现

党的二十大报告始终围绕"人民"这个中心。"人民"在中国共产党百年奋斗和当代中国的符号与话语体系中占据核心地位,而"红色物业"的建设就是落实党的二十大精神的具体措施。"红色物业"建设是落实"以人民为中心"发展思想的重要体现,旨在服务社区居民,满足他们的实际需求,促进社区和谐稳定发展。

1.2.2.1 社区治理以党的建设为领导核心

社区治理以党的建设为领导核心,意味着党的建设在社区治理工作中

图1.5 社区爱心捐款活动图

处于最核心、最重要的领导地位。这一原则体现了中国共产党的领导地位和党的建设在社区治理中的主导作用。党的建设包括加强党员队伍建设、提高党员素质、加强党风廉政建设等方面,这些都是确保社区治理有效、有序进行的基础。社区治理由共产党领导和参与,具有鲜明的党性、群众性和先进性,充分利用党组织的组织优势和执行力,能保证社区治理的政治方向正确,促使社区治理工作开展得更加高效顺畅。

1.2.2.2 社区治理以居民自治为关键

社区治理需要高度重视居民自治,推动居民主动参与社区的管理和服务,通过居委会和业委会的作用发挥提高其自我管理能力、自我教育能力和自我服务意识。在此基础上,还需加强对居民的社会文化、社会价值观等方面的引导,调动群众参与社区治理的积极性和创造性,突出群众性和人民性,尊重居民的意愿和需要,保证物业服务符合和满足居民的利益。

1.2.2.3 社区实行集约服务、便民服务

物业企业以服务社区居民为己任,帮助居民解决生活中遇到的各种问题,并注重服务质量的不断提升。通过制定服务标准、建立服务体系、加强员工培训等方式,进一步提高服务水平。在服务内容上,除了基础物业服务外,还推出一系列增值服务,如家政服务、养老服务、健康咨询等。在运营

管理中采用集约模式,通过技术和信息手段提高效率和质量,降低成本,更好地服务社区居民。同时,还注重提供便民服务,让居民享受到更加优质、便捷的服务(图1.6)。

图1.6　社区节日活动图

1.2.2.4 "红色物业"建设得到政府支持和监管

"红色物业"是党和政府探讨基层治理创新和城市治理现代化路径的产物。党建引领、多方融合、资源整合、共建共享等是"红色物业"的基本要求。"红色物业"建设得到了政府的大力支持和监管,没有党和政府的支持,"红色物业"就是"无源之水、无本之木"。各级政府在政策上给予补贴,在资源上给予支持,在税收减免、资金补贴上给予扶持,在监管上加强对物业企业的管理力度,推动规范建设、绩效考核、行业自律"三位一体"、同步发力,既保障了居民的权益,又促进了物业企业的转型升级,实现"红色物业"高质量发展。

1.2.2.5 "红色物业"建设重视社区文化

"红色物业"注重社区文化建设,通过开展各种文艺、体育、科技活动等，提高居民的精神文化素质。同时，通过社区宣传、培训等方式，普及相关法律法规和安全知识，提高居民的法治意识和安全意识（图1.7、图1.8）。

图1.7　社区"红色文化"展室1

图1.8　社区"红色文化"展室2

1.2.3 "红色物业"建设是社区治理的重要手段

"红色物业"是中国特色社会主义发展道路上的一个重要实践。随着城市化进程的加速推进，城市社区管理日益复杂化，出现了公共服务配套不足、环境卫生问题突出、社区安全风险加大等问题。为有效应对这些问题，一些地方开始探索组建由党组织引领、物业企业承办的公益性服务机构，负责城市社区的基础设施建设、公共服务设施维护保养、环境卫生整治、文化活动开展等方面的工作。目前，部分小区存在私搭乱建、侵占公共绿地、环境脏乱差等现象，还有一些村改社区居民在居住楼房、集体生活等方面存在一些习惯差异，这些问题解决起来难度较大。通过开展"红色"教育和"红色"宣传，能够引导居民养成良好的生活习惯，推动小区和谐治理，让小区真正成为文明祥和的幸福家园。作为社区治理的重要手段，"红色物业"有助于提高社区居民对公共事务的参与度和管理效率，增强社区的凝聚力和自治能力。

"红色物业"建设的治理手段

一是建立规范化管理机制。传统的物业管理模式在满足当前社区居民需求和社会发展要求方面存在不足之处，需要新的管理机制来更好地适应社会发展的需求，提高管理效率，增强服务质量，更好地满足居民的期望和需求。为推动社区治理工作，"红色物业"建立一套完善的规范化管理机制，包括工作流程、标准化服务、信息化管理等方面，以更好地协调和处理社区内部问题。

二是加强与居民沟通力度。加强与居民的沟通是提升"红色物业"管理水平、增进社区和谐稳定的关键一环。通过建立有效的沟通机制，物业管理可以更好地了解居民的需求，调整管理策略，实现物业与居民的共赢。

三是建立健全的工作制度。"红色物业"建立健全的工作制度，包括明确工作职责、制定工作计划、建立考核机制等。出台《红色物业建设规范》，通过街道、社区、居民、物业"四位一体"企业绩效考评体系，将物业企业及业主纳入星级评定及诚信管理等，保证工作的有序开展和高效完成。

四是加强人员培训和管理。开展"红色物业"，重视从业人员培训和管理，提升工作人员的专业水平和服务态度，确保工作质量和效率。同时，进一步建立完善的薪酬福利体系，吸引优秀的人才加入社区治理工作。

五是推动社区居民自治。坚持"从群众中来，到群众中去"的工作方针，激活蕴藏在小区的"党员力量"，通过居民党员"直接管"、在职党员"双重管"、流动党员"跟进管"等分类管理机制，鼓励居住在小区的党员积极参与小区治理。同时，通过激发社区居民的自治意识和参与热情，推动社区自治的发展，促进社区治理向着更加民主化和法治化的方向发展（图1.9）。

图1.9 社区活动示例

1.2.4 "红色物业"建设助力化解民众现实问题

在当今社会，无论是居民小区、商业楼宇还是工业园区，都需要引入物业企业开展服务和维护，物业企业已经成为社区治理不可或缺的组成部分。然而，在实际运营过程中，物业企业面临着各种各样的问题和挑战。随着经济的发展和人们生活标准的提高，"红色物业"成为满足人们对美好生活向往的重要途径。

1.2.4.1 民众所遇现实问题

社区生活中民众遭遇诸多现实问题，如果小区出现电梯故障、电路短路等突发事件，倘若物业企业不能及时处理将严重影响居民的日常生活；如果小区内存在门禁失灵、监控系统故障等安全隐患，居民会感到其人身安全受到威胁；居民与物业企业的交流渠道不畅通，或缺少有效的回馈机制，会造成其对物业企业不满，乃至丧失对物业企业的信心与支持；由于居民群体的多样性，物业服务人员可能会遇到文化背景和语言交流上的问题，导致信息传达不畅或者出现误解的情况发生；在物业服务过程中，由于物业费用的收取以及收费标准的不透明和不公平，业主和物业企业之间经常发生纠纷，给双方造成极大的困扰；部分居民可能缺乏社区意识，难以融入社区活动和公共事务中，导致资源利用不充分，社区建设和管理效率低下；随着互联网的日益流行，人们通过互联网进行社交、购物等活动的可能性也与日俱增，但许多系统又面临着网络安全的威胁；一些小区存在高声喧哗、大声播放音乐等噪声污染问题，影响居民的正常生活；居民对于物业企业提供的服务质量有较高要求，若清洁、维修等工作不能及时到位，会给居民带来不便，影响居民生活的舒适度和安全性；在物业服务过程中，如果不严格执行规章制度，会造成秩序混乱等问题，影响小区的环境卫生和治安安全等方面。

1.2.4.2 "红色物业"助力化解民众现实问题

一是提高社区管理效率。"红色物业"强调居民自治和政府支持，在社区管理方面具有较大优势。鼓励居民自治，能够以居民需求为视角提供针对性服务；以党建为指引，有助于获得更多的政策扶持和行政资源，这些都有利于提高社区管理效率。

二是提高居民生活品质。"红色物业"注重社区文化建设和服务质量提升，在满足基本需求的同时，也为居民提供更多文化、健康、娱乐等方面的服务，能够满足居民对于生活品质的追求，提高居民生活的幸福感。

三是促进社区和谐发展。"红色物业"在强调居民自我管理和服务的同时，注重引导居民形成和谐文化和价值观念，有助于促进社区内部和谐、相互支持，建设更加稳定的社区（图1.10）。

四是增强物业企业竞争力。"红色物业"得到政府的大力支持，在政策上给予扶持，在监管上加强对物业企业的管理力度。这些对于物业企业而言，既是机遇更是挑战，有机会获得更多的政策扶持和行政资源的同时，还会促进企业提高自身管理水平和服务质量，增强竞争力。

图1.10 家政咨询服务示例图

1.3 "红色物业"建设的内容

1.3.1 组织层面的建设内容

一是加强党组织的统一领导。在社区党组织的组织协调下,在业委会和物业企业中分别设立党组织,实现党组织的全覆盖。以区域化党建为引领,全面实现街道"大工委"、社区"大党委"全覆盖,提高党组织对物业企业的领导力。

二是深化社区党组织领导下的居委会、业委会、物业企业"三方联动"工作机制。明确各方职责,建立联席会议制度,重点解决物业服务中居民最关心的重点、难点、痛点问题。

三是"地企"合作建设"党建一体"。推动"地企"双方党委及社区、小区党支部的互联互通,坚持工作覆盖"一张网",区域联动"一盘棋",服务群众"一家亲",引领小区治理提档升级,在党组织领导下,各司其职、互相补位、边界清晰、互为帮衬。整合调度小区各方资源力量,通过大事要事联商、党员干部联动、优势资源联享、网格服务联手、发展规划联谋、先进文化联创,强化党建引领基层治理创新的实际成效,全力协同推动"红色物业"向纵深发展。

1.3.2 业委会层面的建设内容

坚持党建引领业委会。坚持党建引领业委会建设，是基层社会治理创新的重要趋势。通过强化并健全党建引领机制，可以有效实现对业委会发展与治理的方向性指引、组织性把关、制度性赋能，使之成为一个积极能动的基层治理主体。其中主要包括：加强以党建为核心的业委会建设，为推动业主自治、"红色物业"发展提供指导与保证；完善并优化社区党组织与社区居委会、业委会之间的交叉任职机制；强化党建引领业委会和物业企业的政策法规建设，持续完善并提高基层党组织对住宅小区治理的全面领导作用等。

健全业委会治理机构。一是优化业委会组织架构。完善和健全业主组织治理架构，在"业主大会—业委会"之间，增设"业主代表大会"的治理层次，充分发挥业代表大会的讨论协商和议事决策功能；设立"业主监督委员会"，负责对业委会的日常监督。二是完善业委会制度规范。坚持依法治理，强化法治权威，全面增强和提升业主大会议事规则和管理规约作为小区"宪法"性文件的规范作用和治理功效。三是构建业委会治理长效机制。坚持源头治理，强化制度创新，切实降低和减轻业主大会运作压力和成本，着力改进和完善业委会权力运行机制。

强化业委会依法履职。一是加强业委会履职能力建设。强化业委会工作的交流和培训，将培训记录作为业委会备案要件，切实提升业委会依法依规履职的能力和治理水平。二是健全业委会履职评价机制。业委会履行职责事关社区的公共利益，要向业主大会负责，应当受到所有业主的监督和评判。三是加强业委会人才队伍建设。加强业委会工作交流和业务培训，不断提高业委会专业化、法治化水平。坚持选聘结合，建立多元化的业委会选人用人机制。

加强业委会指导监督。一是重视日常指导监督。明晰并细化街道社区对业委会的日常指导和监督的工作流程，有效引导业委会以自治方式规范运行。二是规范共有资金管理。业主共有资金是小区物权治理的核心内容。业委会在行使其职权过程中，往往会涉及大量的资金。因此，要从制度和人员两个层面来保证业主共有资金的安全，这也是强化对业委会监督的一个重要方面。三是加强政府监管执法。街道社区作为物业管理的第一线，逐步全面增强和提升基层政府对业委会工作的依法监管。切实加强街道办事处物业管理职能，强化对物业管理问题的行政执法，并将街道社区指导组建和监督业委会工作成效纳入政府政绩考核指标。

1.3.3 物业企业层面的建设内容

一是在物业企业建立党组织，并在物业企业内部开展"红色底蕴"和"服务规范"的教育工作。例如设立党员示范岗、党员先锋岗等称号，积极号召党员发挥模范带头作用。二是制定保洁、安保、绿化等物业服务项目的规范标准，在物业企业内部建立公平完善的人员考核制度，同时充分保障社区居民的监督权。三是通过民声建议收集等方式，保障物业企业及时了解居民的切实诉求并积极解决，同时物业企业建立定时回访、定期反馈制度，保障居民的知情权。

1.3.4 机制层面的建设内容

基层社会治理的一个难点在于保障多元主体之间的互动、协调与合作，"红色物业"建设主要从三个方面来培育合作共治机制：

人员双向融合机制。一是"双向进入、交叉任职"。让社区党组织书记、社区"两委"成员和在职党员兼任物业企业质量监督员，同时吸纳物业企业的党员负责人兼任社区党组织成员，非党员物业负责人兼任社区居委会成员。二是"社区＋物业"双员配置进网格，将物业服务融入社区网格管理。三是搭建线上双向融合平台。在社区建立以社区网格员和物业管理员为群主、社区居民参与的微信群，及时提供社区动态、物业服务和惠民政策等信息。

问题联动处置机制。社区居委会、业委会和物业企业应在基层党支部的领导下建立"三方联动"的社区协商机制。通过相应的会议协商平台实现三方之间的沟通、交流与协作，并通过民主管理机制达到三方之间的互相制约和监督，实现三方之间的联动。

激励考核监督机制。一是建立"红色物业"考核制度。由社区、社区居民按照一定标准定期对物业企业进行打分考核，考核结果作为物业企业整改的标准，同时也作为决定物业企业服务期限的重要依据。二是支持"红色物业"的发展。对于"红色物业"工作中表现突出、居民满意程度较高的物业企业，基层政府要予以肯定和相应的奖励，对物业服务人才的发展给予支持。三是引入社区纪检监督机制，对物业企业的党风及廉政建设、服务质量、"红色物业"的建设情况进行监督。

1.4 "红色物业"建设存在的问题

"红色物业"创建的探索实践，在解决人民群众反映强烈的"急难愁盼"问题、加强基层党建和提升社区治理水平等方面取得了显著成绩，打造了一批先进样板，积累了宝贵的实践经验，但"红色物业"创建仍面临着许多突出的挑战和矛盾。

1.4.1 "红色物业"政策法规相对缺失

"红色物业"创建与我国许多改革实践一样，也是先地方探索，再全国学习，但还未进入到国家统一指导阶段。目前，"红色物业"还缺少国家层面的政策、法律和法规，基本上是地方性的、碎片化的、软约束的。同时，地方政府对"红色物业"的创建，更多地是提出了原则、目标和要求，在具体措施上还缺少政策法规的指引，缺乏物业企业可利用的"真金白银"。"红色物业"创建需要有政策法规的指引，需要像"精准扶贫"一样，有明确的、硬约束性的目标、责任和措施。政策法规方面的缺失，导致共治共享机制实施和"红色物业"可持续发展缺少足够的动力引擎和强力保障。

1.4.2 "红色物业"建设机制尚未健全

"红色物业"的工作机制、监督机制和评价机制等支撑保障机制尚未健全，制约了共建共治共享工作的高水平开展。目前，以"居委会+业委会+物业企业""双向进入，交叉任职"等为核心的工作机制尚未健全，政府部门、物业企业、业主等相关主体之间的职责及利益边界不够清晰，"红色物业"创建的监督机制和评价机制不够完善。在实际工作当中，街道社区更多是从政府角度考虑问题，物业企业主要是从企业角度考虑问题，社区居民则是从自身角度考虑问题。并且物业企业相对街道社区大多是被动执行的角色，对小区业主的发动和约束相对缺少，在整合社会资源方面也缺乏有效手段。如何进一步完善组织制度和运行机制、激发业主的自驱力、加强对"红色物业"创建可持续发展的监督评价，还需要从理论到实践进行明确和指引。

1.4.3 物业企业"红色物业"创建动力不足

对"红色物业"创建意义的认识不到位、"居委会+业委会+物业企业"三方共建机制没有真正落地、相关法规性支持保障政策不明确，以及"红色物业"对物业企业发展前景和实际收益的不确定等，导致物业企业对参与"红色物业"创建的动力不足。从社会调查情况来看，由于"红色物业"的公益性质，同时政府也不可能长期借助财政包办，许多民营物业企业介入"红色物业"一段时间后纷纷撤退，从侧面也说明了"红色物业"创建的动力问题还没有得到较好解决。

1.4.4 社区服务供需失衡问题凸显

随着城市化的发展，社区规模不断扩大，所需公共服务数量与内容都呈快速增加趋势。政府财政投入不能无限进行，导致公共服务供给相对短缺。由于市场的趋利性，市场在缺乏强有力监管的情形下无序发展、野蛮生长，无良者为牟取利益刻意降低服务水平与产品质量，社区治理框架下的"市场失灵"普遍存在，居民的利益诉求无法得到充分满足，满意度和幸福感减弱，社区服务供需失衡问题较为凸显。

1.4.5 居民参与自治积极性较低

在"红色物业"建设中，居民的参与和自治是重要环节，但目前的居委会，从一定意义上成为政府的延伸行政组织，自治功能没有得到较好发挥。社区居民参与意愿较低且人员分布不均，参与社区事务的人群主要是离退休老人、低保弱势群体或者假期中的中小学生。另外，一些物业服务在物业建设过程中由开发商或物业企业垄断管理，居民参与的意愿和权益得不到充分保障，导致居民的参与积极性不高。社区发展和管理缺乏居民的智慧和力量，难以实现真正的共建共治共享机制。

1.4.6 服务质量和管理水平不高

一些"红色物业"由于街道社区、服务企业在认识、资源和能力上存在不足，服务质量和管理水平也存在差距。物业企业的专业水平和服务意识参差不齐，导致居民对物业服务产生不满，进而投诉增多。且由于缺乏完善的公共设施和服务配套，居民的部分日常生活需求无法得到满足。此外，物业服务中的权力缺失和权力滥用等问题，也在一定程度上影响了管理水平和业主的服务体验。

1.4.7 服务公益性与企业营利性之间存在矛盾

"红色物业"企业把居民需求放在首位，将自己的服务内容范围扩大到保洁、安保、绿化等基础服务之外，通过一些"便民服务"和"主题日"等类似活动，让理发、看诊、按摩推拿、给孤寡老人过生日等项目走进社区、走进家庭。服务活动需要花费成本，企业发展需要利润支撑，而企业需要财政上的永续性支持才能实现长期稳定经营和发展。由于存在着服务公益性与企业营利性之间的矛盾，不少物业企业在开展"红色物业"一段时间后，"心有余而力不足"纷纷退出。

1.4.8 出现文化附会和形式主义现象

在"红色物业"建设中，存在文化附会和形式主义的现象。一些街道社区、物业企业把"红色口号""红色标语"和"红色标识"当作"红色物业"建设，却缺乏创建"红色物业"实实在在的行动，更没有对"红色文化"内涵的深入挖掘和传承。在物业服务和场景装饰方面，也只是注重外部形式，而忽视了内在的精神和文化内涵。这种肤浅的红色标榜、主题命名等，无法真正激发居民的"红色情感"和内心认同。

第 2 章

"红色物业"生态建设基本理论

"红色物业"建设不断深入,在加强基层党的建设、完善社区治理能力、提升居民生活质量、推动行业健康发展等方面取得了显著成绩。但仍面临诸多突出的挑战和矛盾,这些问题单纯靠政府或者物业企业一元主导很难解决,参与社区治理的街道社区、物业企业、居委会、业委会、社区居民等多方主体都要发挥作用。本书将"红色物业"建设所涉及的主体、客体及其相互之间的活动关系归纳成一个整体,构建成"红色物业"生态体系。本章节将阐述"红色物业"生态的概念、意义、内容以及"红色物业"生态建设的理论指引。研究发现,不论是对于党政组织、物业行业、物业企业还是小区业主而言,"红色物业"生态是解决"红色物业"建设现存突出问题、丰富物业管理理论、促进物业行业可持续发展、实现各主体相互赋能、满足人民美好生活需要的必然途径。

2.1 "红色物业"生态的概念

"红色物业"生态是指在党的政治引领下,"红色物业"个体、相关联主体、外部资源环境等共同构成的相互作用、相互影响、共生共融的生命共同体。通过"红色物业"生态的创建,实现各共生关系主体核心优势的不断增强、功能的日臻完善、利益的稳步提高。通过共生的过程,实现组织个体和社会整体、眼前利益和长远利益的有机结合与协调统一。

"红色物业"生态具有政治性、人民性、创新性、整体性、复杂性、平等性、赋能性、开放性、进化性、可持续性等鲜明特征。

政治性:没有中国共产党的领导,就没有"红色物业"生态。"红色物业"生态系统是"红色"的,"强化党的领导、实现人民至上"是其生命价值和根本使命。在"红色物业"生态中,党的领导核心作用不可动摇,物业服务宗旨必须与党的宗旨保持高度一致。

人民性:"红色物业"生态以人民的利益为出发点和归宿点,小区业主是"红色物业"建设的最大受益者。通过党建引领,将"为人民服务"的宗旨和社会主义核心价值观融入物业管理服务中,倡导社区居民的参与、自治和共治,满足人民群众对美好生活的向往。

创新性:"红色物业"生态建设突出物业管理服务与党建工作有机结合,强调各责任主体的主动参与而不是被动接受,强调物业的公益属性和企业的社会责任,是基层党建方式、社区治理模式、物业服务理念和物业运营模式的创新创造。

整体性:"红色物业"生态系统是一个整体的功能单元,其存在方式、目标和功能都表现出统一的整体性,影响生态系统功能的重要因素是其整体性受到破坏。生态系统内各部分、各因素具有功能和结构的依赖性,各主体必须依赖其他系统成员才得以更好生存。

复杂性:"红色物业"生态系统内各主客体的定位、地位、作用、利益、责任及相互作用和反馈作用的方式不尽相同,主体的诸多不同和客体的不断变化,构成了系统总体的复杂性。在实际工作中,各责任主体站位和利益的不完全一致,往往造成工作的复杂化和目标的难以实现。

平等性:"红色物业"生态系统,不是科层化组织,而是平台化组织。从组织的政治属性来说,街道社区处于主导地位,其他各方处于从属地位。但从组织的结构属性来说,各方身份不同,功能不同,但身份是平等的,不存在控制与被控制的关系。

赋能性:"红色物业"生态系统是一个赋能的组织。在组织内部,各方不是管控,而是赋能,并且是相互赋能、主动赋能。不能给他人赋能,自己就失去存在的价值。

开放性:"红色物业"生态系统是一个包容系统,是一个不断同外界进行物质、信息和能量交换的开放系统,并且随着社会的进步会有先进的进入和落后的淘汰,从而使整个系统一直保持旺盛的生命力。

进化性:"红色物业"生态系统总是随着一定的内外条件变化而不断地自我更新、发展和演化,虽然系统也具有周期性特点,但总是一直不断向更高级的阶段进化。

可持续性:"红色物业"生态的可持续性是指通过合理、有效的制度、机制和政策，促进多元利益相关者的合作与协调，实现全面发展和社会共享，以保障社区和谐美好和"红色物业"的长久持续。

2.2 "红色物业"生态建设的意义

2.2.1 "红色物业"生态建设的可行性

政治因素：当前的政治环境有利于"红色物业"生态建设，国家政策为"红色物业"生态建设提供了指引和支持。

2017年6月，中共中央、国务院印发的《中共中央 国务院关于加强和完善城乡社区治理的意见》提出要"改进社区物业服务"。2019年5月，中共中央办公厅印发《关于加强和改进城市基层党的建设工作的意见》，提出"建立党建引领下的社区居委会、业委会、物业企业协调运行机制，充分调动居民参与积极性，形成社区治理合力"。这些文件为"红色物业"生态的创建提供了政治指引和政策支持。《中华人民共和国国民经济和社会发展第十四个五年规划和2035年远景目标纲要》《住房和城乡建设部等部门关于加强和改进住宅物业管理工作的通知》等，为物业行业发展指明了方向、创造了条件。2022年1月30日，《中共中央组织部 中共中央政法委员会 民政部 住房城乡建设部印发〈关于深化城市基层党建引领基层治理的若干措施（试行）〉的通知》提出，"强化社区物业党建联建，以高质量物业服务推进美好家园建设"，为物业企业推进基层党建、参与基层治理指明了道路。党的二十大报告，始终围绕着"人民"，"人民"在中国共产党百年奋斗和当代中国的符号与话语体系中占据核心地位，而"红色物业"生态建设就是落实党的二十大精神的具体措施。

经济因素：随着经济的发展和人们对生活的高标准、高要求，"红色物业"生态建设成为满足人们对美好生活向往的重要途径。

我国的物业行业改革发展超过40年，在改善人居和工作环境、满足居民的美好生活向往、维护城市安全运行和社会稳定等方面发挥了重要作用，但不少人对物业管理的印象还是停留在小区清洁和代收快递等服务上，其实，目前的物业服务维度包含了衣食住用行等几乎所有基本生活需要。从服务社区到服务城市、服务乡村，物业服务的价值得到政府、社会和民众的充分认可。特别是通过疫情防控，政府主管部门、社区居民、物业企业等对于物业管理服务的定义和定位都有了重新思考。物业服务已渗透到我国政治、经济、社会等方方面面，物业行业发展到一个更高的层次，"红色物业"生态就是行业蜕变的一种重要体现。

社会因素：人们对美好生活的向往日益强烈，物业企业是服务人民群众"最后一公里"的市场主体，"红色物业"生态建设是物业企业积极响应国家号召，满足群众需求的重要途径。

2022年10月，《住房和城乡建设部办公厅 民政部办公厅关于开展完整社区建设试点工作的通知》要求，聚焦群众关切的"一老一幼"设施建设，聚焦为民、便民、安民服务，切实发挥好试点先行、示范带动的作用，打造一批安全健康、设施完善、管理有序的完整社区样板，尽快补齐社区服务设施短板，全力改善人居环境，努力做到居民有需求、社区有服务。进一步健全完善城市社区服务功能，"红色物业"生态建设能发挥不可替代的作用。为改善老旧小区的生活环境，提高居民生活的幸福感，多地政府发力健全老旧小区物业管理服务体系，完善社区管理相关机制，出台相关政策和措施。

文化因素：近年来，"红色文化"不断向社会各层面渗透，越来越多的人传承优秀传统，坚持守正出新，弘扬"红色文化"，为"红色物业"生态建设奠定了良好的思想基础。

"红色文化"蕴含着对中国特色社会主义共同理想的向往、对民族精神的传承、对时代精神的创造和对社会主义荣辱观的践行，是社会主义核心价值体系的内在组成部分。我国"红色文化"资源分布广泛，且具有易于开发、适应性和针对性强等特点。党的二十大进一步强调要"用好红色资源，深入开展社会主义核心价值观宣传教育，深化爱国主义、集体主义、社会主义教育"。目前，物业管理普遍存在的"利益不一、协调不畅、抓手不强"等治理难题，特别是部分小区存在私搭乱建、侵占公共绿地、车辆乱停乱放等现象，还有一些小区居民分成不同群体，思想认识和生活习惯存在差异，通过"红色"教育和宣传，能够引导居民养成正确的价值观和良好的生活习惯，促进社区和谐发展。

2.2.2 "红色物业"生态建设的理论意义

2.2.2.1 首次提出"红色物业"生态相关理论

本书在国内首次论述"红色物业"生态建设的系统思想，提出了"红色物业"生态完整概念，是认识上的一次创新和突破。这一创新性的思想对于物业管理领域的发展具有重要意义，特别是解决了"红色物业"可持续发展的认识和路径问题。该概念旨在构建一个综合而可持续的生态系统，以促进多元主体的参与，提升社区治理的效能和质量。通过将社区治理视为一个有机的整体，包括党政机构、小区居民、居委会、业委会、物业企业以及社会组织在内的多个主体协同合作，共同推动社区的发展和进步。

提出"红色物业"生态的特征、构成要素、作用机理以及改进措施，为物业管理领域的专业人士提供全面的理论指导和实践路径。通过该概念的引入，使相关人员能够更加深入了解"红色物业"生态的内涵和核心原则，认识到"红色物业"生态是一个复杂的系统，"红色物业"生态的建设是一个系统工程，"红色物业"生态的运营需要倾注各方面的心血，"红色物业"生态的持续发展需要不断的资源投入和措施改进。

构建"红色物业"生态运营模型，可以帮助我们更加直观、生动、清晰理解"红色物业"生态运营的机理，更好地理解各主客体的结构、功能以及相互之间的关系，更好地分析系统可能存在的问题以及产生问题的原因。在面对杂乱的问题时能快速剥离出规律，让我们更好地认知、了解以及理解复杂现象，并且提高我们的推理判断能力。同时，"红色物业"生态运营模型，可以进一步启发我们的思维，帮助我们作出更好的决策。

构建"红色物业"生态建设效果的统一评价体系，为各企业的"红色物业"生态建设提供综合客观的评价标准和数学模型。通过评价指标体系的构建，相关企业不仅能够具体且深入地了解"红色物业"生态建设各个方面的内涵和重要性，而且可以直观明确区域"红色物业"生态建设的优势和劣势，以便针对性地提高社区"红色物业"生态发展水平。

推动传统物业管理模式向更加开放、协作和可持续的方向转变。它强调多元主体的参与和合作，倡导公正、民主的决策机制，促进资源的共享和优化利用，同时注重社区居民的参与和自治。通过构建"红色物业"生态系统，相关责任主体能够更好地协同工作，共同解决社区面临的挑战，提升社区的整体治理水平。

2.2.2.2 "红色物业"生态建设机制的探索

通过研究分析已经开展的"红色物业"生态建设的企业案例，探究其创建机理。包括了解企业在何种背景下开始进行"红色物业"生态建设，可实现的目标和面临的挑战，以及应该采取的策略和举措。通过深入研究这些案例，获得对"红色物业"生态建设的创建机理的深入认识和准确把握，为其他物业企业提供参考和借鉴。

本书深入研究发展机制，了解在"红色物业"生态建设过程中，各个参与主体之间的协作和合作方式。包括了解居委会、业委会、物业企业、政府和小区居民之间的角色和职责，以及他们如何共同推动"红色物业"生态建设。通过研究这些机制，明确不同主体的责任和协作模式，为其他物业企业提供实践指导和操作路径。

通过分析研究宝石花物业等企业的"红色物业"生态建设经验以及对"红色物业"生态建设的老旧小区进行案例分析，本书提出了一些在全国范围内可推广的、可复制的经验。这些经验可能涉及管理模式、参与机制、政策支持等方面，以帮助物业企业快速掌握"红色物业"生态建设的要领，并在自身的领域中推动社区治理的发展。

2.2.3 "红色物业"生态建设的实践意义

对政府而言：通过研究"红色物业"生态体系的运作机制，帮助政府更深入了解物业企业的思维方式和工作逻辑，从而提高工作的精准性和有效性。进一步创新工作机制，实现物业管理和社区治理的相互融合。更好地整合各类资源，助力提高政府的治理效率和施政能力。通过研究如何高效发挥党组织的核心作用，建立由社区党组织牵头，居委会、业委会、物业企业等共同参加的党群联席会议制度，充分激发、调动和协调生态体系中的各主体、各要素，进一步健全完善"红色物业"生态体系运作机制。

对物业行业而言：通过研究"红色物业"生态建设的底层逻辑，解决

"红色物业"发展的原动力问题，促进行业健康可持续发展。通过对宝石花物业等企业"红色物业"生态建设实践的探索与分析，厘清了"红色物业"生态体系的构成要素，以及各要素之间进行相互转换和赋能的方式、路径等，探索出"红色物业"生态的运作机理，形成"红色物业"生态建设系统性、可复制、可推广的经验，使"红色物业"可持续发展问题得到较好解决。

对物业企业而言：通过研究"红色物业"生态的运行机制、评价体系，帮助物业企业拓展"红色物业"新赛道，助推企业实现更好更快发展。通过研究国内优秀企业开展"红色物业"生态建设的实践，帮助物业企业进一步开阔视野、提高认识，化被动为主动，积极投身"红色物业"生态建设。帮助物业企业探索如何拓展"红色物业"赛道，构建统一的"红色物业"生态建设的评价体系，获得企业核心竞争力，建立企业品牌，逐步提高市场认同度，扩大市场影响力。

对业主而言：充分考虑业主的需求和建议，不断提升社区治理和物业服务水平。"红色物业"生态建设以业主满意为出发点和落脚点，通过整合多方力量，既发挥党组织政治引领作用，又发挥物业企业专业服务功能，进一步打造零距离、精细化、高品质的服务新模式。通过建设有色彩、有温暖、有活力的基层党组织，高效解决居民群众身边最直接、最现实的问题，不断增强业主的体验感、幸福感。同时，"红色物业"生态建设，能够提升业主参与的自觉性和主动性。

2.3 "红色物业"生态建设的内容

2.3.1 "红色物业"生态建设的构成主体

"红色物业"生态建设的构成主体主要包括基层党组织、属地政府、社区居民、物业企业、自治组织和其他社会组织六个方面。在"红色物业"生态建设过程中，各主体的工作目标、参与方式、工作重点、功能定位、承担责任等是有所侧重或者是有所不同的，但总体目标是一致的。

2.3.1.1 基层党组织

"党政军民学，东西南北中，党是领导一切的"。基层党组织可以覆盖社区治理的各类主体，在社区治理中处于核心领导地位。基层党组织可以解决治理主体间的价值分歧，保证社区治理的正确方向，发挥政治和价值引领作用；基层党组织可以充分运用政治、经济、文化等手段来协调各方利益，让不同的利益诉求和利益矛盾得到合理表达和有效调和，由此激发不同治理主体在社区治理中的协同发展活力；另外，基层党组织社区治理的最终目标就是向社区群众、驻区单位以及其他社会组织提供全方位、高质量的社区服务，领导其他社区组织共同推进社区事业的发展。

2.3.1.2 属地政府

在"红色物业"生态建设中，实现多元主体协调治理，离不开政府的组织主导，如住建部门、街道办事处等，在社区治理环节扮演着不可或缺的角色。但在当今的社会环境下，政府对社区治理的单一协调作用越来越难满足社会发展的需要，政府要充分发挥各部门与个人的能动作用。因此，政府并非担任社区治理的核心角色，而应与其他多元主体逐渐保持平等协调关系，共同参与社区治理。

2.3.1.3 社区居民

居民是社区最主要的组成部分，以直接或间接的方式成为社区治理的参与者、受益者、监督者。因此，社区居民的广泛深度参与是"红色物业"生态建设的重要意义和根本所在。社区居民是"红色物业"生态建设成败的关键，每位社区居民都应参与到社区的治理中去，并且他们有充分的权利来维护自身的利益。

2.3.1.4 物业企业

物业企业通过参与社区治理，能够助力协调政府、社会和市场三者之间的关系，是社区治理体系中的基本治理力量，也是"红色物业"生态建设的核心市场主体。在这个过程中，作为市场主体的物业企业，提供物业服务时以追求经济利益为主要目的，应恪守市场经营规则；作为社区治理的主体之一，从基层社区治理的角度出发，其所提供的物业服务具有公益性，应遵循社会的道德逻辑。

2.3.1.5 自治组织

社区自治组织一般以居民为主要组成部分来参与社区治理，主要指居委会和业委会。作为社区治理的参与方,自治组织具有一定的决策权与控制权。居委会可以保障社区居民的合法权益,调解各主体之间的争端,确保社区公共事务顺利进行。业委会属于民间性质的社会组织,代表着小区所有业主的正当权益,行使决定权来决定所属小区物业的所有相关事项,并且在物业企业运营管理中起着监督作用。

2.3.1.6 其他社会组织

其他社会组织主要是指非营利组织,它们有多种形态,例如根据自身兴趣爱好自发成立带有社会性的各类协会、组织,包括志愿者团队、兴趣小组、业余活动团体等。非营利组织在基层社区治理和社区发展建设过程中,其自身的独特性质可以更好地弥补市场与政府之间的不足和缺陷,因此,其参与社区治理的程度也越来越高,逐渐在社区治理中占有一席之地。在"红色物业"生态建设环境中,典型的其他社会组织主要是公益性、互助性组织,包括社区志愿者团队、各类社团等(表2.1)。

"红色物业"生态建设主体功能分析表　　　　表2.1

构成主体	工作目标	功能属性	重点任务	备注
基层党组织	强化基层党建,明确工作目标,加强思想教育和进行价值引领	领导核心主导作用	以提升领导力、组织力、凝聚力为重点	强根本、创机制、搭平台、解难题、激活力
属地政府	提高社区治理水平,满足人民群众对美好生活的向往和需要	组织、协调、宣传、工作落实	以提升领导力、组织力、协作力为重点	主导、协调各方参与社区治理
社区居民	参与相关主体工作,提高自身幸福感	社区工作的出发点和落脚点	以满足自身需求为重点	党的群众路线的载体和核心
物业企业	践行企业责任、提高品牌美誉度,拓展"红色物业"赛道,企业实现更好发展	责任主体、工作主体、活动主体	以提升执行力、服务力、创造力为重点	在创建中的作用,相当于人的脊梁
自治组织	帮助居民享受到高性价比物业服务,"急难愁盼"问题得到较好解决,过上幸福美好生活	社区工作集体能力和集体智慧来源	以提升自治能力、监督能力为重点	发挥权益维护、矛盾调节、监督评价、居民组织、居民动员、社区营造等多种功能

续表

构成主体	工作目标	功能属性	重点任务	备注
其他社会组织	密切党和群众联系,提升社会正能量和群众积极性,促进社会更进步、更美好	桥梁纽带、润滑调节、参谋助手	以提升社会自我调节能力和发动能力为主	代表社会的进步程度、先进程度和成熟程度

2.3.2 "红色物业"生态建设的构成客体

"红色物业"生态建设的构成客体主要包括机制、平台、制度、资源、阵地、环境以及综合整合能力七个因子。

机制：主要包括党对物业行业的领导机制、"社区居委会、业委会、物业企业"三方联动机制、"双向进入、交叉任职"机制和"共建共治共享"机制等。

平台：主要包括"社区大党委""联合党支部""红色议事厅"、公益慈善组织、志愿者组织以及物业企业等。

制度：主要包括"红色物业"生态建设方面的政策法规、"红色物业"生态建设的规范体系、服务标准、工作流程、监督评价制度、激励约束制度、信用评定制度等。

资源：主要包括政府资源、业主资源、物业企业资源、社会资源、环境资源以及其他资源，政府通过购买公共服务的方式支持、扶持物业企业可持续发展。

阵地：主要包括党群活动室等硬件阵地、宣传教育等思想阵地以及融媒体、品牌建设、服务小程序等软件阵地。

环境：主要包括社会发展水平、社会价值观、风俗习惯及舆论环境、相关参与方的认知、物业企业的人文环境、企业文化及工作氛围等。

综合整合能力：主要包括资源整合、工作联动、矛盾化解、能量传递与转换以及整合机制的建设等。

2.4 "红色物业"生态建设的理论基础

2.4.1 生态理论

生态系统这一概念由英国生态学家坦斯黎首先提出，他认为，生态系统的基本概念是物理学上使用的"系统"整体，这个系统不仅包括有机复合体，也包括形成环境的整个物理因素复合体。蔡晓明（2005）认为每一个生态系统都由一定的生物群落与其栖息的环境相结合，进行着物种、能量和物质的交流。在一定时间和相对稳定条件下，系统内各组成要素的结构与功能处于协调的动态之中，且具有如下十项重要特征：一是以生物为主体，具有整体性特征。生态系统通常与一定空间相联系，以生物为主体，生物多样性与生命支持系统的物理状况有关。二是复杂、有序的层级系统。自然界中生物的多样性和相互关系的复杂性决定了生态系统是一个极为复杂的，多要素、多变量构成的层级系统。三是开放的、远离平衡态的热力学系统。任何一个自然生态系统都是开放的，有输入和输出，而输入的变化总会引起输出的变化。四是具有明确功能和公益服务性能。生态系统不是生物分类学单元，而是个功能单元。例如能量的流动，绿色植物通过光合作用把太阳能转变为化学能贮藏在植物体内，然后再转给其他动物，这样营养物质就从一个取食类群转移到另一个取食类群，最后由分解者重新释放到环境中。五是受环境深刻的影响。生态系统对气候变化和其他因素的变化表现出长期的适应性。六是环境的演变与生物进化相联系。自从生命在地球上出现以来，生物有机体不仅适应了物理环境条件，也对环境进行朝着有利于生命的方向改造。七是具有自维持、自调控功能。一个自然生态系统中的生物与其环境条件是经过长期进化适应，逐渐建立相互协调的关系。八是具有一定的负荷力。生态系统负荷力是涉及用户数量和每个使用者强度的二维概念。这两者之间保持互补关系，当个体使用强度增加时，一定资源所能维持的个体数目减少。九是具有动态的、生命的特征。生态系统也和自然界许多事物一样，具有发生、形成和发展的过程。十是具有健康、可持续发展特性。自然生态系统在数十亿万年发展中支持着全球的生命系统，为人类提供了经济发展的物质基础和良好的生存环境。可持续发展观要求人们转变思想，对生态系统加强管理，保持生态系统健康和可持续发展，在时间空间上实现全面发展。

本书借鉴自然系统的设定，将"红色物业"视为生态系统。"红色物业"生态建设的构成主体，即"生物群落"，主要包括基层党组织、属地政府、社区居民、物业企业、自治组织和其他社会组织六个方面。"红色物业"生态建设的构成客体，即"无机环境"，主要包括机制、平台、制度、资源、阵地、环境以及综合整合能力七个因子。构建"红色物业"生态系统能够促进多元主体的参与，包括居委会、业委会、物业企业、属地政府和社区居民，从而促进社区治理向好发展。

"红色物业"生态系统能够提供一个信息共享和沟通的平台，各个主体可以及时了解社区事务、交流意见和共享信息。通过建立在线平台、定期召开会议和开展沟通交流，各主体能够直接参与社区决策和管理，促进信息的透明度和共享度。"红色物业"生态系统鼓励各主体之间的合作与协调。通过建立合作机制、召开联席会议和设立工作组等方式，各主体可以共同制定社区发展规划、管理政策和解决问题，有助于减少冲突和分歧，增进各方的理解和支持，促进社区治理的协调性和一致性。"红色物业"生态系统维护公正和民主的决策机制，使各主体在决策过程中具有平等的参与权利。通过制定决策规则、设立决策程序和开展民主投票等方式，各主体的意见和权益得到充分尊重和保护，能提高社区治理的公正性和民主性。"红色物业"生态系统促进各主体共同承担社区治理的责任，并建立相应的监督机制，通过明确职责和义务、设立履职考核和监督机构等方式，激励履职，同时也可以相互监督，确保社区治理的有效性和质量。"红色物业"生态系统重视居民的参与和自治，通过设立居民代表、开展居民投票和参与决策的机制，鼓励居民直接参与社区事务的决策和管理，有助于增强居民对社区治理的认同感和责任心。通过构建"红色物业"生态系统，实现多元主体的参与，使得社区治理更加民主、公正和高效。不同主体之间的互动与协作，能够帮助共同解决社区面临的问题、提高社区设施和服务的质量，增进社区居民的福祉和满意度。这样的生态系统有助于形成一个互利共赢、和谐发展、可持续的社区治理模式，推动社区向好发展。

2.4.2 治理相关理论

(1) 治理理论

治理理论于20世纪80年代末期正式提出,明确被阐释是在1995年,全球治理委员会发表了一份题为《我们的全球伙伴关系》(Our Global Neighborhood)的研究报告,对治理进行了界定:所谓治理,是各种公共的或私人的个人和机构管理及其共同事务的诸多方式的总和。它是使相互冲突或不同的利益得以调和并且采取联合行动的持续的过程。治理理论的核心是多元协商,共同参与。

(2) 多元治理理论

多元治理理论的代表人物是埃莉诺·奥斯特罗姆,其通过总结数以百计的公共事物管理案例,从中提炼和分析出一整套关于公共事物治理的理论,写出了著名的《公共事物的治理之道》。埃莉诺·奥斯特罗姆通过研究公共事物的管理,发现自主治理以及治理模式多元化异常重要。她认为公共领域中各种公共机构的利益冲突在所难免,参与人的利益关系原本就多元化,由于事前的完美机制设计无法实现,那么利用不同参与人和机构之间的利益竞争来达成某种事后的治理就是有效的,也是可能的。

多元治理理论认为治理的内涵包括四个方面的内容:一是参与治理的主体是多元的,可以是不同领域、不同层级的公私行为主体,比如个人、组织、公私机构、次国家、国家、超国家、权力机关、非权力机构、社会、市场等,这些也是治理网络的成员。二是治理的目标是商定的,各权力主体以互信、互利、互惠、相互依存为基础,通过持续不断的互动、谈判、协调、合作,实现求同存异,最终化解矛盾,将社会维持在秩序的范围以内,进而促成社会发展和公共利益的最大化。三是治理的方式是灵活的,有正式的法规、强制性的管理,也有权力主体之间的讨价还价、民主协商、谈判妥协等非正式的约定。四是治理的权力中心是可变的,传统的国家权力在治理过程中不再是唯一的、独占性统治权威,虽然国家仍起着主导作用,但必须与其他权力主体进行合作,方能找到解决冲突的策略和办法;社会组织正越来越多地承担原先由政府承担的责任,其政府助手的作用日益显现；国家可以运用赋予能力、授权、催化反应等方法和技术实现社会控制权力及社会创新权力，政府可以引导社会主流价值取向、构建政治空间、协调权力关系、整合社会资源。

（3）协同治理理论

协同治理满足了城市社区不断发展的要求，将社区治理理论和实践进一步融合，并且提升到一个新的高度。协同治理理论应用非常广泛，一切自然或者社会生态系统中都可以运用。协同治理是研究城市社区这个复杂而开放系统的秩序和结构的有效途径，它阐明了系统通过子系统之间的非线性作用即从无序到有序是遵循一定规律的，因此，城市社区系统通过社区治理主体间的全方位协同建立起一种精妙的结构从而得到有序的状态。各个治理主体在处理社区事务时，通过以实体形式组成的各种资源形成了多种组织架构；各个主体由于拥有的权力大小、资源种类不同，影响了主体之间多元化的合作方式进而影响了资源的再分配方式。

在我国推行治理相关理论，可以使更多的社会资源或力量得以进入社区治理体系，解决传统治理机制下政府资源不足、公共服务及公共产品提供不足或效率低下的困境，增强对民众需求的回应性，并通过民众参与使民众获得更高满意度。激活社会活力尤其是社会的创新活力，促进国家治理体系的完善和治理能力现代化。多元主体参与治理，能促进政府职能的转变，使政府在经济新常态、社会治理新常态下转变角色，回归服务型政府。

"红色物业"生态建设过程蕴含着丰富的治理理论。不同主体参与"红色物业"生态建设都代表不同的利益，而多元化主体产生的利益差异性使各主体相互制衡、相互制约、协调发展，共同促进"红色物业"生态建设持续平稳运行。例如，上海市闵行区近年来经历快速现代化进程，经济结构、人口与社会结构、城市功能结构等处于急剧变迁中，给社会治理的理念和实践提出了新挑战、新要求。而在社区治理工作中，业委会不尽责、运作不透明，物业服务不到位、管理不规范等问题不时困扰着居民，一定数量的社区矛盾的根源在于业委会的工作和物业企业的服务无法满足居民的期待。为破解这一难题，闵行区逐渐探索出党建引领的"红色物业"生态运行模式，让业委会和物业企业在基层党组织的引领下更好地参与社区治理，并将这一模式凝练成为推进党建引领的基层社区建设的闵行经验。上海市闵行区把党建引领贯穿"红色物业"生态建设始终,建成新时代上海党建引领物业治理创新实践基地,打造"红色物业"学院,配套《社区领航指引》多个课程库、师资库和教学资源点库。开展"百千万"领航培训,组织学员深度研讨,提升"领头雁"的综合素质,以班长强带动治理强。加大业委会党组织组建力度,全区组建业委会并促进规范运作,组建党的工作小组。加强物业行业党组织建设。在基层党组织发挥主心骨作用的同时,社会私人力量的参与有效促进了社区治理。闵行区建立"五维评价体系",由系统"大数据"自动生成白皮书,强化物业服务重点监管。在综合评价基础上,发布物业企业综合评价排名,推动物业企业优胜劣汰,淘汰劣质物业企业,引入优质企业,不断做优做强优质物业品牌。这一评价体系使得更多优质物业企业参与其中,共同促进社区运行发展。

多元治理理论的治理主体是多元化的,治理目标是可商定的,治理方式是灵活的。闵行区的"红色物业"建设通过党建这一纽带,串联起社区治理多方主体,社区民警、房管、城管、驻区单位等到居民区"两委"兼任职务,大家聚焦一个共同的目标,分工负责,齐抓共管。深入推进"大党委制",认真落实社区警务员、城管执法员、房屋专管员、法律顾问员、网格巡查员"一居五员"制度,使资源力量在社区聚合;街镇全面成立业委会主任联谊会和业委会顾问团,引进专业化社会组织,配备数百名律师进社区开展法律服务。激发各方的内生动力,有助于真正实现心往一处想、劲往一处使,加强良性互动,完善共治体系,共建美好家园。

协同治理理论是一种社会治理安排,其中一个或多个公共机构与私人机构的利益相关者共同参与到集体决策的研究讨论当中,这个决策过程是正式的、面向共识的、慎重的,旨在制定或执行公共政策,或者对公共事业和资产进行管理。例如,社区党支部与物业企业党委(党支部)签订"党建联盟"协议,推动"红色物业"发展,创新社区治理新模式。其中,社区党支部和物业企业分别代表两个不同的利益机构,在创建"红色物业"这一共同目标的推动下,促使双方相互连结、相互合作。社区居民作为社区事务的参与者和社区治理的主体,通过借助居委会、业委会的平台,行使正当的权力，反映自身的诉求，参与集体决策，从而针对社区治理中存在的问题、阻碍出谋划策。同时，社区中的其他组织例如社团、兴趣团体等，也同样以整体组织的形式反映团体内部成员需求，参与社区治理。而这一过程，正是协同治理理论在社区治理中的实践应用。

2.4.3 利益相关者理论

1963年，多德首次将利益相关者定义为："组织（企业）没有其支持，就不能存在的个人或群体"。安索夫在《公司战略》中正式使用利益相关者概念，提出企业的利益相关者可能包括股东、顾客、员工、供应商、管理者。1984年，弗里曼在《战略管理：利益相关者方法》中重新定义这一概念：利益相关者是指所有能够影响组织目标实现，或者反过来被组织目标实现过程影响的个体和群体。并且，社区和政府在书中被明确地认定为企业的利益相关者。

"红色物业"生态建设涉及多方主体利益的协调与实现，将利益相关者理论应用于社区公共利益，可以明确各相关主体间的职责及利益边界，有助于完善"红色物业"生态运行机制，让各主体对自身的角色定位以及承担的职责有明确的认知，分析出在"红色物业"生态建设中各阶段的侧重点，达到理想的绩效目标，从而促进社区健康可持续发展。

利益相关者视角下的"红色物业"生态建设需要多元参与、利益兼顾、权责分明的治理结构，参与"红色物业"生态建设的每一个利益相关者都应清楚自己的角色定位。由于各利益相关者所代表的利益需求不同，他们需要在制度规范指导下完成交流与合作，坚持权利与义务统一原则参与到"红色物业"生态建设过程中。

政府是"红色物业"生态建设的指挥者和责任者，它在"红色物业"生态建设中发挥着组织和指挥的作用，主要表现在：第一，社区政策规划指导。政府通过制定政策法规实现对社区管理和参与行为的宏观指导，引导和扶持社区内各参与主体实现"红色物业"生态建设对应的目标。第二，组织协调服务。协调社区内各利益相关者的利益关系，并向社区内所有主体提供服务，整合社区内资源。第三，管理指导服务。政府依法管理和指导社区建立"红色物业"生态板块服务条例，使社区管理步入法治化和规范化轨道。第四，动员社区参与。政府既要加强对城市社区的规划、管理、指导职能，也要积极动员和鼓励多元主体参与"红色物业"生态建设，不断提高社区利益相关者的参与意识和参与能力。

社区居民、社会组织是"红色物业"生态建设的参与者和监督者。作为社区多元治理主体中的重要成员，居民参与为社区治理带来源头活水、不竭动力。"红色物业"生态建设通过党建引领社区治理，密切联系群众，围绕社区居民关心关切的问题，建立完善的沟通和反馈机制，充分整合利用辖区资源，持续推进将多元治理主体融入社区治理中，是打通服务社区居民群众"最后一百米"的管用招法。社区居民是"红色物业"生态建设的出发点和落脚点，是社区服务的消费者和社区治理效益的直接受益者，对社区利益有很高的关注度。提高社区居民的参与度，对于开展社区治理至关重要。例如，社区"居民领袖"是社区的重要力量，发掘培育具有一定的人格魅力或某项特长、能够热心社区事务、凝聚社区居民、满足社区需求、促进社区发展、推动社区自治的"社区领袖"，能够在社区服务与社区活动中发挥示范引领和榜样影响的作用。找到居民间的利益纽带，从而构建利益共同体，能够实现社区有效的居民自治，促进"红色物业"生态建设。社会组织是因相同组织目标聚集在一起的社区群体，主要包括社区公益服务组织、社区基层自治组织、社区文娱活动组织等。区别于政府和企业组织，这些组织具有非营利性、民间性、公益性、自愿性、自治性的属性。因为社会组织的"民间性"，群众基础是这类组织的最大优势，能够弥补政府在社区治理过程中的资金不足、管理缺位、信息不对称等劣势。社会组织还具有强大的基层动员力量，可以充分调动社区居民的参与热情，增加社区居民与政府的良性互动。社会组织就像连接社区居民、企业和政府的桥梁。一方面，社会组织可以通过自身的社会号召力，来反映社区居民的诉求，监督政府公共政策的制定执行，如物业行业协会的作用发挥。另一方面，政府也可以通过扶持社会组织，来满足社区居民对社区参与的需求，推动"红色物业"生态建设和社区公共事务的发展。

物业企业是社区治理体系中的基本治理力量，也是"红色物业"生态系统的核心市场主体,在"红色物业"生态建设中,社区内的物业企业拥有充足的市场资源和社会资源,在城市社区治理中影响较大。作为市场主体的物业企业,提供物业服务时谋求利益最大化;作为社区治理的主体之一,企业提供的服务也具有公益性特征,需要兼顾各方利益。物业企业是社区治理利益相关者之一,在坚持党建引领的前提下,保障基础服务稳定供给的同时,努力整合多种社会资源,取得政府有关部门支持,开发社区养老、资产管理、家政清洁、医疗救助、教育教学等附加服务,提升企业经济利益的同时,承担更多社会责任。

综上所述,"红色物业"生态系统中协调利益相关者的关系影响着生态系统的可持续运转,同时,各方主体的正确行动会对各利益相关者产生积极影响,也能够促进系统实现良性循环。

2.4.4 集体行动逻辑理论

奥尔森提出,集体的共同利益实际上可以等同或类似一种公共物品,具有非竞争性与非排他性。假设个人都是自利且追求效用最大化的,那么团体中的成员就会在公共物品的生产上尽量少投入,将自己应付的成本转嫁到他人身上,而尽量多地消费公共物品,将自己的支出转嫁到他人身上,即"搭便车"。拉塞尔·哈丁、约翰·卡特等"意识形态"理论派认为奥尔森等人的理性选择理论夸大了集体行动的难度,认为当人们身处于一个集体情境中时,家庭和教育灌输的价值观念以及社会强有力的道德和伦理法则会导致人们限制他们的行为,以致不会做出像"搭便车"那样的行为。有学者引入社会资本理论来探讨如何解决集体行动的困境,认为社会资本是理解个体如何实现合作、如何实现集体行动以达到更高程度的经济绩效的关键所在。青木昌彦指出,一个能产生足够规模的社会资本的社会交换博弈,就可能形成合作性规范,从而使集体行动的困境迎刃而解,且不仅仅是已经形成的社会资本有助于促进集体行动,社会资本的形成过程也能促进集体行动。奥斯特罗姆认为,当成员面对集体行动的困境时,除了意识形态,还必须有作为社会资本重要形式的规则或制度的有效运行,否则"搭便车"和机会主义行为将难以克服。在批判吸收理性选择理论和意识形态理论的基础上,奥斯特罗姆结合社会资本理论，构建了以声誉、信任和互惠为核心的集体行动分析框架，提出声誉、信任和互惠是影响利益集团成员合作的核心要素，并且三者之间相互影响。利益集团中的成员相互熟识，彼此间了解各自的声誉信息。个体通过判断其他个体是否遵守承诺或者值得信任来选择是否参与集体行动，即社会资本的存在直接影响个体的行为选择。

"集体行动逻辑"理论逻辑可归纳为以下路径：首先，理性人倾向于通过"搭便车"的方式规避集体行动带来的成本，造成集体行动的困境。因此，寻求个人利益最大化的理性人不会主动采取行动以实现他们的共同利益。其次，当参与者的数量很大时，参与者会意识到他个人的努力可能不会对结果产生多大影响，因而参与主体一般不会仔细地研究各种问题。正因为如此，组织更加青睐效率更高的小集团。最后，面对集团集体行动的困境，将"选择性激励"作为一种新的制度安排，主张对集团成员按照其贡献程度予以区别对待。由于"红色物业"生态建设倡导各生命共同体采取行动以实现理性的、共同的、整体的利益，故而需要以集体行动逻辑理论作为指引（刘小兵，2012）。

个体或群体正遭受的苦难体验是集体行动产生的催化剂。当个体考虑是否参与集体行动时，会把参与集体行动、追求共同利益与放弃集体行动、追求个人利益这两种选择所各自带来的收益和机会成本加以比较。如果行动无法有效解决涉及大部分业主利益的问题并形成机制，或收益与成本不成比例，业主参与社区治理的意愿将会降低。不同地区的小区仍然存在诸多问题，如人员杂乱、治安堪忧、绿化损坏、卫生恶劣、车辆乱停乱放、设施陈旧、缺乏维护等。目前存在的种种问题，激发了业主们集体行动的行动意愿和动机。

但是由于"搭便车"的存在，集体行动动员只能依赖少部分自愿承担组织成本的积极行动者。集体行动中的发起者和倡导者被称为"关键群体"和"积极分子"，他们通常扮演着承担集体行动的初始成本的职责，而群体以声誉和认同的形式补偿他们的付出。社区在其建立之初是一个"陌生人社会"，"陌生人社会"则会阻碍信任、社会网络的构建和参与意识的提高，造成社会资本不足，再加上社会流动性的加快，社区动员网络构建更加困难。

因此，社区公共事务的集体治理需要"关键群体"或"积极分子"采取一定的行动策略激活社区社会资本。

一般情况下，"关键群体"或"积极分子"通常由社区居民、业主充当，但是需要提前承担实施成本且同时具备较高的自我奉献和不图回报的无私精神。一般情况下，鉴于不同小区业主的认知差异性，能够担任行动精英的人选仅仅只能靠业主自身意愿和条件来决定，因此该方案不具备广泛推广的因素。但"红色物业"生态建设通过社区党组织引领、物业企业参与、分担社区治理初始成本的同时，能够有效主导行动精英的选拔过程，帮助激活社区社会资本。同时，"红色物业"生态建设提出"共建共治共享"这一概念，并由此创新本土化的社区治理新方法，意在鼓励多元主体共同参与社区治理，能够帮助改善政府与物业企业心有余而力不足的困境。

在一个继承大量社会资本的共同体内，自愿的合作更容易出现。社会资本的积累有利于增进组织成员之间的信任水平，进而提高制度供给水平。社区社会资本存量越高，社区居民越有可能参与解决社区公共问题。如宝石花物业各地区公司在社区党组织的领导下，通过整合各方资源和力量，开设"小区书吧"、公益活动服务中心等，满足社区居民业余文化消费需求；支持社会力量利用公共服务设施、闲置场所等资源举办托幼机构，依托周边公立学校建设托幼点；组建志愿服务队、文体协会、文娱社团等丰富社区居民与社会资本联系等方式，有效提高了社区居民的自治水平。

同时，集体行动之所以成功，也离不开制度规则在其中所扮演的角色与所发挥的作用。制度规则是社区集体行动参考体系，也是其进行过程中的稳定剂。因此，在党建引领的背景下，多元主体协商议事建立社区相关制度规则，实现"红色物业"制度化运行对于推动社区可持续发展具有重要意义。

2.4.5 企业可持续发展理论

国外学者把企业的可持续发展解释为可持续成长、永续发展或持续成长。关于企业可持续发展的概念，学者钟陆文的定义：是指"企业在追求自我生存和永续发展的过程中，既要考虑企业经营目标的实现和提高企业市场竞争地位，又要保证企业在领先的竞争领域和未来扩张的经营环境中始终保持持续的盈利增长和能力的提高，保持企业在相当长的时间内长盛不衰"。孙乐乐等（2019）认为企业可持续发展是指企业能够存续尽量长的时间并保持较好的竞争能力。影响企业可持续发展能力的因素主要有两类：一是按照企业生存与发展的环境要素分类，包括企业自身、社会环境、相关利益者；二是按照企业生存和发展的生产或经济要素分类，包括资本、技术、信息和人力资源。企业要建立牢固的市场竞争力，必须走可持续发展道路，而可持续发展战略的制定、实施、控制和调整过程是否真正有利于企业的生存与发展，要受到企业治理效率的影响。

企业可持续发展理论为研究"红色物业"生态可持续问题的分析提供理论依据，指导创建"红色物业"生态的可持续发展监督评价体系。物业企业与社会环境的和谐共存，一方面，要求物业企业兼顾当前需要和长远效益，协调好"红色物业"生态圈内各利益相关者的关系，更多地为社区治理作出贡献、付出劳动甚至有所牺牲，从而实现基层党建、人民幸福、社会和谐和环境美好的均衡发展；另一方面，物业企业的可持续发展离不开政策、环境以及各方面的支持和帮助。

"红色物业"是保平微盈的公益服务，物业企业实现可持续发展，既需要做好"红色物业"的基本盘，也要享受"红色物业"基本盘带来的红利，这就是"红色物业"生态建设。在"红色物业"生态建设过程中，物业企业付出了很多，有时并没有得到直接的回报，但很多"红色物业"企业享受到政策带来的红利或者机会。比如参与武汉"红色物业"生态建设的物业企业，结合"百万大学生留汉创业就业工程"，选聘一批思想政治素质好、学历层次高、年轻有活力的党员大学毕业生充实到企业中，大大提升企业开展党建工作和运营发展的能力。同时，获评武汉市委市政府"红色物业五星级企业"的34家企业，每家还获得25万元政府扶持基金，分享到政府奖励和财务补贴红利。此类政策红利为参与"红色物业"生态建设的企业赢得了口碑、增加了人才、提供了资金、丰厚了资源，为企业可持续发展增强了基础、增加了机会。从长远来看，参与"红色物业"生态建设的企业，由于强烈的社会责任感树立起了良好的企业形象，在参与老旧小区物业、"一老一幼"业务、社区餐饮服务等方面增强市场竞争能力。

参与"红色物业"生态建设的企业,将进一步提高资源整合的能力。任何一个企业,其资源总是有限的,这里所说的资源包括人力资源、市场资源、社会资源等,企业的发展需要大量的资源储备,否则,企业的持续发展就会面临资源短缺的瓶颈,如何有效整合资源显得尤其迫切。参与"红色物业"生态建设的企业,充分利用政府的信任支持和在社会上赢得的良好口碑,对社会资源进行充分合理的整合,对有利资源加以有效的培育,并使之能随时为己所用,企业的可持续发展具备了资源优势,企业才不会为资源所困。武汉百步亭花园物业管理有限公司借助实施"红色物业"生态建设,不断加大内部资源整合力度,在深耕传统物业的同时,充分融合企业已链接的多元化资源,向资源所在的领域进行积极探索,目前已经成立电梯公司、家政公司、环境公司、"红色管家"公司、汽车服务公司、信息科技公司等,不仅拓宽了业务范围、增加了收益渠道,同时业务所包含的家政服务、城市道路保洁、老旧小区管理、养老服务等,为社区居民提供了便利。在服务的过程中赢得广大业主的好评,树立了物业企业良好的口碑。在物业企业外部资源整合方面,更多地是依靠政府的支持。例如,政府及时制定有关政策制度,保障物业企业参与"红色物业"生态建设的合法合规,进一步明确角色定位;政府有关部门定期开展物业企业考评、先进评比,对于评价较高企业进行一定范围的表扬、宣传报道等,政府物业项目招标投标向此类企业倾斜。每年评选一批"最美物业公司""最美物业人"等并予以激励,进一步树立企业良好形象;政府协助物业企业开展人员"双向进入,交叉任职",落实具体举措引进专业人才,为"红色物业"提供人才支持;落实好经费激励保障,在政府制定财政预算时,将"红色物业"社区治理列入相关预算,对积极参与"红色物业"建设的企业等市场主体落实一定的财政奖励,根据实际情况给予适当补贴,积极争取各类资金扶持;协助盘活社区中的闲置资源、闲置空间等,进一步合理扩大创收举措,并鼓励社会资本、社会组织参与社区治理,巩固和发展"红色物业"可持续发展的基础(图2.1,图2.2)。

图2.1 社区便民服务点示例

图2.2 小区书吧示例

2.5 "红色物业"生态建设的理论研究综述

2.5.1 "红色物业"研究综述

基于文献计量分析法和知识图谱可视化,全面梳理我国"红色物业"这一领域的相关文献,通过数据可视化手段,旨在清晰、明确地展示这一领域的文献变化、热点演进趋势和未来发展方向，以期为"红色物业"相关理论研究与实践提供一定参考和启示。

综合考虑研究需要与文献质量，设置"按主题搜索"和"按关键词搜索"并用的检索条件，所选文章需同时涵盖"红色物业"及相关的关键词。来源包括中文期刊、中文核心期刊、CSSCI期刊、CSCD期刊以及博硕士论文。检索时间从2014年1月1日开始，截至2023年6月。初步检索出717篇文献。为保证所选样本的精确性，通过对文献摘要和关键词进行仔细阅读和对比，删除新闻报道、会议论文、会议记录等233篇参考度较低的文献，最终选取484篇相关文献作为本次分析的基础数据。

2.5.1.1 "红色物业"研究发文数量

通过对文献年度发表数量进行定量分析，在一定程度上可以掌握各时间阶段研究关注点发展情况，判断研究热点的变化规律及驱动力。如图2.3所示，"红色物业"相关文献始于2017年，2021年前，每年较前一年发文数量均有大幅提高，其中，2020-2021年增长最为明显。出版物数量变化趋势与国内"物业服务""党建引领""红色物业"等宏观政策发展紧密相关，比较明显的时间节点及事件主要有：武汉市于2017年在全国首创开展"红色物业"，以党建引领物业服务创新，力求提升居民的获得感、幸福感与安全感。随着社会治理工作的不断深入，各省市大力推动"红色物业"提质增效，物业服务从"有"向"优"迸发，将社区管理与物业管理深度融合。党的十九届五中全会提出要加快发展现代服务业要求，新时代物业管理行业发展必须以全面加强党的领导为引领，以新发展理念为指针，以提升"红色物业"的有效供给为目标来带动企业向现代服务业进行转型和服务升级，因此推动"红色物业"相关研究迎来高峰，之后的2021年与2022年均维持较高的发文数量。

2.5.1.2 "红色物业"研究学科分布

如图2.4所示，根据中国知网中的文献数据，"红色物业"涉及11项不同的学科类别，是一项涵盖政治、经济、技术、文化和社会等要素的跨学科研究。研究主要分布在宏观经济管理与可持续发展（48.96%）、中国共产党（33.09%）、中国政治与国际政治（9.52%）、投资（3.66%）、行政学及国家管理（1.34%）。此外，建筑科学与工程（0.85%）、思想政治教育（0.85%）和政党及群众组织（0.49%）也为"红色物业"研究的发展作出了贡献，而其他学科合计占其余的1.24%。

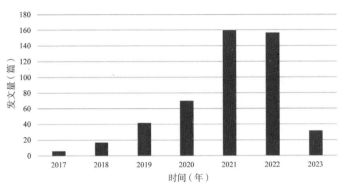

图2.3 我国"红色物业"研究年度发文数量特征

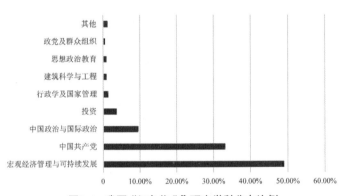

图2.4 我国"红色物业"研究学科分布比例

2.5.1.3 "红色物业"研究热点

关键词是文章研究内容与方法重要程度的凝练。共现指关键词在同一文献中共同出现，本文选取的研究论文中关键词共现频次主要反映本领域的研究热点，关键词中介中心性可以阐明关键词之间的内在联系。表2.2显示了484篇文章前十位关键词共现频次和中介中心性情况，发现"红色物业"作为出现频次最多的关键词，其中心性远高于其他9个关键词中心性，这也对应了探讨"红色物业"主题，"党建引领""物业服务""社区治理"作为频次和中心性排名靠前的关键词，突出了"红色物业"的主要着力点和前进方向，而"物业管理""基层治理""业委会""疫情防控""党支部"和"社区党委"作为非主题类排名靠前的关键词,凸显了"红色物业"发展的重点研究内容。

我国"红色物业"研究热点关键词信息　　　　表2.2

关键词	频次	中心性
"红色物业"	250	1.09
党建引领	129	0.25
物业服务	77	0.25
社区治理	50	0.24
物业管理	34	0.09
基层治理	32	0.09
业委会	27	0.02
疫情防控	21	0.04
党支部	18	0.05
社区党委	7	0.02

通过关键词共现知识图谱(图2.5)可以看出,"红色物业""党建引领""物业服务""社区治理"作为热点网络知识图谱中的主要节点,承担着"红色物业"研究领域内的研究起点区域。"业委会""党组织""城市更新""住房保障""一核多元""同心圆"等作为次级节点,将主要关键词与具体关键词相连接,承担着"红色物业"研究中具体的实施落脚点等作用。

2.5.1.4 "红色物业"研究领域

研究聚类是在热点网络图谱基础上通过提炼总结形成研究主题来直观展示主要研究领域。通过对"红色物业"关键词中介中心性进行聚类分析,得出关注度最高的10个聚类单元,如图2.6所示,分别是"物业管理行业、物业服务、社区治理、基层社会治理、业主委员会、党建引领、物业管理、'红色物业'、社区党建、服务模式"。各聚类之间交叠性不高且联系程度不一,表明聚类之间不存在显著的共引现象,其中仅聚类3与聚类1、2、7分别有重合,表明"红色物业"的基础需要从基层社会治理角度出发。各聚类包含的主要关键词和聚类代表意义如表2.3所示。

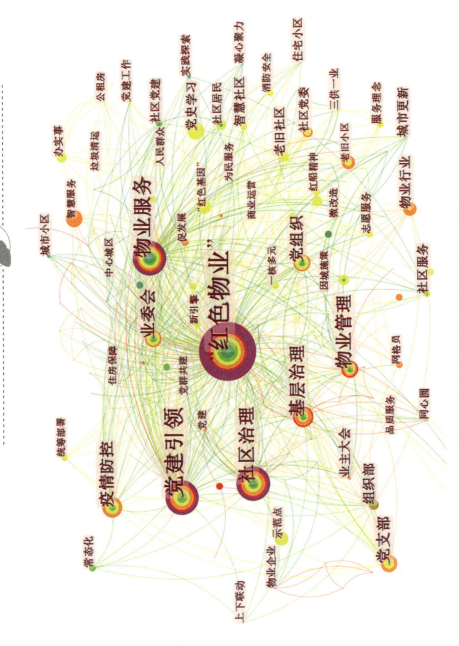

图 2.5 我国"红色物业"研究关键词共现知识图谱

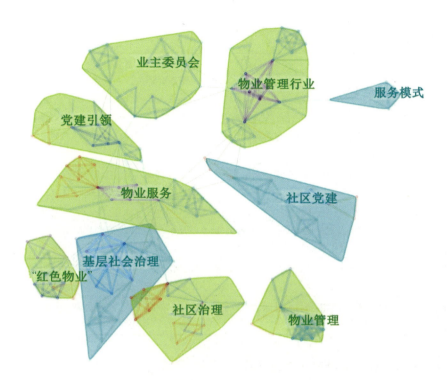

图2.6 我国"红色物业"研究关键词中介中心性聚类分析

我国"红色物业"研究聚类相关信息 表2.3

聚类名称	主要关键词	解释
物业管理行业	物业管理行业；物业管理协会；业主满意度；物业企业；物业服务；基层治理体系；内动力；信用信息管理；公益属性；城乡社区	代表了"红色物业"的大背景，其中基层治理体系和内动力是决定红色物业顺利发展的前提
物业服务	基层治理；物业企业；工作路径；综合整治；管理新模式；品质提升	物业服务是"红色物业"的核心要素，"红色物业"发展的首要任务就是保证物业服务品质提升
社区治理	社区治理；物业企业；物业；"党建+红色物业"；党群共建；理论；服务管理	社区治理是"红色物业"的基本任务，是由党群共建、相辅相成的
基层社会治理	基层社会治理；公益性；两新组织；开放包容；基层党建工作	基层社会治理是"红色物业"的核心要点，以开放包容为主题，保证公益性，发挥多元主体协同治理的作用

续表

聚类名称	主要关键词	解释
业主委员会	业主委员会；党组织；业主大会；组织体系；公共服务设施；社会治理创新	业主委员会在党建共建的"红色物业"中处于重要地位，一定程度上决定组织体系的构建并推动社会治理创新
党建引领	党建引领；党史学习教育；智慧社区；统筹部署；网格单元；应急管理；系列活动	党建引领代表"红色物业"的具体措施，例如网格化管理、党史学习教育、打造智慧社区等
物业管理	物业管理；模糊综合评价；新格局；城市更新	物业管理是"红色物业"中重要一环，对城市更新起着基础性建设作用
红色物业	"红色物业"；物业管理行业；流动党员；物业管理协会；党支部；居民委员会；新时期；青年志愿服务；企业家协会	"红色物业"是本研究的主题，该聚类主要叙述了"红色物业"的组成部分，例如党支部、企业家协会、流动党员等
社区党建	社区党建；社区养老；五个转变；"红色物业"	社区党建是"红色物业"必不可少的任务，推动整个体系向前发展
服务模式	服务模式；精准扶贫；社区超市；产业园区	打造服务模式是"红色物业"的具体措施，主要包括构建社区超市、产业园区等

2.5.1.5 "红色物业"演进趋势

如图2.7所示，结合时代背景，将"红色物业"的演变历程划分为奠定基础阶段（2017-2018年）、大幅提升阶段（2019-2020年）、稳步创新阶段（2021-2023年）。2017年是"红色物业"起步之年，部分学者重点围绕"服务联系群众""城市基层党建""基层社会治理"等方面进行初步探讨，建立了网格单元思维，得出典型的"百步亭经验"，为我国"红色物业"研究奠定了良好基础。2017年2月，武汉市提出"红色物业"概念；党的十九届四中全会指出社会治理是国家治理的重要组成部分，要不断完善党委领导、社会协同、公众参与、科技支撑等社会治理体系。"红色物业"的实施，既可解决上述问题，通过优质服务极大地提升业主社区生活的归属感与幸福感，同时还能成为加强社区治理，提升社会治理能力和水平的重要保障。基于此，2019-2020年我国"红色物业"研究思路开始多样化分布，从业主委员会、物业企业、群众等多元视角出发，重点研究城市更新、精准扶贫、志愿服务等在"红色物业"建设中的作用。进入后疫情时代，社区服务凸显出了重要作用，在这个阶段（2021-2023年），"红色物业"的关注点更加微

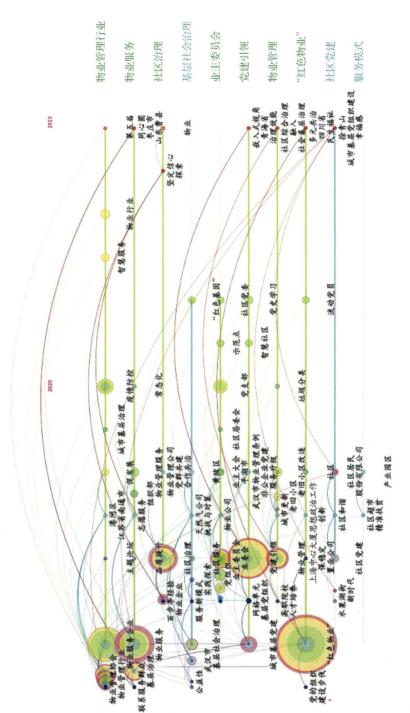

图 2.7 我国"红色物业"研究关键词时间线知识图谱

观化、精细化，例如，从"多元共治""嵌入式视角""同心圆"等新奇视角出发进行研究，以人为本，一切服务为了群众，将研究领域推向"稳步创新"阶段。

2.5.2 "红色物业"生态研究综述

2.5.2.1 "红色物业"生态相关研究

目前，有关"红色物业"生态研究的文献较少，还没有学者完整地提出"红色物业"生态的相关概念及其解释框架，但有关"红色物业"生态的元素、构成、系统等其他的相关研究已有一些成果。"红色物业"生态作为"红色物业"的一种更高级阶段，与"红色物业"的创新发展紧密相连，因而需要参考学者对"红色物业"的相关研究来探讨"红色物业"生态的建设问题，从"红色物业"角度进行相关文献的参考借鉴。

2.5.2.2 生态系统与商业生态系统相关研究

"商业生态系统"这个概念是对生态系统的一个比喻。在企业生态系统中，各系统的成员与物种、生物链、系统内环境的关系就如同自然生态系统中物种、生物链和生态系统内部环境之间的关系（钟耕深，2010）；顾客与企业的联系如同物种间的联系；企业与行业间的联系就像物种和生物链间的联系；行业间的联系就如同生物链间的联系；企业、行业、政府等组织间的联系如同物种、生物链和外界环境间的联系。因此，有关商业生态系统的理论就是从生态系统的概念出发的，而生态系统理论则侧重于强调其他利益相关方对于企业的影响。在核心企业与其他利益相关者构成的经济联合体的基础之上，实现发展与前进，具有生物生态系统理论等特点和特征，从生物生态系统的演化过程来看（崔桢珍，2009），包括四大阶段，分别是开拓、扩展、领导以及更新。生态系统具有动态性特征与共生性特征，企业生态系统中的各个主体之间存在着相互作用、相互信任与相互依存的关系，基于所得到的共享的信息与资源，朝着共同的目标发展。

生态系统的共性为：生态系统是一个由简单到复杂，由不成熟到成熟的动态演变系统（伊超男，2019）。为了使生态系统能够迅速地适应内外的变化，生态系统就必须拥有多种多样的物种，以确保其对新的环境作出及时的响应(钟耕深,2008)。因此,生态系统的构造与组成生态系统的物种多样性相关,其结构愈复杂,物种数目也愈多,生态系统是由许多紧密连结的结点相组成(王雅宁,2011)。生态系统的运行取决于能量的流动,以及更为复杂的物质循环。能量的流动与物质的循环越快,能源的传输效率越高。在生态系统内,环境的变化会给生物体带来一些压力,那些不能适应这些压力的生物体就会被生态系统所淘汰。

商业生态系统与快速变化和不可预测的环境相连,并且会随环境的改变而不断发展(李志坚,2008)。与自然生态系统类似的是,商业生态系统具有生命特质,并且在生态系统中相互影响的同时呈现出演化特征。因此,企业生态系统可以被界定为一个基于互动的组织与个人的经济群落(肖东生,2011;张威,2007)。它的成员包括供应商、顾客、主要生产者、竞争者和其他利益相关者。随着时间的流逝,各成员的能力和角色会不断发展,并且按照一家或几家核心企业指定的战略来调整自己的业务,从而使企业的角色发生变化,并达到企业自身的成长与商业生态系统的升级(李军,2020)。

从复杂性理论角度出发,对企业生态系统的成员关系、企业与企业生态系统的关系以及企业生态系统的总体特征进行研究,得出商业生态系统在进化进程中表现出如下的特点(钟耕深,2009)。

第一,团队合作,协同进步。就像在一个社会性生物群体中,各成员为着共同的目标,分工协作,有机地联合形成一个整体(梁海红,2007)。在一个商业生态系统中,各个成员之间的作用是互补的,在产品的配套、功能的完善、销售渠道和售后服务上都是分工合作的。正如同生物生态系统,商业生态系统中的成员共同进退,各成员在自我完善和改造的过程中,都要专注和积极地合作(李爱玉,2006),同时其他成员也应该进行自我投资并争取达到自身的目标。通过分工、协作,最终实现整个系统的进化。最典型的协同进化是领导型企业在发挥其核心专长时逐步地与其他企业合作,确保这些企业做出补充性贡献(邵志,2019)。

第二,竞争与合作并存。在商业生态系统中,企业之间的关系一直都是以竞争与合作的方式进行的,不是以金字塔为基础的多层级的管理方式,而是完全自主的、分布式的合作方式。韩巧霞（2006）认为，虽然企业间存在着资源和利益的竞争，但是它们可以在竞争排斥的情况下和平共处。这是由于在该体系内，企业之间存在着更强的结盟意愿，这种结盟意愿促使企业彼此之间进行适应性调整，摆脱"零和博弈"，从而建立起一条完整的产业链。张海涛（2010）指出，在商业生态系统中，企业为了获得有限的资源，或为了占领产品的市场空间以谋求生存和发展，都必须与其他的企业和环境相互作用，相互联动（田秀华，2006）。企业要以系统成员间的协作为基础，通过开放的环境来应对竞争，并以开放的环境来吸引成员，从而使整个体系做大做强，避免集体"分小饼"式的竞争（钟耕深，2008）。

第三，共竞争，共命运。商业生态系统引进消费者、供应商、生产者、分销商，以及政府机构和民间团体等一切有利于系统进化的市场主体来增强和完善生态系统对信息流、物资流和资金流的控制（辛杰，2011；张利平，2016），带领企业与其他合作伙伴建立一个以产、供、销为核心的系统价值网络。在群体竞争中，网络成员形成了一个跨行业的战略联盟，这种联盟的竞争已经从企业内部变成了一个生态系统。就像自然界中的生物一样，企业在商业生态系统中也是和整个商业生态系统共存的（丁宁，2011）。只有在一个完整的商业生态环境下，企业在这个体系中的生存和发展才会更好。企业的活力和商业生态是紧密联系在一起的，一个健康的商业生态体系能够显著增强企业的活力，商业生态系统中的任何一个企业角色都无法独立于整个体系的总体趋势而独立发展。

第四，衰落更新，循环发展。在一些因素影响下，生态系统会随时间的推移而逐渐退化。将商业生态系统的发展划分为四个阶段：开拓——生态系统的基本模式形成；扩张——群落拓展的范围，并消耗各种不同的资源；领导成熟——群落的架构基本稳定，生态系统内部领导权与利润的争夺战愈发激烈；更新或消亡——生态系统必须通过不断的革新来保证它的繁荣，否则就会消亡。

第五，系统开放，集成发展。商业生态系统是一种动态的、不断调整和优化的开放系统，在系统的运作过程中，由于各成员之间的相互选择，不断有新成员加入，而不符合条件的成员则被取代，从而使整个系统处于最佳状态。开放性保证系统能够在较大的区域内建立起战略合作关系，实现资源的最优分配和利用，实现信息、物质和能量的自由交换（王龙建，2007），形成吐故纳新、良性循环的新机制、新成员、新思想和新业态。集成化程度的高低直接关系到整个系统水平的高低，合理有效的商业生态体系需要有更高的集成化程度。无论是从内部功能整合，还是从消费者、供应商、生产者、分销商以及政府机构和民间组织等外部集成，都可以促进企业的生态网络建设、产业整合、价值网的建立和产业战略联盟的建立。

通过对以上几种商业生态系统的特征进行综合分析，有助于我们客观、准确地把握商业生态系统的产生、发展、领导、自我更新或消亡的全过程，有助于物业企业清晰地认识企业间及企业与系统间密不可分的关系，从而指导物业企业制定基于商业生态系统的战略，有利于企业深入了解自身所处的生态系统，设计更恰当的组织架构以适应系统和环境的变化，对于促进"红色物业"生态的发展具有重要意义。

2.5.2.3 研究述评

通过对已有文献的梳理可知，"红色物业"生态建设作为"红色物业"建设的一个更高级阶段，其发展时间较短，这类研究尚处于实践摸索、经验总结与提炼的初级阶段，有关"红色物业"生态研究的成果较为稀缺，研究的深度和广度需要进一步加强。本书通过总结以前学者的"红色物业"研究成果，结合宝石花物业等企业的实践经验与推进路径，进行"红色物业"生态建设的系统研究。从研究内容来看，一方面，有关"红色物业"的研究经历不同阶段的发展，已经形成较为系统的理论体系，但现有研究更多地聚焦在政策制度、社区治理、城市更新等宏观或中观层面，从生态系统和可持续发展层面研究分析的成果不多。另一方面，有关生态系统与商业生态系统的研究成果表明，作为一个商业生态系统的核心，企业可以提高整个生态系统的生产率、稳定性，并通过有效创新改善生态系统的总体健康。企业从生态建设中受益，生态系统中其他成员的效率、创新性和生命力，也与企业的行为有着根本性的关联，共同构成生态系统环境的多样性和稳定性。

本书通过收集基层社区不同群体对于"红色物业"生态的认知、感受与建议，使数据来源更真实、更有效、更接地气，最终提出的策略建议更符合实际，便于街道社区、物业企业实践应用，也为"红色物业"生态建设中的不同主体提供管理参考。同时，通过问卷调查的形式，让问卷调查参与者注意"红色物业"生态的现实问题，引起物业企业、社区居委会、业委会以及社区居民的关注和重视，在净化生态环境、改善红色物业生态共识的形成上具有重大意义。本研究为推动我国物业行业转型升级、实现可持续发展提供了理论思考和实践借鉴，同时能够让物业企业更为清晰地了解企业与生态系统之间的密不可分的关系，进而引导物业企业制定基于商业生态系统的战略，并根据市场环境的改变来设计合适的组织结构，进而实现"红色物业"的可持续推进，实现物业企业的创新性发展。

2.6 "红色物业"生态建设研究思路

2.6.1 研究目的

开展"红色物业"生态建设研究，主要是为了解决"红色物业"可持续发展问题，探索物业行业创新发展的新理论、新方式和新内容，丰富和发展城市基层党建理论、社区治理理论，为实现业主对美好生活的向往探索可行之路。

本书从"生态"的视角研究思考"红色物业"的建设和发展问题。首先，基于文献研究、问卷调研与案例分析，明晰"红色物业"生态建设的历史背景、建设条件、建设现状与存在的问题，研究宝石花物业以及其他物业企业"红色物业"生态建设的探索实践，剖析生态系统运行机理，探析"红色物业"生态体系运行模式；其次，通过研究基于"红色物业"生态建设的老旧小区改造案例，提出基于"红色物业"生态建设的老旧小区治理策略与运行策略，同时搭建"红色物业"生态运转模型，给出"红色物业"生态模型的运转优化措施，探索"红色物业"可持续发展的解决方案；最后，构建"红色物业"生态体系的考核评价体系，旨在促进"红色物业"生态体系的建设，为"红色物业"建设提供明确的工作目标和量化的评价指标。

2.6.2 研究内容

2.6.2.1 研究"红色物业"生态诞生的历史背景和建设条件

从物业行业的视角出发,通过查阅相关历史资料和研究文献,深入解读"红色物业"生态提出的现实原因、初心主旨、建设意义等,从"根"上把握什么是"红色物业"生态;通过研究学习党的二十大报告、《中华人民共和国国民经济和社会发展第十四个五年规划和2035年远景目标纲要》、"共同富裕"经济社会发展理论以及政府相关文件等,系统而全面地分析"红色物业"生态建设的政治、经济、社会及生态环境。

2.6.2.2 探究"红色物业"生态建设的底层逻辑

通过研究什么是"红色物业"生态,为什么建设"红色物业"生态,怎样建设"红色物业"生态,建设什么样的"红色物业"生态等问题,明确"红色物业"生态建设的思路、原则、维度、方法、路径等,探索出适合"红色物业"生态的服务理念、服务内容、服务方式以及服务标准、工作流程、队伍素质等。

2.6.2.3 研究宝石花物业以及其他物业企业"红色物业"生态建设的现状

通过实地踏访、政府访谈、群众问访等形式,深入调研宝石花物业开展"红色物业"生态建设的实际情况、取得的阶段性成果以及存在的问题。以问卷调研的形式重点调查业主、员工对"红色物业"生态建设的关注点、意见、建议和期望。利用统计学软件对收集到的问卷进行科学分析,分析影响"红色物业"生态建设的因素。同时对宝石花物业的各个地区公司以及其他物业企业进行"红色物业"生态建设的案例分析,优化"红色物业"生态建设方案,总结"红色物业"生态建设的可行经验。

2.6.2.4 构建"红色物业"生态建设的基础模型

通过对"红色物业"生态圈的探究,揭示出"红色物业"生态圈中各因素的形态、特质和作用,以及各因素之间的相互关系、能量转化等,提出"红色物业"生态的概念模型,更加清晰地描述出街道、社区、物业、业主之间的职责权限和服务边界,进而从法律法规、组织机制、党委、政府、社区、市场、企业、业主等维度指导"红色物业"生态的建设。

2.6.2.5 思考"红色物业"生态建设的具体措施

通过对"红色物业"生态建设理论、案例和模型的分析，总结"红色物业"生态建设的各个主体、各个环节的有机黏合方式，使生态圈上各相关主体找准位置，以共建平台作载体，以工作机制作保证，以法律法规作保障，充分发挥各自核心优势，展开无缝合作，实现相互赋能。

2.6.2.6 构建"红色物业"生态建设的评价体系

通过对"红色物业"生态建设理论、案例和模型的分析，构建统一的可量化的衡量标准评价"红色物业"生态的建设情况。详细说明生态体系评价的基本思路与方法，根据已有文献与实际调研情况选取合适的"红色物业"生态生命力指标并对指标进行无量纲化，形成"红色物业"生态体系的考核评价体系并对其进行评价应用。

2.6.3 研究方法

2.6.3.1 文献研究法

本书首先对相关文献进行梳理，没有发现专家学者关于"红色物业"生态建设的系统论述，更没有完整的研究文献和研究成果。通过对"红色物业"进行研究，包括"红色物业"的建设条件、"红色物业"发展历程、"红色物业"的建设现状等，发现"红色物业"建设存在诸多困难与问题。通过对"红色物业"建设面临的困难和问题进行分析，发现"红色物业"生态建设对困难和问题的化解起着举足轻重的作用。本书立足于利益相关者理论、公共事物治理理论、集体行动逻辑理论与企业可持续发展理论，分析典型的"红色物业"生态建设实践，并对近年来出台的"红色物业"建设相关政策进行研究，力图找到"红色物业"生态建设的路径和方法。

2.6.3.2 计量分析法

计量分析法是社会科学领域的重要研究方法，通过运用数学、统计学知识以及电脑技术，以建立计量模型为主要手段，定量分析具有随机性特性的变量关系。本研究通过制定调查问卷，利用SPSS25软件对回收到的样本数据进行描述性统计分析，运用KMO和巴特利特检验进行信效度检验，从数据中研究"红色物业"生态建设过程中的主要问题。

2.6.3.3 案例分析法

研究国内"红色物业"发展现状,了解行业面临的主要问题,借鉴行业创建成果,尽可能为课题提供客观真实的分析。实地考察宝石花物业旗下八个分公司以及其他物业企业开展"红色物业"建设的主要举措与成果、困难与瓶颈,归纳总结各公司之间的异同点,得出"红色物业"生态建设的可行经验。同时通过研究有关"红色物业"生态建设的文件、理论以及书籍,为全面深入研究提供理论基础。

2.6.3.4 实证研究法

通过实地走访的方式,调研政府、企业、员工、居民及相关群体人员对开展"红色物业"生态建设的看法与建议;通过舆论调查了解主流媒体对"红色物业"生态建设的评价,通过剖析行业案例总结出"红色物业"生态建设的可行经验。最后重点梳理"红色物业"生态体系的构成要素、运行机制,搭建"红色物业"生态模型、构建"红色物业"生态建设的评价体系,为物业企业的实践作出指导。

2.6.4 研究思路与技术路线

根据研究目的与研究内容,形成如下研究技术路线图(图2.8):

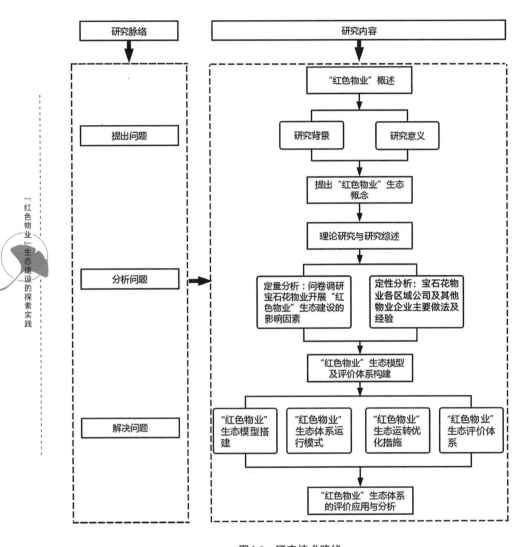

图 2.8 研究技术路线

第3章

宝石花物业"红色物业"生态建设的定量分析

本章主要通过收集和分析数据的方法来定量评价宝石花物业在"红色物业"生态建设方面的成效。首先，采用问卷调查法对宝石花物业典型项目的业主与工作人员进行调研；其次，根据调研所得数据，采用差异性分析、描述性统计分析等数据分析方法进行定量分析；最后，将定量分析的结果进行呈现和解读，使用图表、图像和其他工具将分析结果进行可视化处理，以便直观地呈现宝石花物业"红色物业"生态建设的现状。

3.1 宝石花物业数据收集与处理

3.1.1 数据收集

调查主要采用问卷调查法。问卷调查是定量调查的主要形式，其特点为大样本、结构化，调查结果适用于多种统计分析方法。由于行业内并没有关于"红色物业"生态概念的完整阐述，社区居民、企业工作人员均对于"红色物业"生态没有清晰认知。为防止调查对象对问卷产生理解偏差，本调查研究选用了更广为人知的"红色物业"概念进行问卷设计，而在分析的过程中仍以"红色物业"生态概念的界定、属性、特征为依据进行有关问题的关联分析，间接分析研究宝石花物业"红色物业"生态建设的总体情况。

本次调查选取宝石花物业分布在全国的八家开展"红色物业"的典型公司为调查对象，分别按照各个项目员工总人数和服务业主总人数的40%和0.4%进行随机抽样调查，通过进行数据收集和无效数据筛选剔除处理，最终收集到来自全国各地的17100位宝石花物业业主和4138位宝石花物业从业人员的有效问卷，涵盖了各个年龄阶段的人群，得到的数据真实可靠，具有较高的参考价值。

3.1.2 数据处理

本次调查采用单选题、多选题、排序题、开放题等多种题型。在问卷的分析过程中,将问卷前后矛盾、逻辑不一致的无效问卷舍弃。例如,对于开放题"您对'红色物业'建设有什么建议和意见?",若回答前后矛盾、逻辑不通顺、语言混乱、回答不完全,或者被调查者因没有理解问卷的内容而错答问题、没有按照指导语的要求回答问题,则将此类问卷视为无效问卷。通过对问卷的进一步处理,筛掉不可信数据、错误逻辑数据等无效数据。

科学处理定类数据与定序数据两种定性数据。定类数据代表对事物的分类,类别之间无法比较优劣大小。如"您的性别为?"分为男和女两类,我们用编号1表示男,2表示女。而定序数据在将事物分类后,还能对它们进行排序,可作出"A比B…"的判断。量表"您对目前'红色物业'开展情况满意吗?"分为不太满意、不太关心、比较满意、很满意四类,可以根据满意度分别编号为1、2、3、4。

3.2 基于业主调研数据的定量分析

3.2.1 调查对象

本次对业主进行的调查共收集到17100份有效问卷,对调查对象业主的描述性统计分析如表3.1所示。

业主对目前"红色物业"开展情况满意度的描述性分析　　表3.1

变量	赋值	频率	百分比	平均值	标准偏差	众数
性别	1=男	7165	41.9	1.58	0.49	2.00
	2=女	9935	58.1			
年龄	1=18岁以下	133	0.8	4.37	1.16	5.00
	2=18~25岁	1153	6.7			
	3=26~35岁	2447	14.3			
	4=36~45岁	4660	27.3			
	5=46~55岁	5856	34.2			

续表

变量	赋值	频率	百分比	平均值	标准偏差	众数
年龄	6=56岁以上	2851	16.7			
职业	1=公职人员	1783	10.4	3.03	1.12	3.00
	2=离退休人员	2965	17.3			
	3=企业人员	7552	44.2			
	4=自由职业者	2576	15.1			
	5=其他	2224	13.0			
政治面貌	1=群众	10747	62.8	1.67	0.93	1.00
	2=共青团员	1590	9.3			
	3=中共党员	4410	25.8			
	4=民主人士	353	2.1			
小区的物业性质	1=公益性物业企业	937	5.5	2.33	0.78	2.00
	2="红色物业"企业	12036	70.4			
	3=自负盈亏的物业	1697	9.9			
	4=其他	2430	14.2			

由表3.1的数据可知，58.1%的业主为女性，41.9%的业主为男性；群众占比最多，占比62.8%，共青团员为9.3%，25.8%为中共党员，剩余2.1%为民主人士；46～55岁的业主最多，占比34.2%，其次是36～45岁的业主，占比27.3%，56岁以上和26～35岁的业主分别占比16.7%和14.3%，18岁以下的业主占比最小，为0.8%；44.2%的业主为企业人员，剩下依次为离退休人员、自由职业者、其他和公职人员，分别占比17.3%、15.1%、13.0%和10.4%；这些业主居住的物业小区大部分为"红色物业"企业所服务，占比达到70.4%。

3.2.2 信效度分析

对业主问卷进行信度分析，其克隆巴赫Alpha值为0.621，由此可以说明该问卷整体的信度质量较理想，问卷信度分析见表3.2。

利用KMO和巴特利特球形检验对业主问卷进行效度验证的结果如表3.3所示。KMO检验的结果显示，KMO的值为0.866。KMO检验的系数取

业主问卷信度分析结果　　　　　　　　　表3.2

可靠性统计	
克隆巴赫 Alpha	项数
0.621	22

值范围为0～1之间，越接近1则说明问卷效果越好，所以此次问卷的效果良好。同时，据巴特利特球形检验的结果，显著性（P值）无限接近于0，水平上呈现显著性，故拒绝原假设，认为此次问卷具有良好的效度。

业主问卷的KMO与巴特利特球形检验　　　　　表3.3

KMO 和巴特利特球形检验		
KMO 取样适切性量数		0.866
巴特利特球形检验	近似卡方	109160.779
	自由度	231
	显著性	0.000

3.2.3 差异性分析

差异性检验可以通过独立样本t检验、卡方检验、单因素方差分析等检验方法来研究变量在不同维度上的差异情况。根据数据的特性，本次分析主要采用独立样本t检验和单因素方差分析这两种检验方法。

使用SPSS25得到分析结果：

（1）性别

各个维度在性别上的单因素方差分析　　　　　表3.4

变量	性别	个案数	平均值	标准偏差	标准误差平均值	t	显著性
对"红色物业"的了解程度	男	7165	2.79	0.952	0.011	7.681	0.000
	女	9935	2.67	0.930	0.009		
对"红色物业"的满意程度	男	7165	3.02	1.054	0.012	4.054	0.000
	女	9935	2.95	1.089	0.011		
是否愿意成为本小区的"红色志愿者"	男	7165	3.25	0.897	0.011	2.142	0.032
	女	9935	3.22	0.899	0.009		

根据以上独立样本t检验的结果（表3.4）可以看出，业主对"红色物业"了解程度在性别上的差异显著性检验的P值无限接近于0，显然小于0.05，这说明不同性别的业主对"红色物业"了解程度存在显著差异，由均值可以看出男性的了解程度略高于女性。依此类推，业主对"红色物业"的满意程度和业主是否愿意成为本小区的"红色志愿者"，在性别上都存在显著差异。综上可以说明，男性对"红色物业"建设的了解程度和满意程度以及成为小区"红色志愿者"的意愿性均高于女性。

（2）年龄

各个维度在年龄上的单因素方差分析　　　　　　　表3.5

变量	选项	个案数	平均值	标准偏差	F	显著性	多重比较
您对目前"红色物业"开展情况满意吗？	1	133	3.03	1.218	11.852	0.000	2>5，3>5，4>5，6>5
	2	1153	3.07	1.091			
	3	2447	3.01	1.137			
	4	4660	3.01	1.083			
	5	5856	2.90	1.057			
	6	2851	3.04	1.017			
您了解"红色物业"吗？	1	133	2.85	1.125	10.369	0.000	2>5，3>5，4>5，6>5
	2	1153	2.81	0.943			
	3	2447	2.77	0.969			
	4	4660	2.72	0.930			
	5	5856	2.66	0.928			
	6	2851	2.77	0.943			
您是否愿意成为本小区的"红色志愿者"？	1	133	3.25	0.995	1.201	0.306	/
	2	1153	3.26	0.891			
	3	2447	3.22	0.939			
	4	4660	3.25	0.910			
	5	5856	3.21	0.881			
	6	2851	3.24	0.876			

注：1=18岁以下；2=18～25岁；3=26～35岁；4=36～45岁；5=46～55岁；6=56岁以上。

根据表3.5单因素方差分析结果可以看出，业主对"红色物业"了解程度和业主对"红色物业"的满意程度在年龄上存在显著差异，显著性结果均无限接近于0，显然小于0.05。而业主是否愿意成为本小区的"红色志愿者"的显著性结果为0.306，远大于0.05，故不能认为业主是否愿意成为本小区的"红色志愿者"在年龄上存在显著差异。

由多重比较的结果可以看出，46～55岁之间的业主对"红色物业"建设满意度最低，对"红色物业"建设的了解程度也最低，想成为本小区的"红色志愿者"的意愿也很低，这有可能是因为该年龄段人群缺乏对"红色物业"的了解，物业企业可以重点针对该年龄段的人群进行"红色物业"宣传。

（3）职业

各个维度在职业上的单因素方差分析　　　　表3.6

变量	选项	个案数	平均值	标准偏差	标准误差平均值	F	显著性	多重比较
您对目前"红色物业"开展情况满意吗？	1	1783	3.35	0.964	0.023	72.850	0.000	1>2>4>3>5
	2	2965	3.01	1.009	0.019			
	3	7552	2.95	1.042	0.012			
	4	2576	2.96	1.131	0.022			
	5	2224	2.79	1.211	0.026			
您了解"红色物业"吗？	1	1783	3.16	0.933	0.022	145.142	0.000	1>2>3>4>5
	2	2965	2.74	0.925	0.017			
	3	7552	2.72	0.888	0.010			
	4	2576	2.63	0.940	0.019			
	5	2224	2.48	1.021	0.022			
您是否愿意成为本小区的"红色志愿者"？	1	1783	3.48	0.845	0.020	47.487	0.000	1>2>3>4>5
	2	2965	3.24	0.873	0.016			
	3	7552	3.23	0.882	0.010			
	4	2576	3.17	0.931	0.018			
	5	2224	3.12	0.948	0.020			

注：1=公职人员；2=离退休人员；3=企业人员；4=自由职业者；5=其他。

根据表3.6单因素方差分析结果可以看出，业主对"红色物业"了解程度和业主对"红色物业"的满意程度以及业主是否愿意成为本小区的"红色志愿者"在职业上存在显著差异，显著性结果均无限接近于0，显然小于0.05。

由多重比较的结果可以看出，职业为公职人员的业主对"红色物业"建设满意度最高，对"红色物业"建设的了解程度也最高，成为所属小区"红色志愿者"的意愿也最强烈，其次为离退休人员，意愿最低的则是职业为除了公职人员、离退休人员、企业人员和自由职业者之外的其他职业的业主。

（4）政治面貌

各个维度在政治面貌上的单因素方差分析　　　　　　表3.7

变量	选项	个案数	平均值	标准偏差	标准误差平均值	F	显著性	多重比较
您对目前"红色物业"开展情况满意吗？	1	10747	2.90	1.104	0.011	57.207	0.000	3>1, 3>2, 3>4
	2	1590	3.06	1.088	0.027			
	3	4410	3.14	0.978	0.015			
	4	353	3.00	1.007	0.054			
您了解"红色物业"吗？	1	10747	2.60	0.942	0.009	177.631	0.000	3>4>1, 3>2>1
	2	1590	2.77	0.914	0.023			
	3	4410	2.98	0.889	0.013			
	4	353	2.79	0.981	0.052			
您是否愿意成为本小区的"红色志愿者"？	1	10747	3.15	0.916	0.009	101.875	0.000	3>2>1, 3>2>4
	2	1590	3.26	0.913	0.023			
	3	4410	3.43	0.803	0.012			
	4	353	3.16	1.030	0.055			

注：1=群众；2=共青团员；3=中共党员；4=民主人士。

根据表3.7单因素方差分析结果可以看出，业主对"红色物业"了解程度和业主对"红色物业"的满意程度以及业主对成为本小区的"红色志愿者"的意愿在政治面貌上存在显著差异，显著性结果均无限接近于0，显然小于0.05。

由多重比较的结果可以看出，政治面貌为中共党员的业主对"红色物业"建设满意度最高，对"红色物业"建设的了解程度也最高，成为所属小区"红色志愿者"的意愿也最强烈,说明"红色物业"建设在党员业主中开展得较为成功。

3.2.4 描述性分析

(1)居委会、业委会和物业企业之间存在矛盾和纠纷的来源

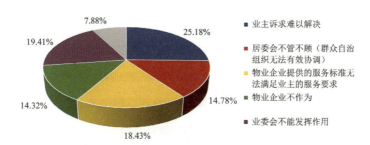

图3.1 居委会、业委会和物业企业之间存在矛盾和纠纷原因分析

从图3.1中可以看出,业主认为居委会和物业企业之间存在矛盾和纠纷的来源主要包括业主诉求难以解决、物业企业提供的服务标准无法满足业主的服务要求、业委会不能发挥作用、居委会不管不顾(群众自治组织无法有效协调)、物业企业不作为等。其中业主诉求难以解决和业委会不能发挥作用是主要因素。在"红色物业"的建设中,居委会、业委会和物业企业可以从以上几个方面解决和业主之间存在的矛盾和纠纷。

(2)"红色物业"发挥的作用

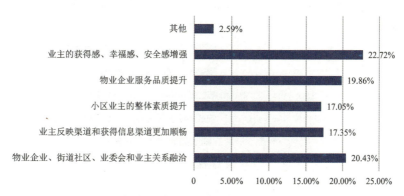

图3.2 业主对"红色物业"在哪些方面发挥作用的分析

从图3.2中可以看出，大多数的业主认为"红色物业"可以增强获得感、幸福感、安全感，使物业企业、街道社区、业委会和业主关系融洽；还有一部分业主认为"红色物业"提升了物业企业的服务品质，使业主反映问题渠道和获得信息渠道更加畅通，提升了小区业主的整体素质。

（3）当前"红色物业"开展存在的差距和不足

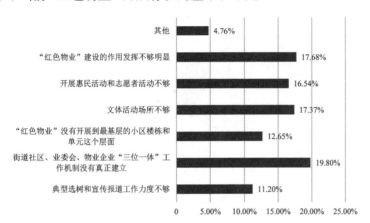

图3.3　业主对"红色物业"开展的差距与不足的分析

从图3.3中可以看出，在目前的"红色物业"开展过程中，业主认为街道社区、业委会、物业企业"三位一体"工作机制没有真正建立是主要的不足之处，其次为"红色物业"建设的作用发挥不够明显，文体活动场所不够，开展惠民活动和志愿者活动不够，"红色物业"没有开展到基层的小区楼栋和单元这个层面，典型选树和宣传报道工作力度不够。

（4）开展"红色物业"的主要难题

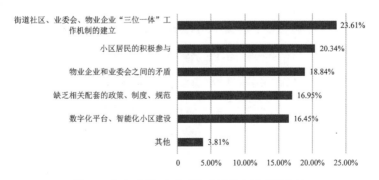

图3.4　业主对"红色物业"开展的主要难题分析

从图3.4中可以看出，业主认为街道社区、业委会、物业企业"三位一体"工作机制的建立是开展"红色物业"的最大难题，这同时也是当前"红色物业"开展的最大不足之处。在开展"红色物业"建设的过程中，除解决这一问题之外，也需要积极调动小区居民的参与性、解决物业企业和业委会之间的矛盾、完善相关配套政策和数字化平台、智能化小区建设。

（5）业主对"红色物业"的期望

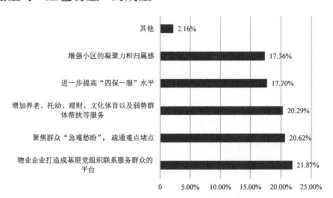

图3.5 业主对"红色物业"的期望

从图3.5可以看出，业主希望"红色物业"可以把物业企业打造成基层党组织联系服务群众的平台，聚焦群众"急难愁盼"，疏通难点、堵点，增加养老、托幼、理财、文化体育以及弱势群体帮扶等服务，让群众生活更方便、更舒心、更幸福，进一步提高"四保一服"水平，增强小区的凝聚力和归属感。

（6）业主对"红色物业"建设的满意程度

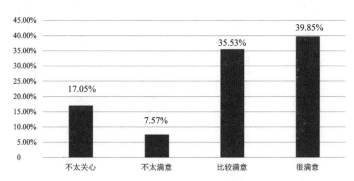

图3.6 业主对"红色物业"开展的满意度

从图 3.6 中可以看出，近八成的业主对当前的"红色物业"开展情况比较满意或者很满意，说明当前"红色物业"开展情况较好。但也有 17.05%的业主表示对目前"红色物业"开展不太关心，而剩余的 7.57%的业主则表示不太满意，这说明还需继续努力，提高业主对"红色物业"的满意度。

3.2.5 小结

本小节对 17100 份业主问卷填写结果进行分析，经计算，17100 份问卷结果通过信效度检验，说明问卷结果真实可靠。调查对象中，女性居多，占总填写人数的 58.1%；调查对象年龄较多分布在 36~55 岁；职业方面以企业人员居多；调查对象的政治面貌多为群众；本次问卷发放的社区多为开展"红色物业"建设小区。因此，问卷的结果具有代表性，问卷结果的分析对于本研究具有指导意义。

对问卷进行差异性分析，结果呈现显著差异且较为典型的是：普遍而言，男性对"红色物业"建设的了解程度和满意度以及成为小区"红色志愿者"的意愿相较于女性要高；年龄在 46~55 岁之间的业主对"红色物业"建设满意度、了解程度最低；职业为公职人员的业主对"红色物业"建设满意度、了解程度最高，成为所属小区"红色志愿者"的意愿也最强烈，其次为离退休人员；政治面貌为中共党员的业主对"红色物业"建设满意度、了解程度最高。以上结果呈现了广大业主对于"红色物业"的态度，在"红色物业"生态建设的推广宣传工作中，可以参考本次结果，有针对性地对不同年龄、职业的居民开展不同宣传工作，全面提高业主对"红色物业"的接受程度，使居民从"红色物业"生态建设的"局外人"变成"红色物业"生态建设的"参与者"，加快实现"业主广泛参与"的全新格局。

对问卷进行描述性统计分析，发现居委会、业委会和物业企业之间存在矛盾和纠纷的来源主要是业主诉求难以解决和业委会不能发挥作用；大多数业主认为"红色物业"发挥的作用为增强获得感、幸福感、安全感和使物业企业、街道社区、业委会和业主关系融洽；在目前的"红色物业"开展过程中，业主认为街道社区、业委会、物业企业"三位一体"工作机制没有真正建立是主要的不足之处；业主认为街道社区、业委会、物业企业"三位一体"工作机制的建立是开展"红色物业"的最大难题；在对"红色物业"的期望度上，业主希望"红色物业"可以把物业企业打造成基层党组织联系服务群众的平台；近八成的业主对当前的"红色物业"开展情况比较满意或者很满意，说明当前"红色物业"开展情况较好。本次问卷的调查规模大，涵盖不同性别、各个年龄层、众多职业，调查结果真实可靠，具有代表性，因此，在"红色物业"生态的持续建设中，以上问卷结果具有指导意义，着重解决以上问题才能切实推进"红色物业"生态建设工作，满足广大业主的真实需求。

3.3 基于员工调研数据的定量分析

3.3.1 调查对象

本次对物业员工进行的调查共收集到4138份有效问卷，对调查对象企业员工的描述性统计分析如表3.8所示。

员工对目前"红色物业"开展情况满意度的描述性分析　　　表3.8

变量	赋值	频率	百分比	平均值	标准偏差	众数
性别	1=男	1791	43.3	1.57	0.496	2
	2=女	2347	56.7			
年龄	1=18岁以下	2	0.0	4.27	0.987	5
	2=18~25岁	210	5.1			
	3=26~35岁	713	17.2			
	4=36~45岁	1198	29.0			
	5=46~55岁	1764	42.6			
	6=56岁以上	251	6.1			
政治面貌	1=群众	2598	62.8	1.73	0.924	1.00
	2=共青团员	385	9.3			
	3=中共党员	1067	25.8			
	4=民主人士	88	2.1			
您所在物业企业的性质	1=城市企业	117	2.8	2.97	0.465	3
	2=合资物业企业	166	4.0			

续表

变量	赋值	频率	百分比	平均值	标准偏差	众数
您所在物业企业的性质	3=中国石油物业分离移交成立的企业	3591	86.8			
	4=其他	264	6.4			
您的工作岗位类型	1=服务类	2383	57.6	1.64	0.886	1
	2=管理类	1102	26.6			
	3=专业技术类	406	9.8			
	4=其他	247	6.0			

由表3.8的数据可知，4138名员工中，绝大部分员工所在的物业企业性质为中国石油天然气集团有限公司（以下简称"中国石油"）物业分离移交成立的企业，占比86.8%，其余的物业企业性质依次为其他、合资物业企业、城市企业；43.3%的员工为男性，56.7%的员工为女性；群众占比最多，为62.8%，其次为中共党员，为25.8%，共青团员为9.3%，剩余2.1%为民主人士；46～55岁的员工最多，占比42.6%，其次是36～45岁的员工，占比29.0%，26～35岁的员工占比17.2%；57.6%的员工工作岗位类型为服务类，以下依次为管理类、专业技术类、其他，分别占比26.6%、9.8%、6.0%。

3.3.2 信效度分析

对员工问卷进行信度分析，其克隆巴赫Alpha值为0.694，由此可以说明该问卷整体的信度质量较理想，问卷信度分析可见表3.9。

业主问卷信度分析结果　　　　　　　　　表3.9

可靠性统计	
克隆巴赫Alpha	项数
0.694	13

利用KMO和巴特利特球形检验对员工问卷进行效度验证的结果如表3.10所示。KMO检验的结果显示，KMO的值为0.885。KMO检验的系数取值范围在0～1之间，越接近1则说明问卷的效果越好，所以此次问卷的效果良好。同时，据巴特利特球形检验的结果，显著性（P值）无限接近于0，

水平上呈现显著性，故拒绝原假设，认为问卷具有良好的效度。综上，可以看出此次问卷具有良好的效度。

员工问卷的 KMO 与巴特利特球形检验　　　　　　　　　　表3.10

KMO 和巴特利特球形检验		
KMO 取样适切性量数		0.885
巴特利特球形检验	近似卡方	13104.822
	自由度	78
	显著性	0.000

3.3.3 差异性分析

根据数据的特性，本次分析主要采用独立样本t检验和单因素方差分析两种方法。使用SPSS25得到分析结果：

（1）性别

各个维度在性别上的单因素方差分析　　　　　　　　　　表3.11

变量	选项	个案数	平均值	标准偏差	标准误差平均值	t	显著性
您了解"红色物业"吗？	1	1791	3.01	0.780	0.018	2.596	0.009
	2	2347	2.95	0.787	0.016		
您所在物业企业党员员工在"红色物业"建设中起到了带头作用吗？	1	1791	3.55	0.752	0.018	0.467	0.641
	2	2347	3.54	0.749	0.015		
您本人是否参与了"红色物业"建设？	1	1791	2.44	0.703	0.017	4.851	0.000
	2	2347	2.33	0.775	0.016		
您觉得"红色物业"和普通物业有区别吗？	1	1791	3.23	0.826	0.020	4.285	0.000
	2	2347	3.11	0.905	0.019		
您对建设"红色物业"的态度如何？	1	1791	3.65	0.629	0.015	0.946	0.344
	2	2347	3.63	0.647	0.013		
您对目前"红色物业"开展情况满意吗？	1	1791	3.37	0.747	0.018	0.820	0.412
	2	2347	3.35	0.761	0.016		

注：1=男；2=女。

根据表3.11独立样本t检验的结果可以看出，员工对"红色物业"了解程度、本人是否参与了"红色物业"建设和是否认为"红色物业"和普通物业有区别在性别上的差异显著性检验无限接近于0，这说明不同性别的员工对"红色物业"了解程度、本人是否参与了"红色物业"建设和是否认为"红色物业"和普通物业有区别存在显著差异。由均值可以看出男性的了解程度略高于女性、男性员工参与"红色建设"的比例大于女性员工、男性中认为"红色物业"和普通物业有区别的人的比例大于女性。

而所在物业企业党员员工在"红色物业"建设中是否起到了带头作用和对建设"红色物业"的态度以及对目前"红色物业"开展情况满意程度显著性分别为0.641、0.344和0.412，明显大于0.05，故在性别上不存在显著性差异。

综上所述，物业企业可以加强对女性员工的"红色物业"宣传。

（2）年龄

各个维度在年龄上的单因素方差分析　　　　　　　　　　表3.12

变量	选项	个案数	平均值	标准偏差	标准误差平均值	F	显著性	多重比较
您了解"红色物业"吗？	1	2	2.50	0.707	0.500	2.319	0.041	2>5，2>6，3>5
	2	210	3.09	0.700	0.048			
	3	713	3.01	0.741	0.028			
	4	1198	2.99	0.796	0.023			
	5	1764	2.94	0.794	0.019			
	6	251	2.94	0.841	0.053			
您所在物业企业党员员工在"红色物业"建设中起到了带头作用吗？	1	2	4.00	0.000	0.000	10.005	0.000	2>4，2>5，2>6，2>3>5
	2	210	3.78	0.564	0.039			
	3	713	3.63	0.687	0.026			
	4	1198	3.57	0.745	0.022			
	5	1764	3.48	0.776	0.018			
	6	251	3.47	0.831	0.052			
您本人是否参与了"红色物业"建设？	1	2	2.50	0.707	0.500	3.995	0.001	4>3，5>3，6>3
	2	210	2.32	0.697	0.048			

续表

变量	选项	个案数	平均值	标准偏差	标准误差平均值	F	显著性	多重比较
您本人是否参与了"红色物业"建设？	3	713	2.28	0.758	0.028			
	4	1198	2.38	0.754	0.022			
	5	1764	2.42	0.744	0.018			
	6	251	2.42	0.719	0.045			
您觉得"红色物业"和普通物业有区别吗？	1	2	3.00	0.000	0.000	3.705	0.002	2>5, 2>6, 3>4, 3>5, 3>6
	2	210	3.26	0.752	0.052			
	3	713	3.26	0.821	0.031			
	4	1198	3.17	0.926	0.027			
	5	1764	3.11	0.864	0.021			
	6	251	3.08	0.897	0.057			
您对建设"红色物业"的态度如何？	1	2	3.50	0.707	0.500	2.782	0.016	2>4, 2>5, 2>6, 3>4, 3>5
	2	210	3.76	0.518	0.036			
	3	713	3.69	0.614	0.023			
	4	1198	3.63	0.656	0.019			
	5	1764	3.63	0.642	0.015			
	6	251	3.61	0.686	0.043			
您对目前"红色物业"开展情况满意吗？	1	2	3.50	0.707	0.500	10.398	0.000	2>4, 2>5, 2>6, 3>5, 3>6
	2	210	3.54	0.642	0.044			
	3	713	3.46	0.735	0.028			
	4	1198	3.40	0.740	0.021			
	5	1764	3.27	0.765	0.018			
	6	251	3.33	0.819	0.052			

注：1=18岁以下；2=18～25岁；3=26～35岁；4=36～45岁；5=46～55岁；6=56岁以上。

根据表3.12单因素方差分析结果可以看出，物业企业党员员工在"红色物业"建设中起带头作用、对"红色物业"了解程度和满意程度、本人是否参与了"红色物业"建设和是否认为"红色物业"和普通物业有区别以上四个方面在年龄上的差异显著性检验均小于0.05，存在显著差异。18～25岁之间的员工认为所在物业企业党员员工在"红色物业"建设中起到了带头作用。18～25岁的员工对"红色物业"的了解程度大于46岁以上的员工，

26～35岁的员工对"红色物业"的了解程度大于46～55岁之间的员工。综上可以看出，年龄段在18～25岁和26～35岁之间的员工普遍认为"红色物业"和普通物业之间有区别，同时这些员工对建设"红色物业"的态度和对目前"红色物业"开展情况较为认可和满意。

（3）政治面貌

各个维度在政治面貌上的单因素方差分析　　　　　　　　　　表3.13

变量	选项	个案数	平均值	标准偏差	标准误差平均值	F	显著性	多重比较
您了解"红色物业"吗？	1	2430	2.88	0.811	0.016	29.667	0.000	3>2>1
	2	408	3.02	0.753	0.037			
	3	1268	3.13	0.717	0.020			
	4	32	3.09	0.689	0.122			
您对建设"红色物业"的态度如何？	1	2430	3.58	0.683	0.014	20.046	0.000	3>2>1
	2	408	3.70	0.594	0.029			
	3	1268	3.75	0.545	0.015			
	4	32	3.53	0.621	0.110			
您对目前"红色物业"开展情况满意吗？	1	2430	3.35	0.754	0.015	4.815	0.002	2>1, 2>3
	2	408	3.48	0.728	0.036			
	3	1268	3.32	0.758	0.021			
	4	32	3.38	0.871	0.154			

注：1=群众；2=共青团员；3=中共党员；4=民主人士。

根据表3.13单因素方差分析结果可以看出，员工对"红色物业"了解程度和员工对"红色物业"的满意程度以及员工对建设"红色物业"的态度在政治面貌上存在显著差异，显著性结果均无限接近于0，显然小于0.05。

由多重比较的结果可以看出，政治面貌为中共党员的员工对"红色物业"建设态度最为支持，对"红色物业"建设的了解程度也最高，政治面貌为共青团员的员工对目前"红色物业"开展情况最为满意。群众对"红色物业"建设满意度最低，对"红色物业"建设的了解程度也最低，对"红色物业"建设态度一般，这有可能是因为群众缺乏对"红色物业"的了解，物业企业可以重点针对群众进行"红色物业"宣传。

（4）工作岗位类型

各个维度在工作岗位类型上的单因素方差分析　　　　表3.14

变量	选项	个案数	平均值	标准偏差	标准误差平均值	F	显著性	多重比较
您了解"红色物业"吗？	1	2383	2.93	0.795	0.016	53.376	0.000	3>2>1>4
	2	1102	3.19	0.694	0.021			
	3	406	2.91	0.757	0.038			
	4	247	2.58	0.865	0.055			
您对建设"红色物业"的态度如何？	1	2383	3.61	0.648	0.013	30.432	0.000	2>1>4，3>4
	2	1102	3.78	0.536	0.016			
	3	406	3.59	0.644	0.032			
	4	247	3.41	0.826	0.053			
您对目前"红色物业"开展情况满意吗？	1	2383	3.37	0.738	0.015	12.095	0.000	1>4，2>4，3>4
	2	1102	3.39	0.744	0.022			
	3	406	3.32	0.764	0.038			
	4	247	3.09	0.884	0.056			
您本人是否参与了"红色物业"建设？	1	2383	2.32	0.758	0.016	49.865	0.000	2>1>4，2>3>4
	2	1102	2.58	0.642	0.019			
	3	406	2.35	0.751	0.037			
	4	247	2.05	0.847	0.054			

注：1=服务类；2=管理类；3=专业技术类；4=其他。

根据表3.14单因素方差分析结果可以看出，员工对"红色物业"了解程度和员工对"红色物业"的满意程度以及员工对建设"红色物业"的态度在工作岗位类型、实际参与建设上存在显著差异，显著性结果均无限接近于0，显然小于0.05。

由多重比较的结果可以看出，岗位为专业技术类的员工对"红色物业"了解程度最高，其他类的员工最低；岗位在服务类、管理类和专业技术类之外的员工对"红色物业"的态度支持程度最低，对目前"红色物业"开展情况满意程度最低以及对"红色物业"建设的参与度最低。这有可能是因为这类群体缺乏对"红色物业"的了解，物业企业可以重点针对这类群体进行"红色物业"宣传。

3.3.4 描述性分析

（1）员工所在物业企业开展"红色物业"建设情况

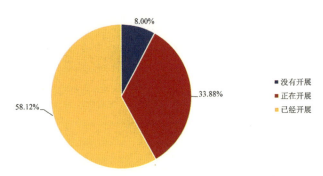

图3.7 员工所在物业企业开展"红色物业"建设情况

从图3.7中可以看出，在被调查的员工中，有超过一半的员工所在的企业已经开展了"红色物业"建设，还有33.88%的员工所在企业正在开展"红色物业"建设，只有8%的企业还没有开展"红色物业"建设，这说明"红色物业"的建设工作开展得较为成功。

（2）员工对"红色物业"的了解程度

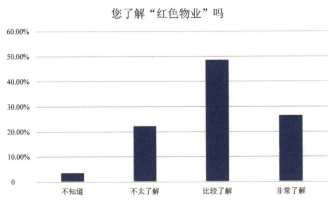

图3.8 员工对"红色物业"的了解程度

从图3.8中可以看出，将近一半的员工比较了解"红色物业"，四分之一的员工非常了解"红色物业"。虽然超九成的物业企业都正在开展或者已经开展"红色物业",但是仍有近四分之一的员工不太了解或者不知道"红色物业",说明物业企业内部要加强对"红色物业"的科普和宣传。

(3)"红色物业"建设发挥的作用

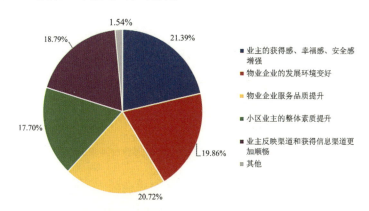

图3.9 员工对企业的"红色物业"建设在哪些方面发挥作用的分析

从图3.9中可以看出,员工普遍认为,开展"红色物业"可以增强业主的获得感、幸福感、安全感,能使物业企业的发展环境变好,提升物业企业服务品质,提升小区业主的整体素质,也可以使业主反映问题和获得信息的渠道更加畅通。

(4)员工对建设"红色物业"的态度

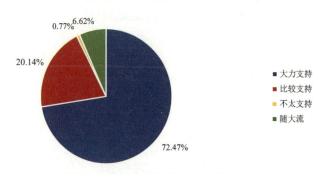

图3.10 员工对建设"红色物业"的态度

从图3.10中可以看出,超九成的员工大力支持或者比较支持"红色物业",只有很小一部分的员工随大流或者不太支持,说明建设"红色物业"容易被员工接受。

（5）对"红色物业"建设的满意程度

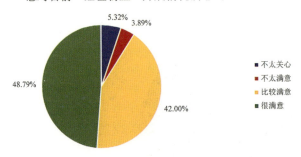

图3.11 员工对"红色物业"开展情况满意度

从图3.11中可以看出，近九成的员工对当前的"红色物业"开展情况比较满意甚至很满意，说明当前"红色物业"开展情况较好。

（6）"红色物业"建设成败的关键

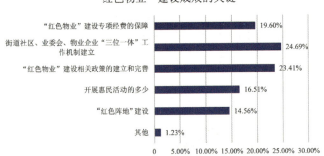

图3.12 员工对"红色物业"建设成败关键的分析

从图3.12中可以看出，员工认为"红色物业"建设成败的关键依次是建立街道社区、业委会、物业企业"三位一体"工作机制、建立和完善"红色物业"建设相关政策、保障"红色物业"建设专项经费、开展惠民活动的多少和"红色阵地"建设。企业可以从这几个方面对"红色物业"进行建设和改革完善。

3.3.5 小结

本小节对4138份物业企业员工问卷填写结果进行分析，经计算，4138份问卷结果通过信效度检验，说明问卷结果真实可靠。参与本次问卷调查的员工年龄多集中在36~55岁，大多来自于中国石油物业分离移交成立的企业，工作岗位以服务类和管理类居多。参与问卷调查的员工与"红色物业"生态建设的联系较多，调查结果更加准确，对于本研究具有实际的指导意义。

对问卷结果进行差异性分析，结果呈现显著差异且较为典型的是：男性员工对于"红色物业"的了解程度略高于女性、男性员工参与"红色建设"的比例大于女性员工、男性员工中认为"红色物业"和普通物业有区别的比例大于女性员工；年龄段在18~25岁和26~35岁之间的员工对建设"红色物业"的态度和对目前"红色物业"开展情况更为认可和满意；政治面貌为中共党员的员工对"红色物业"建设最为支持；岗位为专业技术类的员工对"红色物业"了解程度最高。"红色物业"生态建设需要物业企业员工发挥出最大的个人力量，调查结果显示，物业企业员工的工作认知仍有很大提升空间，物业企业可以有针对性地对员工进行集中培训，提升员工的总体认知水平。

对问卷结果进行描述性分析，结果显示：被调查的员工中，有超过一半员工所在的企业已经开展了"红色物业"建设；将近一半的员工比较了解"红色物业"；员工普遍认为开展"红色物业"可以增强业主的获得感、幸福感、安全感，能使物业企业的发展环境变好；超九成的员工大力支持或者比较支持"红色物业"；近九成的员工对当前的"红色物业"开展情况比较满意或者很满意；员工认为"红色物业"建设成败的关键依次是建立街道社区、业委会、物业企业"三位一体"工作机制，建立和完善"红色物业"建设相关政策，保障"红色物业"建设专项经费，开展惠民活动的多少和红色阵地建设。以上调查结果显示，目前"红色物业"建设的相关工作进展得比较顺利，能够获得员工的普遍支持，物业企业需总结经验，提炼精华，在"红色物业"生态建设的征途中走得更远。

第 4 章

"红色物业"生态建设的企业案例分析

本章将对"红色物业"生态建设的典型案例进行全面系统的分析,具体包括宝石花物业的案例分析和国内其他优秀物业企业的案例分析两部分,重点探究当前各物业企业开展"红色物业"生态建设的主要做法,进一步概括提炼出建设"红色物业"生态可操作、可复制、可推广的经验。

4.1 宝石花物业"红色物业"生态建设案例分析

本部分是对宝石花物业旗下八家公司开展"红色物业"生态建设的概述(各地区公司开展"红色物业"生态建设的详细内容可查看本书附录A),并进一步从综合层面分析宝石花物业旗下各公司开展"红色物业"生态建设的共同点和不同点,总结出宝石花物业"红色物业"建设生态的做法和经验。

4.1.1 宝石花物业酒泉公司

宝石花物业酒泉公司位于甘肃省酒泉市,业务范围主要包括中国石油玉门油田的民用住宅、矿区公寓、办公场所、工矿企业,酒泉市政府的办公物业等。

宝石花物业酒泉公司把玉门油田"红色物业"的光辉历史、宝石花物业优秀的"红色基因"和"铁人精神",变成"红色物业"创建的强大动力和决心使命,这是宝石花物业酒泉公司在全国物业行业独一份的优势。

该公司开展"红色物业"生态建设的主要做法:一是建设"红色物业"文化展室。深度挖掘和充分发挥玉门油田——中国"石油工业摇篮"的文化优势,整理、研究和发展"石油工业摇篮""红色物业"的前世今生,建成了全国独具特色价值的"红色物业文化展室",成为学习、研究、建设和发展"红色物业"的"圣地"。二是积极推动共建共治共享。主动推进形成"十联共建":党建工作联动、网格关系联建、疫情防控联抓、扶贫济困联帮、社区治安联防、环境卫生联管、先进文化联育、公益事业联办、纠纷矛盾联调、志愿服务联动。三是打造特色金牌管家。借鉴"管家式"服务的先进理念，充分发挥公司"红色基因"优势，不断打造有宝石花物业特色的金牌管家。四是打造36.5℃温暖社区。积极参与疫情防控，倾力提供贴心服务，推动建设社区会客厅，组织建设社区文化公社，每月开展一次小区便民服务，全力打造高水平冬奥社区（图4.1）。

图4.1　宝石花冬奥社区开园仪式

4.1.2　宝石花物业洛阳公司

宝石花物业洛阳公司位于河南省洛阳市，业务范围主要包括中国石油第一建设公司和中国石油第七建设公司的民用住宅物业、矿区生活服务、办公场所物业以及洛阳市相关房地产企业的案场服务和前期物业服务等。

宝石花物业洛阳公司在基层党建、社区治理特别是疫情防控工作中的突出表现，赢得了各方点赞和大力支持。市、区、街道、社区从政策、物质和精神等方面给予支持和帮助，政府给予公司发展的能量加持又进一步激发了公司的社会责任和内在发展动力。

该公司开展"红色物业"生态建设的主要做法：一是传承"红色血脉"。公司充分发挥政治优势和组织优势，成立了公司党组织，并在服务的六个小区成立基层党支部，建立健全组织机构。二是展现责任担当。宝石花物业勇于承担社会职能，在疫情防控、自然灾害等重大社会考验面前，主动为地方党委和政府排忧解难。三是深度参与共建。坚持用党建带动物业发展，把"红色物业"打造成推动基层社会治理的重要载体，把物业企业建设成党的宣传队、工作队。四是打造"红色管家"。"红色管家"是宝石花物业洛阳公司区别于洛阳市其他物业企业的显著标签（张小军，2022）。"红色管家"的"红"在管家队伍，"红"在工作要求，"红"在"心红"。特别是围绕老百姓反映强烈的"急难愁盼"问题，扎扎实实干出成效，真真切切赢得人心，让小区居民得到看得见、摸得着、感受到的获得感、满足感、自豪感、信赖感、安全感。

4.1.3 宝石花物业江苏公司

宝石花物业江苏公司是合资公司，位于江苏省南京市，业务范围主要包括民用住宅物业服务、保安服务、商超服务、餐饮服务、养老服务等。

宝石花物业江苏公司成立仅两年多，但在宝石花物业总部全面赋能下，依靠"红色物业"的不断创建，已逐步在南京市形成了口碑。江宁区东郊小镇作为江苏省的唯一小区入选北京2022年冬奥会和冬残奥会示范社区，秦淮区朝天宫街道街区化物业服务模式创新取得较好成效，公司荣获南京市物业管理行业协会颁发的"抗疫优秀物业企业"称号。

该公司开展"红色物业"生态建设的主要做法：一是依靠党建带动"红色物业"创建。与宝石花物业其他公司相比，该公司党建基础相对较弱，公司把党建带动"红色物业"创建作为统领工作始终的指导思想，邀请社区党委、物业行业党委指导公司党建工作。二是全力推动工作制度创建。根据街道社区党组织的部署和安排，完善"联席会议制度"，建立物业"大党建联盟"，推动居委会、业委会、物业企业"三方联动"机制。三是借助"外脑"科学谋划创建。公司邀请南京市秦淮区人民政府、南京市商务部门、麒麟街道办事处、南京城市更新联合会、南京商业地产商会以及东南大学领导、专家学者，结合南京最大居住区东郊小镇的实际情况和宝石花物业的资源优势，深入把脉公司"红色物业"创建的焦点、痛点、堵点，共同谋划创建的思路、方法和方案，提高了"红色物业"创建的科学性、精准性和有效性。

四是创新整合街道和社会资源，为"红色物业"的创建提供物质基础支撑，增加可持续建设的动力。五是积极争取政策支持帮扶。特别是在疫情防控期间，各级政府在税收、社保减免方面给予优惠政策，并给予各类防疫物资的支持，南京市人力资源和社会保障局给予了培训费用支持。六是开展丰富多彩的亲邻活动，特别是"520爱家日"活动、"红学游"活动、志愿者活动等，拉近了邻里之间的距离，提高了"红色物业"生态建设水平。

4.1.4 宝石花物业大庆公司

宝石花物业大庆公司位于黑龙江省大庆市，是国有股份占主导地位的混合所有制企业。主营业务是承接中国石油大庆油田的民用住宅物业服务，还有公司大力拓展的大庆市国企、医院、学校后勤服务以及城市综合服务等业务，同时拓展了入户有偿服务、社区团购、家政保洁、旅游业务等增值服务项目20多项。

2021年，宝石花物业大庆公司荣获黑龙江省物业管理协会"抗击疫情优秀企业"荣誉称号；公司党组织被中共大庆市让胡路区委授予"全区先进基层党组织"的称号。

该公司开展"红色物业"生态建设的主要做法：一是建立"红色组织"。建立"红色议事厅"，每月定期组织街道（社区）书记、民警、业委会成员、党员及业主代表召开联席会议，学习政策法规、听取相关意见、架起党群连心桥。二是倡导"红色教育"。党组织始终把"红色物业"创建、新闻宣传报道、优秀典型选树、参与社区活动等作为重要工作来抓。通过选树党员先锋岗，开辟战"疫"英雄谱栏目，广泛宣传共产党员的先锋模范作用。三是打造"红色队伍"。推行"红色管家"服务模式。通过"包片""包楼""包户"管理模式，为业主提供一对一个性化物业服务，直接倾听业主意见和建议，保证业主"家人"的需求在最短时间内获得反馈和解决。四是彰显"红色"担当。面对疫情防控物资短缺、人员匮乏、工作时间和劳动强度大等诸多困难，公司多方筹措、垫付资金寻求解决途径。五是创新"红色服务"。利用各种节日开展送温暖、送关爱、送祝福等活动。针对长期无法解决的违章搭建、侵占绿地、堵塞消防通道等问题开展综合治理。

4.1.5 宝石花物业西安公司

宝石花物业西安公司位于陕西省西安市，业务范围以住宅物业服务为主，兼有工业物业、校园物业、医院物业、餐饮酒店、保安服务、中小学配餐等服务业态。

宝石花物业西安公司成立四年多取得了显著成绩，承揽陕西师范大学附属中学的校园物业，承接西安交通大学、西北农业大学、西安石油大学培训学院的餐饮和酒店服务项目，其他业务项目的拓展工作势头良好。

该公司开展"红色物业"生态建设的主要做法：一是推动构建"五位一体"大党建格局。在街道党工委统一领导下，形成街道办事处、居委会（业委会）、驻地单位（离退休管理部、工业物业服务站）、离退休党支部、物业项目等"五位一体"的大党建格局。二是注重发挥社区和物业各自优势。在地方政府的政策支持下，物业企业负责园区建设、环境改善、物业服务、离退休人员服务、老年大学服务、日间照料中心管理等大后勤服务。社区主导街道安排的相关工作，并提供与政府各相关部门的沟通渠道。三是把"红色物业"纳入标准化项目建设。根据宝石花物业总部提出的"四化"建设要求，公司对物业项目编制出标准化建设方案，内容包括标准化管家团队、星级管家标准化管理、所有外包业务标准化建设等。四是充分发挥先进样板的引路作用。公司积极与街道沟通联系，立足红专南路（长庆坊）社区共驻共建共享资源，打造成街道办事处和宝石花物业内部交流学习平台。五是大力推进小区智能化建设。积极配合总部推进"享惠家""物小宝"小程序的功能拓展，居民足不出园就可以享受到社区服务、社区旅游、社区康养、家政服务、家电维修、房屋装修等服务，同时提供商品到家、服务到家的贴心服务。

4.1.6 宝石花物业唐山公司

宝石花物业唐山公司位于河北省唐山市，业务范围包括住宅物业、办公物业、公共物业、工业物业、餐饮和工程维修等。

宝石花物业唐山公司创建四年来，得到属地政府和当地物业协会的充分认可，先后获得"抗击新冠疫情先进单位""红色物业建设优秀集体""美好家园项目""标准化示范项目""绿色社区"等荣誉称号。

该公司开展"红色物业"生态建设的主要做法：一是积极参与社区党组织联建。在街道社区党组织的领导下，属地社区党组织、公司各单位党组织等组建党建联盟。二是主动融入社区党建工作室。通过推动机制完善和平台建设，社区党组织、物业企业、联建组织等实现了融合联动，实现"1+1+1>3"的效果。三是充分发挥"红色"网格管理优势。建立"社区党支部—物业临时党支部—楼门长—物业管家"四级网格管理机制，实现党建活动共办、困难群众共帮、公共事务共做。四是发挥"红色管家"服务灵魂作用。"红色管家"的工作内容主要有三项：除普通物业服务人员的"四保一修"外，还有党的政策宣传和居民"急难愁盼"问题的解决。五是探索新的管理模式。形成了"1224工作法"：推行一个融合，即物业服务与社区治理有效融合；打造两个阵地，即社区居委会建立"红色物业工作室"，物业企业建立"物业党建服务站"；落实两项制度，即严格落实属地政府物业服务行业黑名单管理制度和物业企业每月向社区居委会报告工作制度；建立四项机制，即常态化问需机制、常态化志愿服务机制、常态化宣传引导机制、常态化培育选树典型机制。

4.1.7 宝石花物业兰州公司

宝石花物业兰州公司地处甘肃省兰州市，主要负责中国石油兰州石化公司的住宅物业、办公物业、公共物业、生产后勤、餐饮服务、养老服务以及政府老旧小区物业服务等业务。

宝石花物业兰州公司先后荣获"甘肃省精神文明建设先进单位""宝石花物业管理有限公司先进单位"、兰州石化长庆乙烷制乙烯项目建设"优秀服务商"等荣誉称号。居民服务满意率大幅度提高，2021年物业费收缴率达到99.18%。

该公司开展"红色物业"生态建设的主要做法：一是"红色"传承，不忘初心。公司坚持让"石油人"服务"石油小区"，让"石油精神"和"红色物业"在"石油小区"延伸。二是依靠"五个实"，强化落地性。"五个实"分别是把治理构架筑实、把企地共建落实、把服务资源靠实、把共建效果做实、把综合治理力量用实。三是依靠"四个承接"，探索创建路径。契合所在地街道党工委"四个一批"工作思路,对"三不管小区"、独立楼盘、老旧楼盘等开展物业服务承接。"四个承接"分别指整体承接、分项专业承接、"旧改"捆绑承接和政府配套支持承接。四是打造"三个阵地",提供暖心服务。第一个阵地是13街区日间照料站。针对社区养老突出问题,打造社区老年人日间照料中心。第二个阵地是22街区党群服务中心。把"红色物业"创建和街道社工委党群服务中心的建立进行有机融合,既宣传党的方针政策,又解决老百姓的生活难题。第三个阵地是庄西路社区党群服务中心。设立了"物业客服中心+社区全科受理台"合二为一的服务窗口,打通服务群众的"最后一公里"。五是用好"两个抓手",解决居民急需。第一个抓手是"物业+养老"。充分发挥物业贴近居民优势和场所优势,积极探索推进"物业服务+养老服务"模式;第二个抓手是"物业+托幼"。以党建引领,成立"红色教师"队伍,多渠道提供托幼服务。

4.1.8 宝石花物业天津公司

宝石花物业天津公司地处天津市滨海新区,主要负责中国石油大港油田的物业管理、家政服务、酒店管理、人力资源服务、市政设施管理、城市生活垃圾经营性服务等。

公司积极贯彻"成就业主、成长自己"的服务理念,传承中国石油"三老四严"、艰苦奋斗的优良传统,工作得到属地政府的充分认可,先后获得"2020年抗击新冠肺炎疫情先进集体""2021年社会治安综合治理安全小区"荣誉称号,是国家"AAA级信用企业"。

该公司开展"红色物业"生态建设的主要做法:一是坚持党建引领,打造"红色物业"。在天津市滨海新区党委的领导下,协同34家联盟单位进行党建联建,开展形式多样的党组织活动,有效落实基层党建"三基本"建设与"三基"工作的有机融合。二是构建联动机制,提升治理能效。形成"居委会、业委会、物业企业"三方协作机制,定期开展居委会、业委会、业主、物业公司联席活动,集中力量协同解决居民"急难愁盼"诉求和问题,有效提升基层社区治理能效。三是建设智慧物业,提高服务品质。通过"享惠家""物小宝"小程序,居民足不出户就可以享受物业交费、问题诉求、家政服务等优质便捷的服务。打造"一区一品"的物业服务大厅和管家驿站，保证业主"只进一家门，解决所有事"，焕新专业服务形象，全方位擦亮服务窗口。四是依托群众力量，拓展自治途径。秉持"发动和依靠群众"的理念，组织发动业主积极参与环境治理、绿化补植等事项，让更多的业主融入物业服务日常工作中，走进"物业人"的日常生活中，使业主更全面地了解物业工作，理解"物业人"的工作内容，形成小区建设和治理工作人人参与、人人尽力、人人享有的良好局面。五是强化特色服务，树立良好形象。建立了党员服务队、金牌管家服务队、青年志愿服务队，为业主提供义务帮抬重物服务、关爱独居老人、为莘莘学子"中高考"排解压力、为疫情期间隔离业主免费提供送货上门等便民服务；服务区域内全覆盖安装电动自行车充电桩408组，新能源汽车充电桩278个，完善品质管理配套建设；建设英雄CS项目、冰雪季项目、老家味道家宴、"641"相声剧场项目，满足广大业主日益高涨的文化需求，不断完善文体设施和服务功能，打造一体化工作生活圈，着力打造"宜居、宜业、宜游、宜乐"的美丽石油新城。

4.1.9 各公司比较分析

4.1.9.1 宝石花物业案例共同点

通过对上述八家公司全面、规范而系统的调研，对比得出各公司进行"红色物业"生态建设的主要举措与面临的共性难题，其共同做法可以归纳为以下五大方面：

宝石花物业各地区公司"红色物业"生态建设的共同做法　　表4.1

"红色物业"生态建设做法	具体措施
建立工作机制	宝石花物业"红色物业"生态建设，强化社区党组织的领导地位，建立"1+3+N"工作机制，落实党组织领导居委会、业委会、物业企业的"三驾马车"制度性安排，将"四位一体"工作制度作为居民区常态化工作机制
建设企业文化	宝石花物业是中国最早的"红色物业"——玉门油田"红色物业"的传承者。"石油精神""大庆精神""铁人精神"已深深植入骨髓，成为流淌在宝石花物业人身体里的血液。"为国分忧、为民奉献"是一直坚守的铮铮誓言，"争做有温度、有情怀、有责任、有追求的大物业公司"是企业的发展使命

续表

"红色物业"生态建设做法	具体措施
组建"红色队伍"	宝石花物业充分发挥公司"红色基因"优势，不断打造具有宝石花物业特色的"红色金牌管家"。"红色管家"的工作内容除普通物业服务人员的"四保一修"外，还有党的政策宣传和居民"急难愁盼"问题的解决。通过"红色管家"的"红"的服务，实现了党的建设与物业服务的有效融合
进行科技赋能	不断推进"享惠家""物小宝"小程序功能拓展，居民足不出园就可以享受到社区服务、社区旅游、社区康养、家政服务、家电维修、房屋装修等服务，同时提供商品到家、服务到家的贴心服务。用科技提升管理效率，增强用户体验感，提高了"红色物业"生态创建水平
开展社区活动	打造36.5℃温暖社区。创建睦邻友好的和美社区，每月定期开展"社区文化活动"以及"贴心便民服务集市"。将好服务进行到底，为业主打造安全舒适的居住环境、提供专业细致的物业服务。急业主之所急，想业主之所想

由表4.1可知，宝石花物业各地区公司开展"红色物业"生态建设有五大共同做法，分别是建立工作机制、建设企业文化、组建"红色队伍"、进行科技赋能和开展社区活动。其中，按照"党建引领、多元共治"的工作思路，在社区党组织的领导下，建立起"居委会+业委会+物业企业"的组织架构和工作机制，这是"红色物业"区别于其他物业的关键。除此之外，宝石花物业作为中国最早的"红色物业"——玉门油田"红色物业"的传承者，充分挖掘自身"红色基因"，建立企业"红色文化"，组建"红色队伍"，在企业文化的指引下，建立与之匹配的管理风格、企业制度、企业机制、品牌形象、激励考核、员工风貌、行为规范等，真正将企业文化内化于心、外化于行，并带动企业的健康发展。"红色管家"是宝石花物业区别于其他物业企业的显著标签。宝石花物业紧紧围绕"人"开展"红色物业"生态建设，始终站在业主角度为业主考虑问题，积极打造36.5℃温暖社区，创造性开展"520爱家日"活动，想方设法提高服务品质。同时紧跟时代发展步伐，借助科学技术进行服务赋能，倾力物业管理信息化建设，进一步提升业主体验，强化社区智慧管理。

另外，宝石花物业各地区公司也面临大体相同的难题，例如，在开展"红色物业"生态建设的过程中如何既提升社会效益，又提升经济效益？如何从政策法规方面为"红色物业"生态的健康发展提供支持保障？如何界定

"红色物业"生态中各主体的责权利边界?这些问题反映了目前"红色物业"生态建设所普遍面临的困难和挑战,需要进一步深入探索研究,积极主动寻求有效的解决办法。

4.1.9.2 宝石花物业案例不同点

针对"红色物业"生态建设,宝石花物业各地区公司之间不仅存在共同的做法,也根据各自的发展背景、企业规模、地理位置等实际情况,进行了本土化、个性化的建设,如表4.2所示。

宝石花物业各地区公司开展"红色物业"生态建设的不同做法 表4.2

序号	公司名称	不同做法
1	宝石花物业酒泉公司	(1)建设"红色物业"文化展室。挖掘、整理、研究和发展"石油工业摇篮""红色物业"的前世今生,2021年6月16日,建成了全国独具特色的"红色物业文化展室"。 (2)实施综合一体化大物业管理。根据公司客观实际情况,开展住宅物业、工业物业、城市服务、社区治理等一体化服务
2	宝石花物业洛阳公司	(1)"双向进入、交叉任职"取得实质性突破。中油家园小区驻场经理任洛阳市住房和城乡建设局物业行业党委委员,红旗小区驻场经理任红旗社区党总支委员。公司参与了河南省、洛阳市有关物业管理条例的修订。受区和街道委托,组织编制了"红色物业"有关考核标准、工作标准等。在"红色物业"联席会议上提交提案12件,被采纳9件。 (2)"红色管家"金字招牌赢得市场口碑。公司"红色物业"以其在社区和市场上的亮眼表现,赢得地产公司300多万平方米的案场服务和前期服务项目。同时在老旧小区改造、城市有机更新和物业服务合作方面,周边城市和其他物业企业也主动提出合作邀请。 (3)小区志愿服务获得国家级大奖。服务小区的"铁人先锋"志愿者团队,于2021年在中央广播电视总台领取了"中国公益大典的集体公益奖",成为洛阳市一道靓丽的名片
3	宝石花物业江苏公司	(1)依靠党建带创建。与宝石花物业其他地区公司相比,宝石花物业江苏公司党建基础相对较弱,公司把党建带动"红色物业"创建作为统领工作始终的指导思想,邀请社区党委、物业行业党委指导公司党建工作,因地制宜采取多种形式开展党建工作。 (2)借助"外脑"搞创建。公司邀请南京市相关专业领导、专家学者,结合南京最大居住区东郊小镇的实际情况和宝石花物业的资源优势,共同谋划创建的思路、方法和方案。借助"外脑"科学谋划创建,提高了"红色物业"创建的科学性、精准性和有效性。 (3)积极争取政策支持帮扶。在疫情防控期间,各级政府在税收、社保减免方面给予优惠政策,并给予各类防疫物资的支持,南京市人力资源和社会保障局给予了培训费用支持

续表

序号	公司名称	不同做法
4	宝石花物业大庆公司	(1)建立"红色议事厅"。每月定期组织街道(社区)书记、民警、业委会成员、党员及业主代表召开联席会议，学习政策法规、听取相关意见、研究具体工作，架起党群连心桥，为业主解难题、办实事，做到零距离倾听，面对面解决，心贴心服务。 (2)大力选树先进典型。通过选树党员先锋岗，开辟战"疫"英雄谱栏目，广泛宣传共产党员的先锋模范作用。深度挖掘和大力宣传优秀典型的先进事迹，加强员工"红色教育"，增强党组织凝聚力。 (3)拓展生产加快发展。全力抢占大庆油田"两资""两非"改革退出业务，大力拓展大庆市国企、医院、学校后勤服务以及城市综合服务等业务。以高黏性的生活服务为切入点，拓展入户有偿服务、社区团购、家政保洁、旅游业务等增值服务项目20余项
5	宝石花物业西安公司	(1)大力推进标准化建设。根据宝石花物业总部提出的"四化"建设要求，公司对物业项目编制出标准化建设方案，内容包括标准化管家团队、星级管家标准化管理、所有外包业务(保洁、绿化、秩序维护、工程维修、电梯维护、消防等)标准化建设等。 (2)大力推进智能化建设。2019—2020年，对西安长庆油田各主要小区开展智能化升级改造，完善了各小区智慧门禁、小区智能监控、小区三维地理信息、智能物联(电梯、消防、地库照明)、400客服中心搭建等工作
6	宝石花物业唐山公司	(1)创新开展网格管理。利用宝石花物业智慧管理网络，将每一个居民小区划分成若干网格，利用物业服务中心和物业服务现场两个平台，全面打造"红色网格"管理模式。建立"社区党支部—物业临时党支部—楼门长—物业管家"四级网格管理机制，实现党建活动共办、困难群众共帮、公共事务共做。 (2)探索新的管理模式。形成了"1224工作法"：一个融合，即物业服务与社区治理有效融合；两个阵地，即社区居委会建立"红色物业工作室"，物业企业建立"物业党建服务站"；两项制度，即严格落实属地政府物业服务行业黑名单管理制度和物业企业每月向社区居委会汇报工作制度；四项机制，即常态化问需机制、常态化志愿服务机制、常态化宣传引导机制、常态化培育选树典型机制
7	宝石花物业兰州公司	(1)创新实施"四个承接"。契合所在地街道党工委"四个一批"工作思路，对"三不管小区"、独立楼盘、老旧楼盘等开展物业服务"四个承接"：整体承接、分项专业承接、"旧改"捆绑承接和政府配套支持承接。 (2)"物业+养老"。充分发挥物业贴近居民和场所优势，积极探索推进"物业服务+养老服务"模式，着力破解高龄、空巢、独居、失能老年人生活照料和长期照护难题。 (3)"物业+托幼"。以党建引领，成立"红色教师"队伍，多渠道提供托幼服务。支持社会力量利用公共服务设施、闲置场所等资源举办托幼机构，依托周边公立学校建设托幼点

续表

序号	公司名称	不同做法
8	宝石花物业天津公司	（1）协同开展党建联建。在区委的领导下，协同34家联盟单位进行党建联建，有效落实基层党建"三基本"建设与"三基"工作的有机融合。 （2）拓展群众自治途径。秉持"发动和依靠群众"的理念，组织发动业主积极参与到社区治理有关事项中去，组建各类队伍，加快形成社区治理工作人人参与、人人尽力、人人享有的良好局面。 （3）强化特色服务，树立良好形象。成立党员服务队、金牌管家服务队、青年志愿突击队，为业主提供个性化服务。服务范围内全覆盖安装电动自行车充电桩、新能源汽车充电桩；建设英雄CS项目、冰雪项目、老家味道家宴、"641"相声剧场项目，满足广大业主日益高涨的文化需求，着力打造"宜居、宜业、宜游、宜乐"的美丽石油新城

宝石花物业各地区公司依据自身特点和发展需要积极开展"红色物业"生态建设的实践探索，并取得了一定的成果。其中，宝石花物业酒泉公司依据地理优势和先天的"红色基因"，深度挖掘和充分发挥中国"石油工业摇篮"的文化优势，建起"红色物业文化展室"，成为学习、研究、建设和发展"红色物业"的"圣地"。宝石花物业洛阳公司以突出的表现和优异的服务，赢得业主、社会、政府和市场的充分肯定，又进一步激发了公司的发展动力和社会责任感。宝石花物业江苏公司起步较晚、基础较弱，邀请社区党委、物业行业党委指导公司党建工作，并借助"外脑"进行科学谋划，提高"红色物业"生态创建的科学性、精准性和有效性。宝石花物业大庆公司一方面强化"红色"建设，为业主提供暖心服务，积极解决业主面临的问题，另一方面，拓展其他增值服务，为企业带来一定财产收入。宝石花物业西安公司和唐山公司积极推进社区智能化建设，建设物业信息化管理平台，全面打造"红色网格"管理模式。宝石花物业兰州公司重点关注两大物业服务内容，以"物业+养老"和"物业+托幼"创新社区服务模式，着力服务好"一老一小"，同时，全力以赴帮助解决街道社区难题，赢得更加广阔发展空间。宝石花天津公司不断拓展群众自治途径，发动业主积极参与到社区治理有关事项中去，加快形成社区治理工作"人人参与、人人尽力、人人享有"的良好局面。

4.1.9.3 宝石花物业经验总结

对于宝石花物业而言，企业本身就是"红色物业"工作和责任的主体，从思想上、行动上切实把"红色物业"生态创建当作加强党的领导、破解瓶颈问题、提高服务品质、促进公司发展的责任和机遇。一直以来，宝石花物业主动承担"红色物业"生态建设的责任，主动凝聚"红色物业"生态共识，全力参与社区"红色物业"生态创建。在进行"红色物业"生态建设过程中，进行了突破性探索，取得了突出的成就，获得了丰硕的成果，积累了宝贵的经验。

（1）坚持"红色为魂"，强化党建引领作用

宝石花物业的前身是中国石油的矿区物业管理业务，是中国最早的"红色物业"——玉门油田"红色物业"的传承者。"一顶帐篷一口锅，牵着骆驼走沙漠"，正是艰苦岁月生活后勤服务（石油物业前身）的真实写照。"石油精神""大庆精神""铁人精神"已深深植入骨髓，成为流淌在宝石花物业人身体里的血液。"为国分忧、为民奉献"是一直坚守的铮铮誓言，"争做有温度、有情怀、有责任、有追求的大物业公司"融入了公司的血脉。

纵观宝石花物业的发展历程，通过不断扩大党组织覆盖面，整合不同类型党员力量，有机联结服务区域内单位、行业及新兴领域党组织，探索成立网格党小组，打造党建服务站等方式，持续推进党组织建设，打造坚实可靠的"战斗堡垒"。根据调查，截至2022年，宝石花物业系统用工总量4万余人，现有党员人数超过2400人，根据各单位规模和党员人数，共成立了公司党委、19个区域公司党委（直属党组织）、128个党支部、83个党小组，现阶段党组织覆盖率达到90%以上。党组织的全覆盖、党建引领的政治优势、党支部战斗堡垒和党员先锋模范作用的发挥，使得宝石花物业"红"的底色更加厚重，"红"的色彩更加鲜艳，同时也为"红色物业"生态创建奠定了"红"的基础。

（2）坚持多方联动，创新基层治理模式

宝石花物业旗下各公司都积极推动"红色物业"生态创建，积极建设"红色物业"生态共治委员会。通过统筹多方力量，建立以社区、物业、业主为主体的"三位一体"议事协调机制，各方主体充当好"政策法规宣传员、资源共享协调员、民情信息观察员、社区治理运动员、矛盾纠纷化解员、小区物业监督员"等角色。针对居民关心的热点、焦点、难点等问题，多元协商研究解决办法，邻里间在议事中相互理解包容，形成共建美好家园

的共识。

宝石花物业酒泉公司主动融入"居委会+业委会+物业企业"组织架构。按照"党建引领、多元共治"工作思路，在街道社区党组织的领导下，建立了社区、业主、物业联席会议机制，人员交叉任职，强化沟通配合，及时协调解决小区管理服务中出现的问题。宝石花物业洛阳公司积极参与街道、社区党组织领导下的"红色物业"创建，形成"居委会+业委会+物业企业"社区党建"新三驾马车"，逐步完善"双向进入、交叉任职"工作制度，制定了"红色联盟"联席会议制度，出台了"红色物业"创建方案。宝石花物业江苏公司根据街道社区党组织的部署和安排，完善"联席会议制度"，建立物业"大党建联盟"，推动居委会、业委会、物业企业"三方联动"机制，搭建街道社区党员干部、业委会党员、物业服务项目部党员、小区业主党员代表"四位一体"的党建共建公众平台。宝石花物业西安公司在街道工委统一领导下，形成了社区、居委会（业委会）、驻地单位（离退休管理部、工业服务站）、离退休党支部、物业项目等"五位一体"的大党建格局。宝石花物业唐山公司通过活动联办、服务联做、资源共享等方式，积极参与社区党建和社区综合治理，助力街道社区党组织打通联系群众的"最后一百米"，共同建设美好幸福家园。

（3）坚持人才培育，提升物业服务能力

宝石花物业加快推进"红色物业"生态建设发展是以满足社区居民对美好生活的需求为出发点和落脚点的。在"红色物业"生态建设过程中，宝石花物业打造贴心周到的"红色管家"、组建强而有力的服务队伍，不断组织服务人员培训，切实提高服务人员的素质和能力。随着"红色人才"的持续培养，"红色队伍"的不断壮大，居民的获得感、幸福感、安全感在高品质服务中不断增强。

一是打造"红色管家"，建立"红色阵地"。"红色管家"是宝石花物业区别于其他物业企业的显著标签。"红色管家"的"红"在管家队伍，大部分管家都是党员或入党积极分子，具有高度的政治觉悟和责任担当；"红色管家""红"在工作要求，严格按照服务要求开展"红色物业"创建；"红色管家""红"在"心"，物业管家真心听党的话，真心为群众服务，真心把工作干到极致。二是建设人才队伍，培育青年党员。宝石花物业启动"宝蓓计划"，积极选聘优秀大学生从事物业服务管理工作，提升现有物业服务队伍素质，在为解决"红色物业"生态建设过程中提供青年力量。三是组织人员培训，提升服务品质。企业十分重视企业教育培训，推行"党员引领"服务模式。全体党员带头冲在前作表率，通过党性锻炼、技能比武、教育实训等方式，致力于将物业企业培育成"党的工作队"；通过开展"最美物业人"评选活动，营造敢担当、业务精、重服务、提效能的企业人文环境，有效推进"红色物业"标杆项目建设；通过健全党员考核制度，完善员工晋升机制，促使物业员工不断提升服务能力，让居民享受更加高效优质的生活服务（图4.2）。

图4.2　社区内"红色阵地"示例

（4）坚持数据赋能，提升基层治理效能

宝石花物业积极探索数据赋能"红色物业"生态建设的方式，不断完善"党建+网格+物业"工作模式。依托智慧物业管理平台，将物业网络与社区网络相连接、与"红色物业"建设相融合；依托"物小宝""享惠家"小程序，实现智慧物联平台融合党建、综治、安防等功能，逐步实现"红色物业"服务功能"掌上查"，提高了"红色物业"创建水平。

目前，宝石花物业进一步用数据赋能"红色物业"。延伸智慧物业"广度"。特别是在疫情防控期间，通过物业管理软件响应物业日常工作，如线上缴费、线上报修、线上公告、线上采购等，实现对各项工作的直接办理、实时监控、无缝对接。提高智慧物业"温度"。借助小程序向业主迅速传达信息、提供服务，将"智慧"的触角延伸到小区物业管理每一处细节，居民足不出户就可以享受到社区服务、社区旅游、社区康养、家政服务、家电维修、房屋装修等服务，同时提供商品到家、服务到家的贴心服务。挖掘智慧物业"深度"。居民可以随时随地发现、上报问题，通过小程序对物业服务进行评价、打分，根据监督评价系统和大数据分析，动态生成服务效果、物业员工"黑白名单"，提升物业管理综合水平。逐步探索大数据价值，通过大数据技术，实现居委会、业委会、物业企业对小区物业管理情况的科学分析和决策。

（5）牢记初心使命，不断创新服务模式

宝石花物业始终秉承"源自中国石油、服务中国石油，源自国企改革、服务美好生活"的发展理念，以习近平新时代中国特色社会主义思想为指导，通过不断学习党的创新理论，全面学习宣传贯彻党的二十大精神，大力弘扬"石油精神""大庆精神""铁人精神"，传承"石油红色基因"，满足业主对美好生活的向往。宝石花物业努力把担当和作为书写在奋勇前进的征途上，用初心使命增强动力、激发活力、挖掘潜力，注重主题教育与中心工作有机结合，不断创新物业服务方法、艺术和模式。

近年来，宝石花物业逐步开启"大物业"服务模式，在探索"大物业"城市服务模式的过程中，宝石花物业把握"大规模、稳收入、快成长、高价值"的发展基调，扮演好石油石化企业"大后方""大管家""好帮手"的重要角色，坚持以大规模为重点、大战略为依托、大品质为保证、大平台为驱动、大中心为支撑、大品牌为目标，打造安全舒心、智慧便捷、幸福美好的社区人居环境，构建智能化社区综合一体化服务生态体系，热情拥抱充满希望的"大物业"时代（张玉华，2022）。

在"大物业"背景下，宝石花物业努力把物业服务打造成高质量发展的"基本盘"和"根据地"，把生活服务打造成现代生活服务的创造者和提供者，把产业服务打造成政府、企业、学校、医院、军队的综合服务商和运营商，把城市服务打造成美好生活的推动者和实践者，构建智能化社区综合服务生态体系，成为向政府、企业、学校、医院、军队深化后勤业务改革提供一揽子解决方案的专业化公司，为各种业务业态提供全环境、全设施、全生命周期的一体化服务，以此赢得竞争优势和发展空间。与此同时，始终坚持"人民至上"，时刻围绕客户需求，在生活服务板块聚焦快递、充电、养老、托幼、社群文化等各种生活刚需的基础上，不断完善服务功能，精细精准服务客户，打造具有行业影响力的示范项目，强化自身品牌的硬核力量，并不断发挥"大物业"公司的优势，多渠道整合社区、行业、合作伙伴等多方资源，深挖细耕社区生活服务，形成自身经营特色，以满足人民群众多样化、个性化、定制化需求。

4.2 其他典型"红色物业"生态建设的案例分析

本部分将重点分析其他物业企业的"红色物业"生态建设，涉及的企业包括河南圆方物业管理有限公司、武汉百步亭花园物业管理有限公司、保利物业服务股份有限公司以及中海物业管理有限公司，主要介绍公司的概况以及探讨各公司"红色物业"生态创建的主要做法。另外，也将对近年来相关地方政府的"红色物业"建设的有关文件进行解读。

4.2.1 河南圆方"红色物业"生态建设实践

4.2.1.1 公司概况

河南圆方物业管理有限公司（以下简称"圆方物业"）成立于1994年5月，29年来累计培训安置30多万下岗工人、进城务工人员、大学生，现有固定员工7万余人。经过近30年的发展，目前圆方物业以综合物业管理为核心，是覆盖清洁、安保、绿化、设施设备管理、客服支持、餐饮服务多业态的后勤服务解决方案的供应商，并在河南、北京、上海、江苏、山东、陕西等省市成立了10家子公司、38家分公司，2021年实现经营收入近40亿元。公司秉承"服务创造美好生活"的企业理念，在"创新引领专业，责任成就敬业，奉献凝聚爱心，理想守护初心"的企业价值观指导下不断前行，快速发展。

圆方物业下辖"四大"业务板块,分别是智慧后勤服务、数字人力服务、专业母婴服务以及社区健康服务,四大业务结合"圆方非公企业党建学院"构成了"4+1"的组织管理架构。其中,智慧后勤服务板块深耕于物业后勤服务领域,在物联网和人工智能与行业应用结合的研发上积极探索;数字人力服务板块秉承"为客户提供专业化的人力资源服务,为人才提供高价值的职业生涯规划"的经营理念,实现资源共享,树立服务标杆,河南圆方人力资源管理有限公司已成为极具影响力和专业解决能力的人力资源外包服务公司;专业母婴服务板块已形成家政服务中心、雪绒花家政学院、雪绒花云平台信息化系统"三位一体"的服务模式,构建出一套母婴综合体服务模式;社区健康服务板块秉承"凝聚党心,服务民心"的精神理念,致力于为老年人、妇女儿童、残疾人等特殊人群提供专业的社工服务,其中包括助老、助残、助困等业务,免费为特殊人群提供就业、创业、培训、婚介、心理咨询、慰问、文艺演出、参观旅游等多项服务。

在党建方面,圆方物业更是成立了"圆方非公企业党建学院"。学院以"立足非公,专注党建"为宗旨,以"名师名课名教材名基地"立校,成为基层党务工作者"党建培训的主阵地";学院以"深度挖掘河南省内优秀红色教育资源"为基础,以"充分整合国内著名红色教育基地"为方向,成为党员干部"党性提升的大本营"。学院成立以来,截至2021年4月底,共接待参观单位3000余家30万余人次。已为全国20个省(直辖市、自治区)100多个县(区)开展党务工作培训近千期,累计参与人数3万多人。

4.2.1.2 "红色物业"生态建设的主要做法

一是重视党建工作,培育"红色队伍"。圆方物业2002年成立党支部,2006年12月成立党委,现下设21个党支部,71个党小组。现已成立圆方党群工作部、圆方工会、圆方团委、圆方妇联和圆方社工队伍,始终做到"业务发展到哪里,党组织建到哪里,党建延伸到哪里",始终秉承"平常看得出来,关键站得出来,危机豁得出来"的党员标准严格要求自己。近年来,圆方物业进一步成立"圆方非公企业党建学院",用"红色信仰"再造企业文化,把党的创新理论融入企业职工的价值追求。正是抓在经常、融入日常的企业党建工作,提振了职工的思想觉悟和职业精神,提升了企业的凝聚力、生产力、战斗力。圆方物业的党建工作已经成为全国非公有制企业党建的典范，为全国非公有制企业做好党建工作树立了典型、作出了表率，受到中央和地方各级党委的高度关注和表彰。

二是牢记社会责任，强化责任担当。圆方物业始终秉持着"将服务他人和社会当作主旋律"的初心，主动担当，不懈努力，在积极践行公益活动、履行社会责任方面被认定为业内的先行者。圆方物业坚决响应党和政府的号召，参与社会治理建设，助力城市生活更加美好。公司坚持"为政府分忧，为百姓解愁"的宗旨，积极投身社会公益事业，先后组建数十支志愿服务队，在抗震救灾、扶幼助残、精准帮扶、爱心捐助等方面积极作为，奉献爱心。危难就是考验。疫情发生后，公司16000多名职工，第一时间投身于抗疫工作，坚守消杀、保洁、物业等一线服务岗位，派出数十支党员突击队前往湖北武汉方舱医院、中国人民解放军总医院、湖北十堰市人民医院、郑州多家医院和隔离酒店、安阳汤阴等地开展疫情防控支援工作。2020年9月被评为"全国抗击新冠疫情先进集体"和"全国先进基层党组织"。2020年4月30日，习近平总书记给圆方物业全体职工回信，对物业党委带领职工在抗击新冠疫情中作出的突出贡献予以高度评价。伟大出自平凡，英雄来自人民，圆方物业设身处地，换位考虑，用真心、真情、真意换取了群众的信任。

三是强化科技赋能，提高发展质量。圆方物业党委根据"围绕发展抓党建，抓好党建促发展"的指导思想，把党建作为企业发展过程中的内动力，投身公益，在反哺社会、服务消费者的同时，不断拓展自身业务。新发展格局下，物业管理行业需要数字赋能，引入新动能、新技术、新工具，以此提供更具有竞争力的产品和服务。近年来，圆方物业潜心深耕物业后勤服务领域，运用圆方智慧后勤一体化服务平台，拓展功能模块，为后勤服务体系加装"操作系统"，全面兼容医废追溯、电子陪护、中央运送、智慧工单、电子巡更、停车管理、智慧卫生间、品质物管、信息发布等各子系统，集成为中央信息枢纽，形成"服务流程可监控、诉求处理可追溯、医患反馈可及时"的可视化数据，实现智能响应、智能控制，从而提高后勤服务的整体水平与效率，构建智慧物业新标杆。以圆方社区服务中心为例，它是在市、区、街道指导下，为老旧小区改造后能够实现长期有效的管理探索而产生的民办非公机构，业务以社区综合性管理为主。自2019年起，圆方社区服务中心着力开展"智慧健身""智慧托育""智慧养老""智慧社区"等特色服务项目，更好地形成"凝聚党心，服务民心"的智慧化"红色社区服务中心"，将"红色服务"融入社区治理，构建基层共享共治的"聚能环"，不断增强社区居民的幸福感、归属感。

4.2.2 武汉百步亭花园"红色物业"生态建设实践

4.2.2.1 公司概况

武汉百步亭花园物业管理有限公司（以下简称"百步亭物业"）于1998年7月成立，拥有国家一级物业企业资质，是"中国物业服务百强企业"和"中国红色物业服务领先企业"，服务业态涵盖住宅物业、商业物业、办公物业、医疗物业等。百步亭物业成立之初就确立了"以人为本，以德为魂"的理念，并根据百步亭社区的实际情况，走出了一条物业管理和社区管理相结合的道路，成为湖北省物业管理行业的品牌企业。凭借创新"红色物业"服务模式和不断提升的服务品质，百步亭物业荣获"2023中国物业服务百强企业""2023中国特色物业服务领先企业——红色物业"殊荣。

2006年，百步亭物业通过了ISO 9001质量认证，确立"以人为本，客户至上，规范管理，亲情服务"的质量方针。在连续多年的业主民主评议中，综合服务满意率均超过97%。公司推出"首问责任制""三全"（全方位、全过程、全天候）服务，"六个一"工程，"双十无"目标，"五种精神"（敬业精神、团队精神、雷锋精神、仁爱精神、刻苦精神）等服务理念，旨在全心全意解决居民生活问题。基于百步亭物业的不懈努力，百步亭社区成为全国社区建设的一面旗帜，成为中国和谐社会的一个缩影，成为展示武汉人文风貌的一个窗口，其和谐物业模式也对同行产生较大影响。

目前，百步亭物业不仅专注于深耕传统物业领域，更在多元化经营方面进行积极的探索与实践，在综合经营方面已初具规模，成立了电梯公司、家政公司、环境公司、"红色管家"公司、汽车服务公司、信息科技公司，业务拓宽到电梯维护、家政服务、城市道路保洁、老旧小区管理、养老服务、创业服务、公租房运营管理等方面,各项服务获得广大业主的一致好评。

4.2.2.2 "红色物业"生态建设的主要做法

一是党建引领,以党为帆。百步亭物业于2001年6月成立党支部,现有党员106名。党支部高举"党建引领"旗帜,通过党建强核心,推进党的组织和工作有形有力有效,实现了物业项目党组织100%覆盖、物业管理层100%是党员、物业员工100%是志愿者。坚持把党员培训成物业骨干、把物业骨干培养成党员,加强干部骨干队伍建设。通过会议培训、个别指导、实践磨炼等多种方式加强干部的"摔打磨炼",一大批"懂党建、懂专业、懂居民"的"三懂"干部成为"红色物业"的品牌代言人、服务带头人、居民贴心人。

二是多元参与,交叉任职。百步亭物业坚持理论联系实际,制定了《百步亭"红色物业"工作规范》,使党建引领"红色物业"融入基层社会治理。一方面,融入社区治理体系。百步亭物业负责人担任百步亭社区多元共治领导小组成员,与各政府职能部门、群团组织、居委会、业委会、志愿服务组织和社区社会组织负责人一起参与社区治理。另一方面,融入社区服务体系。百步亭物业员工队伍在居委会党组织领导下,成为社区服务居民的专业化队伍。百步亭物业房管员进入社区楼栋网格管理小组,担任楼栋"两长四员",成为社区工作骨干,电话在楼栋门口公示,身份在楼栋微信群亮明,及时回应业主问题,及时解决业主诉求,及时化解业主投诉。

三是三方联动,协商议事。百步亭物业参与党组织领导下的居委会、业委会、物业企业三方联动机制,落实"双向进入,交叉任职"制度,建立"日碰头、周例会、月听证会"制度,形成合力办实事。在党组织的领导下,居委会、业委会、物业项目服务处三方联动,定期召开工作例会,通报各方情况;健全运行机制,完善工作流程。物业项目服务处参与社区共商事务周例会、评议工作月民主听证会,收集居民对物业服务的意见,形成工作日志和问题清单,制定相应操作规范;明确物业职责,严格绩效考评。百步亭物业在居委会党组织领导下,负责依法实施物业服务,主动接受党组织、居委会、业委会、楼栋党小组长和楼栋长的监督。将三方联动工作纳入绩效考核,并明确具体责任人、工作措施和完成时限,制定工作计划,建立工作台账，将考核结果直接与绩效工资挂钩，推动各物业项目服务处高效服务居民。

四是"红色队伍"，联动治理。百步亭物业始终坚持"居民永远都不错，我们永远有不足"的服务理念，做到"亲情服务、规范管理"。第一，打造党的政策"宣传队"。利用员工与居民接触多、人头熟的特点，通过秩序巡逻、客服接待、物业收费、上门维修、便民服务、志愿服务等时机宣传党的路线方针政策，传播正能量，丰富业主生活。第二，打造化解矛盾的"工作队"。依托社区矛盾调处机制，及时调解家庭矛盾，化解邻里纠纷，联动司法、法院、城管、工商等职能部门，定期排查发现影响群众安全感、群众反映强烈的治安突出问题和公共安全隐患等各类矛盾纠纷。第三，打造社区服务的"专业队"。百步亭物业按照ISO 9001质量管理体系要求，对照星级服务标准，严格履行服务合同约定，把百步亭物业主责主业、主营业务做扎实，为业主提供优质的保洁、绿化、秩序维护、设施设备运行等专业服务。第四，打造应急抢险的"突击队"。建立"24小时值班制"，开通24小时服务热线及时受理居民诉求，针对治安、消防、防疫、防汛等紧急事件，制定应急预案，居民突发事件要求3分钟赶到现场，做到提供"全方位、全天候、全过程"的"三全"服务（方雨，2022）。

4.2.3 保利物业"红色物业"生态建设实践

4.2.3.1 公司概况

保利物业服务股份有限公司（以下简称"保利物业"），是保利发展控股集团旗下控股子公司，成立于1996年，现如今品牌价值超过122亿元，已成为全国头部的大型物业企业。管理服务的项目业态丰富，涵盖普通住宅、高端住宅、写字楼、政府办公楼、商业综合体、城镇物业、景区物业、酒店公寓、院校、医院等。

保利物业从两方面进行多元化布局：一方面在不断拓展住宅物业、商业物业、办公物业、学校物业、产业园区物业、医院物业、公众物业的同时，首度实现度假村业态的覆盖，实现物业业态结构的不断丰富优化；另一方面，由基础物业服务拓展到社区增值服务，满足业主多样化个性需求。

针对住宅物业项目，保利物业运用标准化的服务体系和精细化的管理体系，为业主提供高质量的居住体验，并重点打造了"亲情和院"和"东方礼遇"两个物业服务品牌。针对商业及写字楼物业，保利物业围绕场景运营的服务理念，提供物业管理、资产管理和企业服务"三位一体"的服务体系，推出了"星云企服"物业服务品牌。针对公共物业，保利物业抓住国家"放管服"改革和实施"乡村振兴"战略的机会，整合系统内外资源推动城乡融合发展，成功构建系统性的公共服务体系。

4.2.3.2 "红色物业"生态建设的主要做法

早在2018年，保利物业就领行业之先，在社区开始"红色物业"的探索。通过两年的落地实践，构建起"1+2+3"星火社区体系，为业务开展与品牌建设提供有力支撑。"后疫情"时代，基于政府对物业融入基层治理的迫切需求，保利物业勇担"红色物业"先行者的责任，创新全域服务治理模式，提出可复制的"红色物业"之路——保利"星火模式"。自发布"星火模式"以来，保利物业四川公司便围绕"一面旗帜、三个阵地"的4P体系赋能星火社区的建设，以"红色引擎"联动共建"一核多元"的治理，奋力打造党建引领物业管理示范区。保利物业"红色物业"的主要做法：

一是一面旗帜。保利以党建为引领，以国家战略为使命，联动队伍搭建"一核多元"治理，营造更透明的共建共治共享和谐社区、更稳定的社会基层治理、更凝聚的企业共商共建共享。

二是三个阵地。①组织阵地：党建联建共建机制，搭建联系政府、业主、物业三方"民主协商议事"的桥梁。联合多方力量打造不同角色功能的队伍，将自治理念践行在群众心中，延伸到每一个角落。制定多元组织清单，从安全、文化、协同方面，稳定多元社会组织。②宣传阵地：打造党建引领的"红色场所"，为群众营造文化精神和功能性于一体的"红色空间"。开展多元文化活动，再结合节假日和重要时点，紧抓一老一小关键人员，打造贴心服务和多元文化，丰富社区文化氛围，打造文明小区。该阵地最大限度地把党的政治优势、组织优势转化为物业服务的内在动力，赢得了业主的认可度和信任度。同时，与社区党委一起推进对广大业主的宣传引导，培养业主自我管理、自我约束、自我服务，从源头上减少不文明、不合法行为的产生。③服务阵地：为突出党建引领，夯实"红色堡垒"。发动物业员工及小区业主党员亮明身份，积极发挥党员先锋模范作用，及时有效解决群众身边的小事、急事、难事；并与社区党委建立议事协商机制，商定小区管理方案，化解小区业主与物业之间的矛盾，合力推进解决小区内重要事项、复杂问题，逐步形成"红色平台搭起来，党员身份亮起来，协商机制建起来"的物业服务模式。

三是以人为本。星火社区的创建，让保利物业服务更精准、更精细，满足业主对美好生活的需要，助推"共建共治共享"社会治理格局形成，用党建这枚绣花针，穿起基层治理千条线。例如，保利心语组建起了"和院志愿队""文化宣传队""星火守护队"三支队伍。其中，"和院志愿队"主要由小区党团员组成，结合党团日活动、小区文化活动、志愿服务的开展，通过党团员细致的物业服务示范带动党建工作深入细致地落实。"文化宣传队"主要由公司党支部党群与品牌人员、星火社区宣传人员组成，通过宣传星火社区工作开展情况，更好地引导业主了解与支持物业服务，构建小区正能量氛围。此外，星火社区通过开展"保利星火班"的扶贫计划，以"教育+就业"模式帮扶贫困家庭的适龄子女进入物业实习就业。经集中培训结业后的"星火班"学员，在手把手、一对一的结对帮扶下快速融入物业服务的工作岗位中，并在"红色文化"的滋养下，以"星火守护队"的全新面貌开展工作。保利物业充分围绕"为民服务解难题"这一中心思想、以实现"人民对美好生活的向往"为目标，党组织的战斗堡垒作用发挥显著，小区居民的幸福感有了直接的提升。

四是提供智能服务。保利物业积极推动数字化应用和多元化服务场景。在数字化应用方面，利用信息化手段，提高物业服务质量监测公开速度，发挥群众监督功能。实现群众、物业和政府的及时沟通，达到就事调解、即时解决的状态。在多元化服务场景方面，围绕群众最关注的基础服务保障，结合服务内容，进行场景化的开发和落地，并不断提升服务品质。

4.2.4 中海物业"红色物业"生态建设实践

4.2.4.1 公司概况

中海物业管理有限公司(以下简称"中海物业"),最早于1986年在中国香港开展物业服务,1991年进入中国内地。在同行业中,中海物业首先引进香港的成功物业管理经验和先进的物业管理模式,并在之后的多年实践中将其与内地的实际情况进行充分的融合与提升,在管理中仍始终保持与香港及国际同行业同步,不断推陈出新、与时俱进。作为全国物业管理第一品牌,与其他物业公司相比无论在品牌竞争优势、管理经验的积累、服务品质的控制、人力资源的储备等各方面都独具特色。中海物业倡导的文化价值观,是以文化推动企业核心能力的持续成长,推动资源的持续经营,推动企业效率、效益的持续提高,推动企业及员工价值实现,其精髓是"精细、专业、诚信、和谐"。截至2023年,中海物业已拥有37年不动产与客户全生命周期管理服务经验,业务遍及港澳及内地144个主要城市,位列物业服务百强企业TOP10,第三方调查客户满意度保持行业标杆水平。

中海物业37年的管理发展历程,涵盖的全面管理业态,为中海物业积累了相当丰富的管理经验。公司拥有十几个涉及物业管理的专业部门,包括土建、工程、强电、弱电、社区环境管理(安全管理、清洁管理、绿化管养)、社区服务部(社区文化、会所管理)、质量管理部、顾问管理部、信息中心等,同时辅之以涉及物业管理的十几个专业部门资深专家组成的顾问团,各种实操问题可以得到及时有效的解决,确保服务的高含金量,为业主极大限度地节约物业管理成本,提高经济效益。

中海物业旗下子公司兴海物联是国内领先的智慧园区全价值链服务提供商,专注于园区新技术与创新管理模式的研究与运用19年,致力于提供智慧园区解决方案、智能化工程设计及施工、系统运营维护和技术改造及建筑节能等服务。迄今,公司业务辐射全国50多座城市、600多个项目,为客户提供全国性的服务支持和售后保障。中海物业的美誉度、管理规模的覆盖力、在多年的市场化运作中不断探索与创新的多样化管理模式,被业界和社会尊称为"中国第一大管家"。

4.2.4.2 "红色物业"生态建设的主要做法

一是打造"红色物业·一核多元"党建品牌。近年来，中海物业结合物业服务中存在的难点、痛点，不断强化党建引领，积极探索建立"红色物业·一核多元"党建品牌，搭建政府、业主、物业企业以及其他多元主体民主协商议事桥梁，打造以社区物业党建联建和协调共治为核心的共联共建"红色物业"模式，努力让物业服务参与基层治理更有力度，同时也让业主的美好生活更有温度。

中海物业打造的"红色物业·一核多元"党建品牌有着丰富的内涵。其中，"一核"是强调党的领导核心作用；"多元"是指参与社区治理的多元主体，包括政府组织、居民自治组织、市场组织、社会组织、社区居民等相关方。"一核多元"的治理架构强调党对社区治理的引领和协调，其他治理主体则在党的领导下基于各自职责开展工作。而"红色物业·一核多元"则是指坚持党对物业企业的领导，强化思想引领、落实组织保障、紧紧依靠人民、完善体制机制、激发基层活力，将党的领导优势真正转化为公司治理和基层治理效能。

在"红色物业·一核多元"党建品牌这面旗帜下，中海物业不断激发社区治理中的"红色微动能"，积极开展美好家园创建活动，将党建强化在基层，将矛盾化解在基层，将人心凝聚在基层。譬如，在江苏，中海物业组建三支"红色队伍"：一支"红色管家队伍"，融入社区网格化治理体系，服务一线、调解邻里纠纷；一支"党员志愿者服务队"，把小区业户党员、物业企业党员、社区党员干部组织起来，做群众的贴心人；一支"青鸟志愿服务队"，由项目志愿者、辖区内热心公益的党员、居民组成，搭建平台、服务为民。截至2022年8月，中海物业在全国持续推广建设"红色物业"阵地110余个，推动打造示范党支部20个，创建"红色样板"项目39个。

二是推进"红色物业"建设，打造中海世纪公馆。中海世纪公馆作为绍兴地区的首个中海物业项目，始终以"红色物业"的卓越品质在各岗位刻样板，一直以来更是通过各种喜闻乐见的活动推进"红色物业"建设。8月作为"红色月"，物业和政府联动，各条线全力配合，通过观看"红色电影"、慰问老兵等诸多活动，在增进邻里感情的同时，更是将"红色文化"潜移默化融入其间,为全力破解服务群众的死角,持续提升服务群众能力探索了一条崭新的"红色道路"。

三是构建宜居小区,建立"红色阵地"。为深入贯彻学习习近平新时代中国特色社会主义思想和党的二十大精神,构建和谐共建、文明包容的宜居小区,中海物业精心打造了"红色物业、先锋管家红色阵地"。"红色物业、先锋管家红色阵地"的打造是切实将党建引领转化落实到小区环境以及日常服务中。小区由外及里都融入了"红色元素",积极营造树党风扬正气的氛围,既成为小区一道亮丽的人文景观,又使业主在轻松愉快的环境下受到"红色教育"。

小区入口以绿墙为背景将"党建引领红色物业""人民对美好生活的向往是我们的奋斗目标"自然融入小区景观里,实现了景中有意、意中有景。大堂张贴了"不忘初心·牢记使命"系列主题教育内容,将主题教育深入到业主群众中去。基地的一楼配备了学习角、党员活动室、主题教育展示角、党群议事区等活动区;二楼主要打造了党群阅览室、"红色记忆"展示区以及党群会议室等功能区;同时充分利用楼梯以及走廊,将党的发展历程、党员风貌进行展示。将"红色元素"和企业文化相结合,将党建和经营相结合,把党建工作融入生产机制。

4.3 地方政府"红色物业"生态建设相关标准文件解读

4.3.1 山东省烟台市《红心物业建设标准》DB3706/T 062—2020

烟台市委组织部、市住房和城乡建设局联合起草《红心物业建设规范》DB3706/T 062—2020(以下简称《建设规范》),并于2020年7月10日起正式施行。作为山东省首部物业党建地方标准,《建设规范》共分为9个章节,从党建要求、服务要求、管理要求等方面,针对物业管理的痛点问题进行制度设计,提出了一系列兼具突破性、创新性、操作性的规范标准。

《建设规范》的核心内容如下:

(1)建立全市推进、行业统抓的领导体制。市级层面成立市物业行业党委,强化顶层设计和制度完善;县市区层面建立物业管理服务工作领导小组，研究解决疑难问题；街道和社区层面分别成立红心物业党建联盟和联席会议，对物业问题进行联动研判、联动解决。

（2）推进物业企业党的组织和工作覆盖。从组建、地位、保障3个方面，提出加强物业企业党组织建设的标准要求。

（3）对党组织领建业主委员会作出具体规定。创新性提出"党组织领建业委会"概念，要求将党组织发挥作用的关口前移到业主委员会组建环节，由街道社区党组织领导成立业主委员会，加强对业主委员会成员候选人推荐、提名、考察的全过程把关，确保成员中的党员比例不低于60%，并做到人选过硬、群众认可。

（4）旗帜鲜明坚持小区党支部的领导地位。明确小区党支部在小区治理中的领导地位，规定小区党支部应全面加强对物业企业、业主委员会的领导、指导和监督，牵头解决小区物业管理服务的重大事项、重要问题等，形成小区党支部、物业企业和业主委员会三方协调运行机制。

（5）注重发挥环境和物业管理委员会作用。将环境和物业管理委员会作为社区协调解决物业管理难题的重要机构，对职数、人选等作出具体规定，并明确承担社区红心物业党建联席会议日常职能、协调处理物业管理投诉、促进居民依法有序理性参与物业管理事务等具体职责。

（6）分类推动无物业管理老旧小区逐步"清零"。按照"因地制宜、分类施策"原则，区分不同情况，提出一系列破解老旧小区无物业管理难题的指导性措施，主要包括党组织领办物业企业、提供兜底性物业管理服务等4类解决方案。

（7）为加强物业行业监督管理提供有效抓手。着眼解决物业资质取消后对物业缺少有效抓手的问题，提出"三个强化"的物业监管手段。一是强化社会监督，二是强化优胜劣汰，三是强化服务评价。

（8）畅通业主委员会成员的退出路径。要求以县市区为单位建立业主委员会成员负面清单，每年对业委会成员进行满意度评价，个人满意度低或存在负面清单行为的，提请业主大会或经业主大会授权业主委员会，终止成员资格，督促依法规范履职。

（9）加强红心物业党群服务阵地标准化建设。从指示标牌、党建标识、设施设备等方面明确物业党群服务阵地建设标准，鼓励有条件的县市区建立区级物业党群服务中心，提供"一站式"、综合性物业服务；鼓励小区建设党群服务驿站，作为小区党支部、物业企业、业委会、业主等办公服务、开展活动、协调议事的场所。

（10）每年评定一批红心物业示范企业。提出按照党建工作好、服务效果好、作用发挥好的标准，以县市区为单位选树物业管理服务典型，每年评定一批示范企业，带动全市物业企业不断优化改进物业服务内容、服务形式和服务流程，提高服务质量。

4.3.2 山东省威海市《红色物业建设规范》DB3710/T 133—2021

为进一步深化"红色物业"建设成效，实现物业服务质量和基层治理水平"双提升"，山东省威海市以地方标准的形式出台了《红色物业建设规范》DB3710/T 133—2021，并于2021年8月1日起正式实施。

《红色物业建设规范》DB3710/T 133—2021的核心内容如下：

（1）明确"红色物业"建设主体范围。市级建立市物业管理行业党委、区市物业管理行业党总支、街道党委、社区党组织四级党组织架构体系。区市建立"红色物业"联席会议制度，镇街建立"红色物业"党建联盟，统筹力量有序参与物业管理。

（2）延伸物业服务工作内容。聚焦停车管理、侵占绿地、违章搭建等物业服务上下游各种焦点难点问题，将物业企业自身难以解决的问题纳入"红色物业"平台统筹解决，进一步提升业主生活质量。鼓励物业企业向餐饮、家政、康养、托管、教育等领域延伸，探索"物业服务+"模式，满足居民多样化多层次居住生活需求。引导物业企业通过智慧物业建设提供定制化产品和个性化服务，促进物业线上线下服务融合发展。

（3）吸纳社会力量协同参与。鼓励镇街、社区党组织结合网格（小区）治理需要和居民多层次多样化需求，通过政府购买服务、公益创投等市场化方式，有序吸纳各类市场主体、社会力量、公益组织作为"红色物业合伙人"，以资金、产品、专业服务等参与"红色物业"建设。着力培育多元化志愿服务队伍，开展好"红色物业青年志愿""红色物业职教志愿"等志愿公益行动。

（4）建立全链条督导考核体系。市物业主管部门健全完善"红色物业"示范项目考核评价办法，区市（开发区）建立完善包括住房和城乡建设部门、镇（街道）党工委、社区党组织、业主代表共同参加的物业企业考核评价机制，形成自上而下的督导考核体系，确保标准落实、落地、到位。

（5）提高物业行业人才建设。通过开展"红色教育"、进行人才培养和不断提升物业企业专业能力素质来提高物业行业党员队伍建设；通过配备专职人员、建立规范的管理制度等措施来提升物业行业的服务品质。

《红色物业建设规范》DB3710/T 133—2021的附录部分还制定了不同的"红色物业"评价细则，评价细则从评价对象、评价内容、评价方式、评价组织、评价程序、结果应用和评价指标体系等方面作出规定。其中，物业企业的"红色物业"工作评价内容包含党建工作落实、共建联建参与、行业规范遵守、服务质量提升、社会责任履行、群众满意等六个方面。该项评价结果将记入企业信用信息系统，作为物业企业信用评价、物业企业评优选先及山东威海市物业项目招标投标的重要依据。

4.3.3 黑龙江省哈尔滨市《红色物业小区建设规范》DB2301/T 112—2022

哈尔滨市委组织部、市住房和城乡建设局联合制定并发布了《红色物业小区建设规范》DB2301/T 112—2022，并于2022年10月30日正式实施，这是黑龙江省第一个关于"红色物业"小区创建的地方标准，走在了基层党建引领"红色物业"管理标准化研究领域的全国"第一方阵"前列。

《红色物业小区建设规范》DB2301/T 112—2022的核心内容如下：

（1）明确党建引领的核心地位。"红色物业"小区建设要遵循公平公正、实事求是、协商一致、民主集中的原则，统筹落实各项工作的有序开展。同时，建立以属地为主、行业为辅的"红色物业"小区双重管理机制，通过建立组织建设体系、联建共治体系、管理服务体系、保障体系、评价体系，完善党组织对本地区"红色物业"小区管理制度的建设。

（2）明确"双向进入、交叉任职"，即社区党委会和居委会"两委"成员进入物业企业兼职（挂职），开展物业服务监督指导工作；物业企业管理人员,担任社区"两委"兼职委员,保证"两委"依法依规行使职权,维护业主合法权益;社区"两委"成员如未能按照法定程序进入业主委员会,以督导员身份指导业主委员会工作。

(3)明确共驻共建工作。社区党组织应主动吸纳辖区内公安民警中的党员兼任党组织副书记,非党员的公安民警兼任居民委员会主任助理,并纳入"红色物业"小区的网格化管理。

(4)明确"红色物业"小区评定分为标杆型、成长型、初创型和储备型;由各区、县(市)委组织部,区、县(市)住建部门对授予称号的申报组织进行定期跟踪,及时掌握申报组织在质量与信用等方面的重大变化,由区、县(市)委组织部进行督导检查,对出现违反法律法规、强制性标准,以及发现存在弄虚作假等问题时,评定组织应注销申报组织评定证书,收回奖牌,并予以公告,处理结果报市委组织部、市住建部门备案。

(5)对申请"红色物业"小区采取一票否决制管理,包括但不限于小区不开展党建工作的;小区出现重大责任事故;小区出现重大信访投诉;小区出现重大负面舆情。

《红色物业小区建设规范》DB2301/T 112—2022的发布实施,对有效开展基层治理和为民服务活动奠定了坚实基础,有利于提升物业服务水平和人居品质,持续增强人民群众获得感、幸福感和安全感。

4.4 案例分析的总结与启示

本部分通过梳理宝石花物业8个地区公司和4个同行优秀物业企业开展"红色物业"生态建设的做法,总结建设"红色物业"生态的经验,进一步启示如何更好地开展"红色物业"生态建设。

4.4.1 抓好物业企业的党组织建设

从上述物业企业开展"红色物业"生态建设的做法中,可以看到每家企业都重视企业内部的党组织建设工作,能充分意识到党建对企业发展的引领、推动和保障作用,把党建工作当作企业最顶层、最重要的一项工作来抓，做到项目发展到哪里，党支部就成立到哪里，党员活动就开展到哪里。

物业企业抓好党组织建设，首先应全面提升党的组织和工作覆盖，在党建引领下，对物业行业的发展进行谋划、部署、推进和落实。在物业企业中开展党建工作，推动物业行业党组织"应建尽建、能建尽建"（刘彬，2023）。对没有党员的业委会和物业企业，通过选派党建工作指导员、联络员等方式加强指导。具体可以通过单独建、联合建、挂靠建等方式，成立"功能型"党支部管理小区党建事务。党支部设立的地理位置也应依据物业服务中心设定，各党支部应积极主动成立党小组，成立"红色物业"志愿服务队，打造"红色物业"党建品牌。依靠党建引领加强社区基层治理，认真梳理存在的短板和弱项，抓住主要矛盾，倾听居民心声，解决居民诉求，着力推动物业企业在日常基础性服务、增值性服务以及文明城市创建等方面明显改善和提升。

综上所述，"红色物业"生态建设的首要任务便是将物业服务和党建工作有机地结合起来，突出党组织、党员干部在小区物业服务中的作用，加大物业服务领域党建工作力度，最大限度地将党的政治优势、组织优势转化为社区治理的优势，更好地落实以人民为中心的发展思想，推动企业服务水平持续提升，让居民的幸福感、获得感和安全感得到进一步增强。

4.4.2 发挥党组织的政治引领功能

物业企业是为社会、为人民群众服务的企业，"红色物业"更是追寻企业建设与党组织建设的相互融合，通过发挥企业党组织的政治引领功能来优化企业服务内容和措施，约束自身的管理和中心业务，在实现自身发展的同时，为城市管理、社区治理作出贡献。

对于符合条件的物业企业党组织，要认真落实好习近平总书记关于"必须扎实做好抓基层、打基础的工作，使每个基层党组织都成为坚强战斗堡垒"的要求，坚持从基本组织、基本队伍、基本制度抓起，严格按照党章和各种法规制度强化党的思想建设、组织建设和作风建设，充分利用好流动党员管理、党小组建设、党建联建三个抓手，严格落实支部主题党日、民主评议党员、"三会一课"等制度，激发物业企业党组织的工作活力。

同时，还需要针对性地制订物业企业自身的党建管理制度，将党的思想、政策、方针等融入自身建设、发展决策、企业文化建设以及临时性工作等多个方面当中。根据物业企业的业务，紧紧围绕小区治安、保洁、绿化、消防、设施设备改造及规范收费开展工作，将工作开展情况作为街道社区党建考核和物业企业考核评比的重要内容，推动联合考评结果运用。当地物业主管部门将物业管理投诉率、业主满意度等作为物业企业资质升级的重要指标，促进物业服务升级。此外，物业企业党组织应当对党员干部做好思想教育工作，不断挖掘党员干部的潜力，发挥其主观能动性，促使其提高自身素质和能力。例如，物业企业党组织应积极组织"双学"活动、"比学赶帮"活动、党性培养教育活动等，在这些活动中评选和宣传"最美物业人""十佳项目经理""十佳党员"等先进典型，增强物业从业人员的归属感和成就感，塑造物业管理行业新形象，让他们更加坚定"全心全意为人民服务"的信念，增强"撸起袖子加油干"的工作干劲（刘彬，2023）。

4.4.3 实现"红色物业"生态系统的多方联动

"红色物业"生态建设，必须以党建引领为核心，以多元共治为基础，构建起党组织领导下的"社区居委会+业主委员会+物业企业"的"三方联动"体系。通过全力推进多元主体同向发力、同频共振、同轴运转，全面提升小区基层管理水平，助力住宅小区物业管理的健康发展。

实现"红色物业"的多方联动，一是要突出党建领导力。通过强化基层党组织"龙头"牵引作用，建立起"社区居委会+业主委员会+物业企业"共同参加的多方联席会议制度、交叉任职制和协同工作制，有事共商、难事共解、好事共办，从而提高办事执行效率，真正做到"民有所呼，我有所应"。二是要提升工作执行力。社区居委会作为政府联系社区、企业和居民的桥梁与纽带，上传下达落实好政府服务社区居民的各项民生政策；业委会履行由所有业主委托给其的物业管理职责，贯彻国家对社区治理的总要求；物业企业要将政府和业委会等居民自治组织的指导意见和建议贯彻落实，为居民提供生活所需要的服务。各个主体之间分工明确，各司其职，但又步调一致，协调统一，共同向着实现社区有效治理和提升居民生活质量的目标而奋进。三是增强社区凝聚力。在"社区居委会+业主委员会+物业企业"的带动下，凝聚和动员社区党员群众、社区共建单位等各方力量参与基层治理，聚焦社区民生需求，努力打造共建共治共享的社会治理共同体，引领社区各项工作迸发出新活力。

"社区居委会+业主委员会+物业企业"三方联动作为"红色物业"生态建设的关键支撑，对形成"红色物业"生态、提高社区治理能力、优化社区服务水平等各方面起到举足轻重的作用。

4.4.4 全面提升物业企业服务能力

服务是物业企业的生命。物业企业其主要职责是通过对物业的管理和提供的多种服务，为业主和居民创造一个舒适、方便、安全、幽雅的工作和居住环境。而物业企业开展"红色物业"生态建设，就是践行为人民服务的根本宗旨，以最广大人民根本利益为一切服务工作的根本出发点和落脚点，全面提升物业企业的服务能力，做到充分为业主解忧，努力提升社区居民的幸福感、安全感和获得感。

对于开展"红色物业"的物业企业而言，提升企业服务能力，可以从这几方面着手。第一，注重提升服务的品质。"红色物业"是"党建+服务"的物业新模式，更加强调"以人为本"，需建立更完善的服务标准和流程，定期对员工进行培训和考核，确保服务质量符合业主的期望和需求。同时，加强与业主的沟通和反馈，及时了解和解决业主的问题和建议，提高服务效率和满意度。第二，全面加强智慧物业建设。当前，物业管理信息化水平逐步提升，在物业服务智慧化大势所趋的背景下，"红色物业"必须借助科技赋能提升服务水平。以宝石花物业为例，宝石花物业推出的"享惠家""物小宝"小程序，业主可以在手机上进行物业缴费、物业报修、物业投诉，并且能够轻松享受社区服务、社区旅游、社区康养、家政服务、家电维修、房屋装修等服务，同时还有商品到家、服务到家等贴心服务。第三，注重开展增值服务。物业企业提供的服务是有偿的，是带有经营性的，是属于企业性的经营行为。而对于大部分开展"红色物业"的物业企业而言，基础服务带来的经营收入是不足以支撑企业运转的，物业企业要想持续运作下去，可依靠开展"红色物业"生态建设建立起的良好口碑,进一步探索开展家政服务、便民超市、养老医疗等增值服务。通过整合社会、政府、企业等相关方资源,丰富服务内容,拓展经营赛道,在把生活便利带到业主身边的同时,进一步扩大物业企业的经营收入。另外,在"红色物业"生态建设的大环境下,物业企业可以主动承担城市更新、老旧小区治理等工作,把物业企业打造成为党的工作队伍,为政府分忧,为业主谋利,提高企业营利能力。

第5章

"红色物业"生态建设的老旧小区治理案例分析

本章基于老旧小区治理面临的突出问题和"红色物业"的特征，采用案例分析法研究"红色物业"生态建设在老旧小区治理过程中的重要作用。本章选取江苏、山东、北京的四个老旧小区进行分析，总结和提炼老旧小区治理过程中的"红色物业"生态建设思路，为后文"红色物业"生态建设模型构建作铺垫。

5.1 "红色物业"生态建设的老旧小区治理概述

5.1.1 老旧小区治理的概念

结合已有研究，本书将我国老旧小区治理定义为：在老旧小区改造和改后管理的过程中，为实现改造目标、化解各种矛盾和保持小区长期友好发展而形成的工作制度、管理方式和各种活动等。老旧小区治理包括政府治理和非政府治理，治理的基本目的是要实现责权的合理安排与制衡，核心在于提供公共产品、公共服务和公共利益。老旧小区治理包括老旧小区改造、改中矛盾化解和改后长效治理这三部分，具体是指改造基础设施、改造建筑物、改善空间环境、提升物业服务、拆除违法建设、治理开墙打洞、治理群租秩序、治理地下空间违规使用等，以及各种矛盾的化解机制、解决路径。老旧小区治理以基层党组织为引领，以利益相关者协同为关键，以社区各类资源统筹运用为基础，以社区公共物品、公共服务有效供给为保证，通过政府功能、市场机制以及内外部的显性、隐性契约来实现，不断满足人民群众对美好生活的向往。

5.1.2 老旧小区治理的重要性

开展老旧小区治理可以有效改善居民的生活环境，提高居民的居住品质，促进社区的发展。一方面，老旧小区治理可以有效处理各方利益主体之间的关系，提高改造工作的效率和质量，推动老旧小区的改造工作顺利进行；另一方面，老旧小区治理为居民提供房屋建筑及其附属设施维修、绿化、卫生环境、安全等管理与服务，帮助有效解决小区建筑老化、设施陈旧、环境脏乱差等问题，提升整个小区的环境质量和发展潜力，增加居民的生活舒适度。通过老旧小区改造，可以更好地了解居民的需求与期望，确保改造方案真正符合居民的利益；改造结束后的治理内容包括开展定期检查和维修、加强管理、建立管理机制等措施，能有效地维护改造成果，确保老旧小区的良好状态和居民的舒适生活。老旧小区治理过程中，居民参与可以建立更紧密的社区关系，促进居民之间的交流和合作，增强社区的凝聚力和归属感，形成良好的社区文化。在我国房地产市场进入存量房时代的今天，老旧小区治理已成为城市更新的重要组成部分，开展老旧小区的治理有助于推动城市的整体更新和发展，提升城市的形象和品质，满足现人民群众对美好生活的向往。

5.1.3 老旧小区治理面临的问题

随着经济社会发展以及建设标准的不断提高，居民对住宅小区及居住小区的安全、适用、经济、绿色、美观等方面要求逐步提升，老旧小区治理成为助力城市的安定有序和健康发展、推动经济发展方式加快转变、满足人民对美好生活需要的重要举措。然而，由于老旧小区治理工作涉及利益主体较多、需求较为分散、工作难度较大，导致深层次、根本性的问题难以得到有效解决。

（1）相关部门权责不明，存在治理主体缺位现象

社区治理需要多方共同合作、协同治理，社区的可持续发展当以互惠互利为原则。老旧小区治理逐步由政府全权管理转变为由政府主导、多元治理主体共同参与的模式。然而，一方面在老旧小区治理中权责一致往往难以实现，除了政府外，其他治理主体的参与度并不高，多元治理主体的作用没有得到充分的发挥，难以形成多元主体共同参与治理的局面。另一方面，老旧小区的治理，涉及城市规划、供电供水供暖、民政民生、公共安全等众多政府部门，需要建立权责分明、协调合理的多部门配合机制，但目前管理主体缺失、权责混乱的现象普遍，影响了老旧小区治理的效果。

(2)公共维修资金缺口大,难以吸引社会资本

老旧小区治理涉及大量资金的投入,但资金投入后产生的收益却极其有限。从目前的运营模式来看,老旧小区治理所产生的收益主要来源于对社区中闲置低效空间的运营收费(如停车费、广告费以及养老、托幼、助餐等经营性项目收费)和基础物业服务收费。然而,一方面,许多老旧小区可供开发的闲置空间太少,无法进行经营性项目的开发。另一方面,由于现行体制机制、法律法规和政策的限制,一些老旧小区现存的经营项目存在不合规现象,因此,老旧小区治理很难吸引到社会资本的参与。在大部分城市,由于老旧小区能够获取的财政资金和社会资本严重不足,导致相关治理项目的实施进度和质量难以得到保障。

(3)治理需求不尽相同,居民利益难以协调

老旧小区治理包括社区的日常治理和老旧小区改造。在前期老旧小区改造中,许多地区根据"居民自治"的原则,制定了小区居民参与改造的相关制度。然而,在改造工作开展过程中,居民的利益诉求往往千差百异,而自治组织本身又权威性相对不足,导致各利益主体间的矛盾调和困难。如在停车场、上下水管道、加装电梯等项目上,有车与无车之争、管道走向之争、低层和高层之争等常常陷入僵局。老旧小区改造完成后,一些原本免费的项目变成收费项目,而新增加的部分项目同样需要收费,业主之间关于服务收费和收益分配的意见也不统一。由于居民利益诉求难以达成共识,老旧小区改造往往会出现"一人反对,全盘搁置"的局面。

(4)居民社区意识不足,缺乏公共参与渠道

相对于新建小区,老旧小区居民构成更加复杂,导致难以形成基于小区业主意识的共同价值观。这使得居民更多地依赖于12345热线等方式来表达个人诉求,不仅给政府和居委会增加了管理成本,还会导致居民将社区治理归结为政府和社会的责任,淡化"主人翁"意识,不利于小区良性发展。在老旧小区中,居民往往以被动方式参与社区治理,对评估和考核等事项重视不够,造成社区资源的浪费,进而影响社会资本的充分积累。总之,老旧小区的居民受到多种因素的制约,如教育程度、价值观念和心理意识,导致他们对"居民自治"的认知水平较低,参与社区治理的积极性较差。例如,

有些居民购买服务的意识不强。还有些人虽然表示愿意购买服务，但服务项目实际开展过程中他们配合度不高。另外，现在缺少公开公正的信息平台，政府、物业企业和居民三者之间的信息和权利不对称，导致居民的需求和意愿得不到满足。如此种种，都为老旧小区治理工作推进徒增"梗阻"。而且，居民社区意识的培育是一个长期的过程，需要在长期的小区管理实践中建立起来（张建，等，2021）。

（5）物业服务相对滞后，后期管护难以保障

老旧小区多为单位产权房，很少聘请专业物业企业，也大多没有设立房屋专项维修基金。在住房制度改革后，老旧小区主要通过居民自治的方式进行简单物业管理，或由政府出资提供清洁、垃圾清运等托底服务。当前，虽然已有部分改造后的老旧小区设立了房屋专项维修资金，但也出现维修资金使用难、续筹难的新问题。老旧小区改造后，物业服务质量虽然得到一定程度的改善和提升，但是如果后续的物业管理与维护工作没有跟上的话，就很可能会陷入"改造—破旧—再改造"的循环当中，改造成果前功尽弃，浪费大量人力、物力和财力。还有一些经过改造的老旧小区，由于住户不愿支付物业服务费，小区改造工作完成后一直没能引进专业的物业企业进行管理，导致小区后续维护工作的缺位，容易出现"回潮"之势，"头年新、二年旧、三年破"的现象屡见不鲜。

5.1.4 "红色物业"生态建设对老旧小区治理的作用

当前，老旧小区治理面临众多棘手难题，如资源缺失、场地有限、利益难以协调、公众参与意识不强、需求多样、参与途径有限等，缺乏推动小区运营的活力和动力，难以实现社区稳定治理和可持续发展，亟待采取有效措施加以优化，而"红色物业"生态建设能够为解决老旧小区治理难这一长期问题提供新思路、新方法和动力支持。与此同时，根据住房和城乡建设部2020年全国老旧小区初步统计，全国老旧小区有近17万个，涉及4200万户居民，总建筑面积达到40亿平方米。可以预见，老旧小区未来将成为国内物业企业重要的市场板块，而物业企业参与老旧小区治理过程中积累的丰富经验也将助力其在市场上占据重要地位。

(1)"红色物业"生态建设各相关主体在解决老旧小区治理中的作用

物业企业：物业企业作为对老旧小区进行治理的重要参与主体，承担了老旧小区治理的诸多任务。物业企业充分意识到加强老旧小区物业管理工作的重要性，始终坚持以人为本、服务至上的理念，在服务的内容与方式上，始终以业主为中心。一方面在服务项目开展前，物业企业应对小区进行全面而系统的调研，制定合理、有效、居民认可的方案。根据方案内容，完善老旧小区内设施设备，补齐功能短板，切实解决小区居民所关心的问题，让老旧小区焕发出新的活力。"硬件"设备改善了，"软件"也不能忽略，多数老旧小区由于建成年代早，存在较多安全隐患，且有些安全问题难以通过初步改造得到彻底解决，物业企业可以利用各种渠道和方式，开展对于物业管理知识的普及宣传，并制作业主入住手册，加大对小区物业管理的宣传力度。针对小区中存在的问题，从治安意识、消防意识等方面对业主开展一对一的宣传，从而提高业主的文明意识和安全防范意识。另一方面，物业企业应组建起党员领导班子，充分发挥党员的先进性，明确职责，加强员工业务培训力度，提高员工基本素质。建立起社区与物业有效沟通的管理机制，及时发现问题、解决问题。

基层政府：老旧小区治理是一项"暖心"工程，关系到老百姓的切身利益。基层政府起着组织和落实的作用，引导居民积极配合、依法履行自己的义务，积极争取城市更新资金。在治理工作开展过程中，要把群众工作贯穿其中，做到问需于民，问计于民，问效于民。

社区居民：在物业企业进驻前，社区工作人员、楼门长等应进行入户动员，让业主明白花钱买服务是经济市场化的大势所趋和必然选择，对于不同意或持观望态度的住户，可以对他们进行解释和劝导。社区居民应发挥主人翁作用，充分运用"互联网+共建共治共享"等线上线下平台，积极反映老旧小区居民的诉求，参与制定治理方案，配合施工，参与监督和后续管理，并对小区治理成果进行评价。

产权单位：产权单位应当积极配合属地街道、实施主体做好老旧小区治理工作，为老旧小区治理提出合理化建议。鼓励产权单位将其在小区内的闲置房屋、设施用于补充小区物业管理用房、改建便民服务设施等。

（2）"红色物业"生态建设促进党建引领物业企业参与老旧小区治理

"红色物业"生态建设以党建引领为核心动力，为社区治理注入"红色血液"，充分发挥党员在老旧小区治理中的奉献精神和先锋模范作用，能够为物业企业参与老旧小区治理提供思路和动力。

第一，"红色物业"生态建设实现了物业服务、基层党建和基层治理的深度融合，有助于形成党的政治领导与党建赋能并行的良好态势。"红色物业"生态建设把加强基层党的建设、巩固党的执政基础作为贯穿社会治理和基层建设的主线，在物业服务中融入党建元素，创新基层党建和基层治理模式，依托物业服务推进基层党建工作，依托物业服务完善基层治理体系。党建赋能老旧小区治理和物业服务，不但转化为物业企业向社区公共事务靠拢的自觉行动，还在同居民、其他参与社区治理的社会组织的日常互动中提升了社区协同度，提升社区治理效能。

第二，"红色物业"生态建设为物业企业解决老旧小区的"疑难杂症"提供思路和动力，有助于推动社区治理的良性互动。"红色物业"生态建设强调党建引领，实现物业服务职能拓展、功能完善、效能提升，能破解物业服务存在的疑难问题和薄弱环节。"红色物业"生态建设在街道社区与居民之间发挥承上启下的作用，在解决业主之间的纠纷和矛盾时，能够发挥党员议事的功能和作用；在处理业主拒不缴费时，发挥党员先进性，起到教育、劝导的作用，使物业企业和业主的关系更加紧密；同时，发展员工党员为社区做志愿服务，调动一批党员干部和年轻党员投身到小区服务工作中，为消除社会安全隐患、提高群众服务满意度、解决历史遗留的"疑难杂症"提供有力保障。

第三，"红色物业"生态建设实现党建力量下沉，丰富城市基层治理模式，可以协助物业企业进行老旧小区的文明创建。"红色物业"生态建设突出协同治理，形成以党建为核心、多元参与共治的物业服务体系。强调为民服务，树立以人民为中心的发展思想，增加人民群众的获得感、幸福感、安全感，增强党的吸引力、凝聚力、向心力。老旧小区人员结构的特点之一是社区内老年人占比高，而这些老年人更加信赖共产党员，物业企业党组织和社区党组织更可能同社区老人建立良好关系，开展"红色"教育和

"红色"宣传，改变老年人一些较为落后的思维观念，引导、帮助他们养成良好的生活习惯。通过党性教育，发挥党员示范引领作用，推动物业企业老旧小区治理工作进展，让老旧小区真正成为文明祥和的幸福家园，助力社区可持续运转。

5.2 基于"红色物业"生态建设的老旧小区治理案例分析

在梳理了老旧小区特点和问题的基础上，不难理解老旧小区治理是涉及多元主体利益与价值观博弈的综合、复杂的过程（张建，等，2021）。本节将归纳老旧小区治理中的实践经验，探析老旧小区治理的优秀案例中体现的"红色物业"生态运转思维。

5.2.1 南京朝天宫街道老旧小区治理案例分析

（1）朝天宫街道概况

朝天宫街道位于南京中心城区、秦淮区西北部，是"中华第一商圈"——新街口商圈的重要组成部分。东起中山南路，南至升州路，西临秦淮河与建邺区隔河相望，北到汉中路、石鼓路，与鼓楼区一街之隔。辖区面积2.853平方公里，下辖11个社区，常住人口12.18万。街道有93个老旧小区（2000年以前建设），其中封闭小区48个，零散片区45个。

（2）宝石花物业入驻情况

宝石花物业于2022年6月1日正式进驻，2022年6月10日与朝天宫街道签署战略合作协议。截至目前，宝石花物业陆续进驻俞家巷社区、汉西门社区、陶李王巷社区、张府园社区、冶山道院社区、秣陵路社区、止马营社区、七家湾社区范围内的老旧零散片区和棚户区合计43个，在管面积48万平方米，服务近万户业主。

（3）老旧小区治理的主要措施

①党建引领是"红色物业"生态建设的思想导向。老旧小区管理面积大、服务人口多，治理机制与现实不匹配，基层严重"超载"；城市化进程快，各种隐患矛盾纠纷频发；居委会功能相对弱化，自治功能不健全；社

区无力承担繁重管理职能,"看得见管不了";街道推进基层治理缺乏抓手和平台,"管得了治不好"。针对上述诸多难题,朝天宫街道坚持问题导向,积极探索创新党建引领下的基层治理工作方式方法,着力构建"政府引导,市场主导,议治共融,共建共治"的治理体系。

②问计于民,问需于民。党建引领在老旧小区日常管理中发挥重要作用,小区的重要事项由党组织来审议和把关,每月由小区的党支部来组织召开"两问"座谈会,居民代表和党员代表均参加,奉行"我的小区我做主,我的规则我制定"的原则。在党建引领之下,陆家巷片区成立了小区议事会,选举产生议事代表,在日常的管理当中,由议事代表去征集需要通过自治来决定的一些事项,发动居民共同出谋划策,形成解决问题的方案,提交到小区议事会进行表决,表决通过之后由业委会或者管委会执行。目前,基本上形成了"议事会决策、业委会/管委会执行,管委会监督,物业协同"的小区治理模式。

③探索打造物业管理"朝天宫模式"。宝石花物业联合朝天宫街道打造"朝天宫模式"物业管理新概念。积极与社区互动,掌握业主的基本信息,了解片区特殊群体的情况,沟通片区内长期存在的问题,并讨论联合处理方案,采用"一小区一方案"的做法。打造"朝天宫模式",针对老旧零散片区物业管理矛盾的根源问题,以社区为单位打造示范点,提升广大居民对物业的认可度,同时,用以点带面的方式孵化更多在管小区业主花钱买服务的比较意识。进行了数十次"物业吹哨,街道报到"的工作,打通街道各部门的壁垒,联合执法。高效解决老旧小区中存在的问题,如外卖、快递非机动车乱进小区问题,居民杂物乱堆放造成安全隐患,危房险树需应急修缮,商户沿街下水道漫溢,胡乱张贴小广告等问题,保障片区内居民环境卫生、出行安全。

2023年以来,江苏宝石花物业试点的"支部建在小区里"的"宝石花物业红管家"志愿企划悄然开启,进而涌现出秣陵路社区桃园"共治小区"、俞家巷社区陆家巷街区"楼栋红马甲"志愿服务站、张府园社区党员议事角等一批共建共治典型(图5.1~图5.3)。

图5.1 老旧小区治理前——外围公共区域

图5.2 老旧小区治理后——外围公共区域

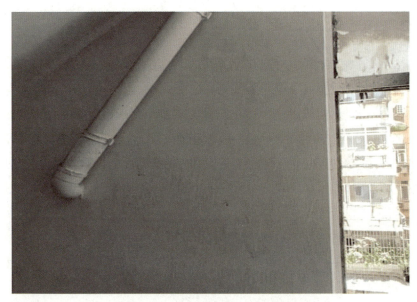

图5.3 老旧小区治理后——楼道墙面

5.2.2 南京玄武区老旧小区治理案例分析

（1）玄武区老旧小区概况

玄武区作为南京市典型的老城区，辖区内老旧小区众多，全区566个居民小区中437个是老旧小区，占全市老旧小区总数的19%。这些小区硬件弱、环境差、隐患多，常常陷入市场化物业"不愿管"、居民自治"不善管"的困境，成为基层治理的难点痛点。着眼于人民群众对美好生活的向往，玄武区将老旧小区治理作为破题关键，通过在区属企业玄武城建集团成立下属南京百子物业管理有限公司（以下简称"百子物业"），扛起了无物业老旧小区托管的重任。

（2）百子物业入驻情况

百子物业成立于2020年7月31日，对外投资5家公司，玄武区7个街道均设立了分公司，建立总公司、分公司、项目片区三级组织架构。公司托底接管全区60%以上、268个老旧小区的物业管理和服务。在玄武区委、区政府决策部署下，2020年7月，百子物业聚焦"民呼"与"民忧"，积极打造

"百子红"党建品牌，扛起了无物业老旧小区的托管重任。聚焦"接得住、管得好、可持续"，百子物业以"红色物业"为抓手，通过在托管的项目小区打造"百子红"加油站坚强堡垒，真正让老旧小区"管"起来。基层治理有活力，关键在人。百子物业在托管项目中，培育出一支支由基层网格党支部书记、党员楼栋长等组成的"红色管家"队伍。一名名"红色管家"活跃在小区中，轮流坐班，定期执勤，收集社情民意，解决群众诉求。随着承接的老旧小区面貌提升，百子物业企业服务内涵和标准也在丰富，企业依托居民住宅类业态也逐渐向多业态服务延伸，如拓展商业综合体、政府机关、产业园等商业物业服务。

（3）老旧小区治理的主要措施

①三方共治，交叉任职。百子物业构建"三方共治"组织架构与运作机制：社区党组织牵头抓总，社区居委会、百子物业、业（管）委会协同联动，在民意诉求征集、议事、处置、回馈等方面形成闭环，推进老旧小区共治善治。百子物业片区项目经理、小区业（管）委会负责人兼任社区居委会物业管理专委会成员；同时，社区党委书记、居委会主任兼任物业片区项目党建指导员，通过交叉任职的形式，强化组织的"筋骨"。

②回应民生诉求，居民自发参与。百子物业打通线上线下民意反馈渠道，充分征集群众诉求，与社区"两委"信息共享、协同共商，根据"定议题、出主意、开言路、说了算"四步法组织居民议事，真正做到"居民事，居民议"。同时，制定矛盾调解、问题处置、回馈复盘、监督评价等规程，民生诉求有求必应，当好居民"贴心人"。"百子红"模式推广以来，涉及老旧小区管理的"12345"工单占总工单的比例下降到5%，百子物业"12345"工单服务满意率提升至95%，党建引领下的国企物业融入社区治理模式得到广泛认可。与此同时，根据社区党委的要求，百子物业全程介入老旧小区出新，从方案设计到建设施工再到常态管养，以业主视角向施工单位提出合理建议，集中人力财力物力办好居民关切的急难事，使全区物业类投诉大幅下降，居民满意度不断提升。在老旧小区治理过程中，除了百子物业的全程跟进，党员骨干的先锋带头作用也尤为关键。比如，针对难度较大的加装电梯工作，社区与物业共同配合，挨家挨户上门解释沟

通，党员骨干不仅带头签署协议，还积极动员身边群众，促成了各项工作的有序推进。

③联动网格化管理，优化奖励机制。结合网格化党建与文明典范城市创建工作，百子物业率先将50余名"红色管家"集结在一线，创新运用积分兑换办法，邀请"红色管家"加入到文明帮帮团，每名"红色管家"争先领取积分卡，每日在小区内检查楼道小广告、车辆违规停放、车棚堆放杂物、线路无序化等动态问题不少于10个，就可以获得积分，按月凭借积分的多少，就可以换取相应的奖励，健全了奖励机制。

④承担社会责任，取得舆论支持。百子物业是玄武区为了破解老旧小区治理之困，成立的具有国企属性、践行为民宗旨、承担社会责任且拥有资质的专业物业企业，创立之初具备浓厚的公益性质，在托管老旧小区过程中也取得了政府的大力支持。两年来，以"百子红"为品牌的老旧小区治理标准化体系也在实践中探索成型，通过党建引领、分类施策、民意为先、服务为本、智慧赋能等多种路径，回应了民生诉求，提高了居民幸福感，增强了居民的主人翁意识，实现了老旧小区治理可持续发展，在为基层治理提质增效的同时，也在政府和舆论环境支持下不断探索自身的自主造血路径。根据居民需求，提供居家养老、家政保洁、租售中介等公共服务，丰富创收物业管理项目，实现社会效益、经济效益"双丰收"。百子物业的实践为探索"红色物业"生态体系提供了"玄武智慧"。

百子物业始终坚持党建引领，深化"物业+生活"服务模式，以"百子红"便民矩阵为依托，形成服务联动力；以清溪村9号为样板，打造一批"睦宁里"百子红便民服务网点，不断衍生养老助餐、家政保洁、托管阅读等服务。同时，针对不同类型的小区，不同的居民需求，提供个性化服务内容，把日常生活的"针头线脑"、小修小补、养老助餐、应急维修需要都解决在小区周边，形成15分钟便民生活圈，极大提高了居民的生活便利度，深度破解了老旧小区治理难题，形成接得住、管得好、促融合、可持续的老旧小区治理良好态势。

5.2.3 济南历城区老旧小区治理案例分析

（1）历城区老旧小区概况

因历史原因，无物业管理小区在历城区大量存在，这些小区不但老破小，而且脏乱差，无人愿意接手管理。多年来，因基础设施陈旧老化，长期没有专业物业管理，老旧小区普遍面临着各种问题，安全隐患丛生，邻里矛盾不断。已引进物业的小区，存在收费率低、企业经营困难、投入积极性不足等问题，管理较为粗放，居民满意度不高。

（2）历城城市发展集团有限公司入驻情况

近年来，作为历城区老旧小区物业管理的实施主体，历城城市发展集团有限公司（以下简称"历城城发集团"）坚持人民导向、目标导向、问题导向，正确分析当前形势，直面问题，迎难而上，坚定"逢山开路、遇水搭桥"的顽强意志，发扬"滴水穿石、久久为功"的坚韧精神，牢固"功成不必在我、功成一定有我"的奋斗决心，以对人民、对城市、对历史高度负责的态度，把城市更新项目打造成服务民生、人民满意的民心工程。历城城发集团坚持党建引领，坚决贯彻落实历城区的要求，加快进驻接手无人管的老旧小区，打造"红色物业"服务品牌，基本实现老旧居民小区专业化物业全覆盖。历城区已将创新加强基层治理、深化提升专业化物业服务水平纳为2023年重点工作之一，历城城发集团将借此机会加快老旧小区物业进驻，着力打造"红色物业"服务品牌，为更多老百姓提供周到用心的物业管理服务。

（3）老旧小区治理的主要措施

"谁来管""如何管"是做好基层社区管理工作的首要问题。为推动开放式老旧小区、单位宿舍区、零星院落全面推行专业化物业服务，确保历城区无物业老旧小区接管工作能够有序推进、常态长效，历城城发集团积极与历城区住建、街道、社区联动，制定了一套科学、规范、有效的保障措施。

①坚持党建引领，筑牢精神堡垒。历城城发集团以党建为引领，以"红色物业"为抓手，在无物业管理的老旧小区成立临时党支部，筑牢精神堡

垒，充分发挥党员先锋模范作用，成立工作专班，抽调业务骨干，细化方案、突出重点，全力推进老旧小区物业进驻。为了提高效率，工作专班在试点进驻基础上，对全区无物业老旧小区实行分片管理，逐步对历城区8个街道实现全覆盖。

②夯实责任，形成合力。在历城区住房和城乡建设局指导下，历城城发集团针对老旧小区进驻工作中存在的困难和问题，协调各街道办事处、社区相关部门，落实各方责任，建立"立行立改、现场解决"的制度，精准发力，解决进驻过程中的顽疾。在进驻前，充分做好居民的宣传教育工作，走访入户，倾听涉及小区居民利益问题的意见。开展便民服务进社区活动，拉近了物业与业主的距离，构建起街道、社区、物业、居民四级互联互通体系。

③聚集问题，多措并举。历城城发集团持续聚焦老旧小区管理服务的堵点、难点，抓好经验总结，创新实施"红色物业"治理模式，积极探索推动建立与老旧小区居民需求相适应的物业管理机制，多措并举全面提升老旧小区的管理服务水平，努力为社区居民创造宜居、温馨的居住环境，不断增强群众生活便利度和幸福感，打通服务群众"最后一公里"。

5.2.4 北京劲松社区老旧小区治理案例分析

（1）劲松社区概况

劲松社区是改革开放后北京市最早的一批成建制楼房住宅区，目前楼龄已超过40年，普遍存在基础设施陈旧、配套服务项目不全、室外管线老化、停车管理混乱、架空线路凌乱、养老设施不足、无物业企业管理等问题，居民居住环境与居民预期相差甚远。

（2）愿景明德资产管理公司入驻情况

基于街道对劲松社区综合治理和提升的构想，劲松社区探索出了一条以党建为引领、社会力量参与的城市治理新路子。经过劲松街道多次考察和评估后，最终决定引进具备"投资、设计、实施、运营"一体化能力的愿景明德资产管理公司（以下简称"愿景集团"）来投资打造劲松社区。愿景集团成立于2018年1月，注册资本16亿元，是聚焦城市更新的资产管理集团。

愿景集团重点开展以老旧小区为牵引的城市有机更新、老旧社区长效服务、租赁社区投资建设运营以及与社区"美好生活"密切相关的股权投资业务，打造多类型"美好生活社区"，助力城市高质量发展，助力实施扩大内需战略，助力满足人民美好生活新需要。作为劲松社区项目的改造参与方，愿景集团在全国率先探索"微利可持续"的老旧小区改造市场化模式，为老旧小区改造提供规划咨询、资金拉动、设计改造、长效运营"全链条"服务，从而推进老旧小区改造提质增效。愿景集团从2018年7月开始入住劲松街道，共同推动老旧小区的综合治理和提升。

（3）老旧小区治理的主要措施

①推进"五方联动"。围绕老旧小区治理工作，通过党建引领，形成"区级统筹，街乡主导，社区协调，居民议事，企业运作"的推进机制。在区级层面，建立由副区长挂帅，相关十多个委办局、街道办事处等共同参与的组织领导架构；在街道层面，由街道党工委（办事处）、相关区委办局、社区党委（居委会）、企业代表和居民代表共同建立各方联动、闭环管理的工作平台；在社区层面，由社区党委牵头建立社区"党建共同体"，由房地产管理所党支部、愿景集团项目公司临时党支部以及物业党支部、居民党支部等，形成组织联建、工作联合、党员联动的新局面。

②精准管控居民需求。让居民充分参与到改造实施的全过程中，并能自主地选择改造的内容。为了对居民的需要进行准确的定位，劲松街道与企业项目团队采取入户访谈、实地调研、组织座谈、召开评审会等方式，在对居民的需要进行了深入了解之后，确定改造的重点，真正做到了"民有所呼，我有所应"；并针对青年、中年、老年三类人群的需求进行深入调研，结果显示中年人群和老年人群希望增加以便利居家生活为主的业态，而青年人群则希望增加与零售消费品相关的业态，比如健身房、咖啡厅、书店等，这体现了年轻人的个性化需求。基于调研结果，项目组按小区人口结构配比进行合理布局，利用改造后的空间引入大量便民业态，为社区居民提供了极大的便利。

③"先尝后买"解决收费难题。2019年8月1日，物业企业正式入驻，提供为期四个月的免费服务，让居民在感受到生活品质提升的基础上逐步接

受物业服务付费理念。从2020年1月1日起正式收缴物业费，截至2020年底，收缴率已超85.42%。与此同时，为促进物业企业自运转，劲松街道给予了3年物业扶持期，将原来承担的兜底费用于向物业企业购买服务，帮助物业企业度过缓冲期，增强自身造血功能。

5.3 老旧小区治理中的"红色物业"生态建设思路

从上述案例中可以看到，多地的老旧小区治理都体现了"红色物业"生态建设思路，如坚持党建引领，在保留原始利益驱动的前提下，更加注重企业的社会价值，坚持公益性质原则，探索在党的领导下更好地发挥党组织的战斗堡垒作用和党员先锋模范作用，让党员干部投身社区、扎根基层、打造党在基层执政的"强引擎"。引入社会力量参与城市治理，提供资金人员支持等，实现共建共治共享，使得社区可持续发展。

5.3.1 政府统筹规划，多元主体参与

（1）加强党建引领，全区统筹安排整体规划

"红色物业"生态建设从满足城市居民美好生活需要的角度出发，将对"物"的管理转变为对"人"的管理，彰显党的政治色彩，强化党的政治属性，发挥党的政治功能，把牢物业服务的正确方向，强调社区治理的可持续发展。

在对老旧小区的治理中，社区应以党组织引领为核心，实现服务资源的整合、服务力量的集聚、服务机制的完善。在实际操作当中，社区应对老旧小区数量、历史、现状、诉求等全面摸排，进行统筹规划，围绕居民意愿，明确老旧小区改造的方向，提供针对性治理方案，以更高站位、更高标准、更实举措探索老旧小区整治的"路径方案"，着力解决好居民群众反映突出的重难点问题，体现措施的长效性。

（2）搭建共治平台，健全居民参与机制

老旧小区治理需要借助各方力量，只有在整合各方资源、协调各方矛

盾的基础上，才能使工作顺利推进，彻底改变老旧小区面貌。因而"红色物业"应在党的引领下，充分调动主观能动性，担负起老旧小区治理的社会责任，积极主动去协调社区居委会、业委会、产权单位等共同去推进，建立起老旧小区居民参与治理的机制，促进基层党组织建设、居民自治机制建设、物业服务体系建设的有机结合。

坚持党建引领基层治理，发挥多元化主体、多领域的协同治理作用。党组织作为社区治理的核心，完善"党建共同体"的构建，将社区各类党组织连接起来。要充分发挥基层党组织在社区治理中的引领作用，统筹整合社区资源以满足社区居民需求。加强居委会、业委会和物业公司"三驾马车"的联动，居委会作为社区协商的主导，业委会和物业作为辅助，共同引导居民参与协商制度。社区居委会具有基层准行政组织和群众自治组织两个角色，起到沟通政府和社区的桥梁作用，需要充分发挥其凝聚力与组织力，引导居民参与社区治理。

强化小区业委会的建设，在业委会组建的过程中，街道、社区要加强指导和主导，推动小区党支部、业委会、物业项目按程序交叉任职、相互协同。发挥社区社会工作服务站联动功能，整合枢纽型、资源型、支持型、专业服务型等社会组织的各自优势，形成社区治理的资源链、服务链和创意链，形成社区社会工作服务站与社区居委会两者之间既有分工又有合作的良性格局。以营造现代社区共同体为目标引领，整合规划、设计、建筑、景观等专业力量和社区居民、居委会、业委会、物业公司、驻区单位、慈善基金会、社会组织、专业社工等自治共治力量，推动多元主体主动自发参与社区环境改造和空间治理。

5.3.2 拓展收入来源，促进经费共担

（1）合理制定收费价格

物业企业在参与老旧小区治理的过程中，应提供质价相符的物业服务，但是，由于长期以来物业管理的缺失，使得部分老旧小区处于"失管"状态，出现停车混乱、私搭乱建、楼道杂物乱堆乱放等现象。这些老旧小区一方面迫切需要优质的物业服务以改乱象，另一方面又面临部分居民不愿意为

购买服务而付费的问题。有些物业企业提供"先尝后买"的收费模式，有助于破解物业企业收费难的困境。"先尝后买"过程中，小区居民逐渐体会到服务的温暖和需求，从而形成缴费意识，并与物业企业签订合同，由其实行专业化管理，让小区管理步入良性循环，既要考虑物业企业的可持续发展问题，也要将老旧小区居民实际收入水平考虑在内。

（2）拓展收入来源

在日常经营中，社区及物业企业可以通过停车费收入、广告费、经营设施等方式拓展收入来源，所得收益应向业主公示，经业主共同决定后可用于补充专项维修资金、抵扣基本物业服务费用或其他费用。物业企业可以针对老旧小区的特点，开展"物业+养老""物业+育儿""物业+家政"等新业态服务，拓展收入方式。另外，政府鼓励社会力量参与治理，对于老旧小区的设计、改造、运营给予一定的补助和支持，当前，已经出台了一系列鼓励社会资本参与治理的政策。例如，在税费政策方面，为社区提供养老、托育、家政等服务的机构取得的收入免征增值税，并且在计算应纳税所得额时，减按90%计入收入总额。

（3）居民落实出资责任

按照"谁受益、谁出资"原则，居民应根据物业服务合同约定的付费方式和标准，按时足额交纳物业费。在项目实施前要提前征求民意，让居民亲身参与到老旧小区治理项目方案设计中来，通过设立社区居民委员会、业主委员会，寻求居民对于基础设施的要求和期望，从而调动居民出资的积极性。居民可以通过直接出资、众筹，或者使用住宅专项维修资金来参与老旧小区治理。

（4）政府加大支持力度

对于老旧小区治理的基础类项目所需要的公共产品，政府应承担起相应的责任，加大公共财政和公共资源的投入。例如小区道路、墙面、排水设施、供电等前期的工程整治阶段需要投入大量的资金，若没有政府财政资金的投入，仅靠企业和社会力量难以实现。

5.3.3 健全标准体系，开发现存资源

(1) 健全符合治理趋势需要的标准体系

近年来养老难、托育难、活动场地之争等社会问题备受关注，老旧小区更是如此。"完整居住社区"概念出现，明确要以人的需求为核心，聚焦群众关切的"一老一小"设施建设，聚焦为民、便民、安民服务，补齐社区服务设施短板，并结合城市更新行动和城市体检，让老百姓住上满意的房子，生活在方便的社区，全力改善人居环境。政府作为"红色物业"生态建设的重要力量，健全相应标准体系，对于推动老旧小区治理意义重大。如在《完整居住社区建设标准（试行）》《完整居住社区建设指南》等技术文件中对新建社区和老旧社区有着不同的设施配建要求。其中，对于既有社区，可以根据实际情况，确定设施建设的标准和形式，通过补建、购置、置换、租赁、改造等方式，将短板补齐，完成基础设施（供水、排水、供电、道路、供气、供热、安防）以及停车、充电、慢行系统、无障碍环境等设施的建设，将人居安全底线放在第一位。对于那些没有足够空间增设相关设施的社区，还需要继续探索，以适应自己的情况。例如，利用无人智慧超市柜、箱体早餐点、智慧图书柜等集成装配舱体设施，以及足球场、篮球场等多功能球类运动场地，补齐空间设施的不足。总之，要立足于社区居民实际需求，充分挖掘存量资源，因地制宜制定相应标准，努力做到居民有需求、社区有服务。

(2) 盘活释放小区存量闲置空间资源

老旧小区"闲置空间再利用"为老旧小区治理提供了一个转型与多样化的接口。参与社区建设的有关社会组织可以结合区域、小区规划及城市建设，在不违反规划且征得居民同意的前提下，盘活小区内及周边存量资源空间，通过新建或扩建等方式，将闲置空间资源改造成社区停车场、养老、托幼、医疗、助餐等公共服务设施，盘活社区闲置资源，为"红色物业"生态建设注入动力（徐晓明，等，2020）。

第 6 章

物业企业"红色物业"生态模型构建

本章内容主要说明物业企业的"红色物业"生态体系的实现途径。首先通过前文分析总结，搭建"红色物业"生态模型并予以分析。接着，剖析"红色物业"生态体系运行模式，并提出物业企业建设"红色物业"生态应当注意的关键问题。最后，提出"红色物业"生态运转的相关优化措施。需要强调的是，本书构建的"红色物业"生态模型，是从物业企业的视角对"红色物业"生态系统结构、功能及相互关系的具体描述，能更直观、更形象、更生动地展示生态系统的运作机制，模拟出"红色物业"生态运行的不同场景，帮助生态系统相关主体更准确判断某一事态发展状况，发掘出新的解决办法，共同促进"红色物业"的持续发展。

6.1 "红色物业"生态模型构建

社区的良好治理是实现社区公共价值的过程（孙蒙，2020）。而在这一过程中，基层党组织引领多元主体共同参与社区治理，发挥了关键领导作用。多元主体必须要形成一种生态，相互协同、相互支持和相互赋能，良好的社区治理才能持续开展。基于以上认识和研究，构建了如图6.1所示的物业企业"红色物业"生态模型。

（1）物业企业内部生态化发展

物业企业内部生态系统的和谐运转是物业企业参与"红色物业"生态运转的前提，是企业可持续发展的重要体现。该系统共包括四个维度：一是企业组织生态。物业企业通过"红色物业"创建，凝聚"红色物业"共识，扛起"红色物业"责任，培养"红色物业"人才，健全"红色物业"组织，开展"红色物业"服务，形成"红色物业"赛道，推进"红色物业"发展。二是企业业务生态。通过"红色物业"生态建设，夯实基础服务与便民服务，打造"红色物业"品牌形象，不断提升企业影响力，进而能够发挥集聚效应，便于与其他社会主体共同拓展增值服务，促进企业可持续发展。三是企业发展生

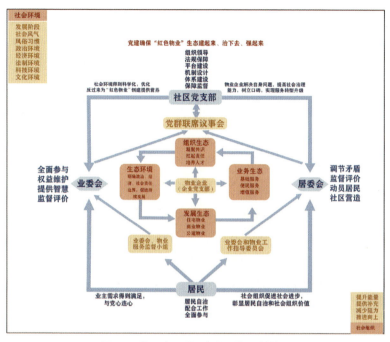

图6.1 物业企业"红色物业"生态模型

态。通过服务提升和政府帮扶等措施,使物业企业与政府之间的黏性增加,并获取进入政府办公物业和公建项目的机会,打通进入公共服务领域的通道,最终形成企业优势。"红色物业"企业实现商业物业、公建物业和住宅物业三大业务模块的有机统一。商业物业和公建服务提供利润、专业和服务支持,住宅物业提供政治、理念和品牌保证,三者相互促进、能量转化、相辅相成。四是企业生态环境。物业企业要明确自身的政治责任、经济责任和社会责任边界,确保运营结果的合理可控,满足企业可持续发展的要求。

(2)党建引领多主体共治

"红色物业"生态构成中,基层党组织处于统领地位,将原先分散、缺乏监督的治理结构重新塑造成为紧密连接的治理体系。社区党组织是"红色物业"生态系统的核心主体,是指导居委会、业委会、物业企业工作的"大脑"。传统的社区治理模式中,社区居民作为社区的主人,选举产生业委会来保障自身利益,物业企业则按照协议约定提供服务并接受相应的监督。但实践过程中,业委会缺乏监督,很多时候无法代表最广大业主的利益,甚至站到业主的对立面。业委会也会存在专业程度缺乏、定位不清等问题,很难对物业企业进行有效监督;此外,居民参与社区事务自主性不强,受居委会牵制较大。在此类问题频发的情况下,以党建引领为核心的"红色物业"能够主动参与社区治理的各个运作环节,充分维护广大业主的利益。成立联合党支部是党组织深入社区治理环节的重要形式。社区党支部牵头,吸收业委会党员代表、居民党员代表与物业企业党组织代表共同组成联合党支部,以协商开展社区治理、物业服务等工作。同时,居民党员代表牵头成立业委会、物业服务监督小组、物业工作指导委员会,通过党建引领、多元协调、交叉任职等形式,促进党组织深入社区治理、物业服务等多个环节。"红色物业"生态正是社区各主体基于"利益相关者"这一理论的实践,通过党建引领下的生态系统运行机制,较好地解决目前社区治理中的矛盾问题,帮助促进社区治理良好运行,更能够激发物业企业的主观能动性,实现"红色物业"可持续发展。

(3)生态主客体共同进化

生态圈既强调分工,更注重共生。构成主体一方为另一方或几方提供有利帮助,同时也获得对方的帮助。如果相互分开,两方或多方都会受到极大的影响。各方是命运共同体、互利共生、共同进化。物业企业通过坚持党的领导,解决难题,保证内部生态的良好交互运转,提升参与社会治理的能力,能够有效树立良好形象,促进物业企业的转型升级;居民主动参与社区事务,配合居委会、街道、物业企业等组织的工作,不仅能实现自身需求的满足,更能促进社会进步,彰显自身自治价值。业委会和居委会积极参与社区党建,有助于及时调节自身服务方向,促进党与群众心连心,助力营造和谐社区氛围,真正彰显自身价值。社会环境及参与社区治理的各类非政府社会组织,都与社区治理和发展存在互相影响、互利共生关系,在生态系统的不断交互过程中,社会环境与组织得到科学的优化和良好的发展,并为"红色物业"生态提供更多更好的营养。"红色物业"生态体系可以满足各方要求,实现主客体的共同进化,具体标志就是"红色物业"可持续健康发展,人民群众过上幸福美好生活,党的基层建设更加坚强,社区更加和谐稳定。

6.2 "红色物业"生态模型运行机制

"红色物业"不以利润为唯一追求,但要成为提高物业企业综合经济效益的动力源,要能促进物业企业发展能力的提高,更要能助力提升社区治理综合水平。"红色物业"生态主要由生态参与主体、客体及其之间的互动关系共同构成。"红色物业"生态形成的基本逻辑是:物业企业承担主要社区事务责任,以基层党组织为领导核心,听从政府相关部门协调组织;以社区居民自治为核心要素,以非政府社会组织及机制平台等客体为有效保障,以社会环境良好为创建基础,以企业可持续发展、社会治理水平提升为发展目标,形成相互联动、相互支持、相互促进、共生共荣的一体化生命组织。

根据宝石花物业等企业"红色物业"生态建设的实践经验,提出以下生态模型运作机制。

6.2.1 党建交叉联动机制

社区是党委和政府联系群众、服务群众的"神经末梢"。基层党组织是打通联系群众"最后一公里"的关键一环,物业服务是党组织联系群众的"最后100米"。物业企业成立党组织,能够充分发挥党组织的领导优势,提升企业的品牌形象,拉近企业与政府、社区居民的距离,帮助指导物业企业在社区治理中最大化发挥效用。宝石花物业、圆方物业、百步亭物业等物业企业在开展"红色物业"生态建设的实践中都充分说明党建的核心作用,并采取"双向进入、交叉任职"的形式实现社区党组织的协同运作,总结经验绘制党建交叉联动机制(图6.2)。

以党的建设为指导,推动物业企业积极参与社会治理,能够更好地满足各方利益,激发各个主体的参与热情,开创社区治理新局面。建立党建引领下的"红色物业"生态系统,一方面要求物业企业认真贯彻落实党的"为人民服务"的宗旨,另一方面则是通过党组织建设、资源下沉、激励机制等途径来提高物业企业员工的思想素质,使物业企业将为居民服务的观念内化,从而提高物业服务水平。交叉任职机制是众多社区实现党组织与企业双

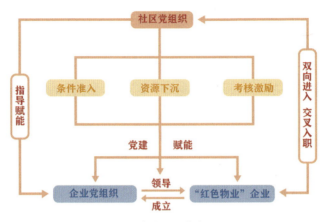

图6.2 党建交叉联动机制

向互动的实践成果,能够实现支持协同、相互监督、协商共进,能极大增强党的指挥优势。物业企业必须要准确定位社会角色,既要坚持党的全面领导,又要发挥企业工作的自主性,在遵循市场规律的基础上在社区治理中发挥作用,更好地履行公共服务职责。

6.2.2 "三级"协商议事机制

"集体行动逻辑"理论指出,寻求个人利益最大化的理性人不会主动采取行动以实现他们的共同利益,而倾向于"搭便车"获取个人利益。因此,我国结合具体实际,提出"共建共治共享"这一概念,并由此创新本土化的社区治理新方法,意在鼓励多元主体共同参与社区治理。前面案例呈现,物业企业在"红色物业"生态建设中,携手多元主体形成基层党建的新"三驾马车",通过多种形式开展社区多元主体协商议事机制,据此绘制"三级"协商议事机制(图6.3)。其中,"三级"分别指牵头部门、议事工作组、协商会议三个协商合作层次。

在社区治理层面,多元协同共治主要是指在基层党委和政府有关部门的主导下,居委会、业委会、社区居民、社会组织、物业企业等社区多元治理主体基于社区公共利益,依照一定的沟通协商合作机制,凝聚价值共识,共同参与、提供公共产品、实现社区治理价值的过程。多元共治的本质是集体行动网络的构建,是对社区治理力量的有效整合。多元治理注重

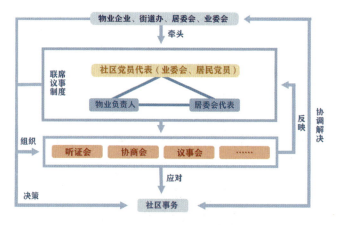

图6.3 "三级"协商议事机制

居民的政治参与和责任感，着力培养"公民精神"，促进社区的良性运转，达到城市社区治理的"帕累托最优"，使资源分配达到一种理想状态。党的十八大以来，党和政府也愈加注重发挥好引领群众积极参与社会管理的基础作用。"一核多元"、协同共治，是基层党组织和物业企业发挥更大价值的有力保障。

当前，居委会承担了许多政府的基本行政任务，发挥着重要的基层治理作用。而业委会是由物业区域内的业主代表组成，旨在维护业主利益，并监督物业企业在社区内的运作。物业企业则是接受业主的委托，依据约定提供相应服务的营利组织。从一定意义上讲，三个主体分别代表了国家、社会和市场。从我国现状来看，尽管基层管理者逐渐意识到多元主体参与的重要性，但居委会仍承担了大部分社区治理职责，而作为社区治理的主要受益者，居民反而处于相对弱势的地位。物业企业更是依据自身营利逻辑开展工作。三者难以融入共同的治理服务体系中，难以达到社区善治的局面，因此，亟待搭建社区党员代表、物业负责人、居委会代表三方联动的服务平台，形成联席议事制度，在党组织的引领下，促进社区事务的协商解决。解决社区事务要拒绝三方主体各自闭门造车，应根据需要召开听证会、协商会、民情恳谈会等形式的协商会议，听取民情，辅助决策，协调解决相关事务。

6.2.3 企业品牌形象创建机制

物业服务是居民能够直观感受到的服务工作，物业服务的好坏直接影响人民群众的满意度、体验感、幸福感。将党建工作与物业服务紧密联系起来，就是主动站在人民群众最需要的位置。因此，要最大限度保障"红色物业"生态模型的正常运转，以宝石花物业酒泉公司为例，以党建引领物业企业协同外部主体实现良好运营，营造良好的品牌形象必不可少。物业企业不仅要考虑自身利益，同样考虑其他各个团体的利益，最终实现利益最大公约数，促进企业、社区、社会乃至环境的良性发展，符合利益相关者理论。

物业企业的良好运转依赖于自身服务能力的提升和社区居民的信赖支持，企业形象产生的影响至关重要。打造特色"红色物业"品牌有助于塑造企业形象，提升社会影响力（图6.4）。结合宝石花物业等企业开展的内外部利益相关主体协作案例，总结出以下几点经验：第一，物业企业党组织可

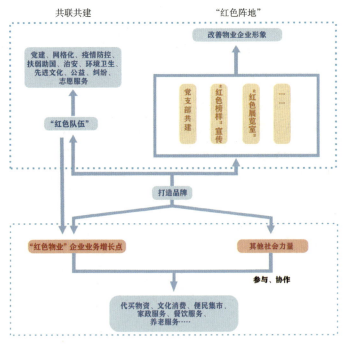

图6.4 "红色物业"企业品牌形象创建机制

以通过与相关党组织开展支部共建活动、选树社区优秀党员等典型、设立"红色展览室"、吸引媒体宣传报道等形式展示企业党建业绩，改善企业形象，打造"红色阵地"。第二，在参与社区公共事务时，物业企业以党员代表牵头，吸引专业人士，培养"红色物业"人员，与合作志愿团体合作，打造社区"红色队伍"，投身于疫情防控、扶弱助困、公益服务、调解纠纷等社区治理工作中去，开展共联共建，最大程度发挥党的引领作用，发挥物业企业在社区治理中的优势。第三，以积极作为赢得社会地位和信任。物业企业始终把人民群众放在第一位，用贴心、耐心、热心的服务，为居民解忧排愁，赢得老百姓的口碑。社区党组织的支持和独特的企业品牌既可以促进物业企业形成集聚效应，整合社会资源，拉动社会商业主体实现转移支付，又可以促进物业企业拓展增值业务，形成增长点，促进企业更好发展。

6.2.4 企业多元业务布局机制

"红色物业"企业的可持续发展，要始终坚持党的全面领导，听从政府的召唤、指导和帮扶，与政府相关部门协同参与社区治理，以党和政府为"帆"，物业企业才能"扬帆远航"。作为营利组织，物业企业还必须遵循企业可持续发展理论。一方面，企业要有稳定营利增长的经营业务，另一方面，企业要及时关注影响自身未来竞争力的因素，合理布局业态。通过打造"红色物业"品牌形象，不断提升企业的影响力，物业企业能够发挥集聚效应，吸引优质商业企业、社会公益团体、专家学者等，实现合作共赢，增强自身短期稳定业务营利能力，创造长期市场竞争力。通过前文案例分析总结如下：第一，以党和政府为"帆"，要求物业企业优化基础服务，包括改善社区卫生、提高绿化质量、提升安保水平等，满足居民最基本的生活需要，提高群众满意度。第二，以党和政府为"帆"，要求物业企业延伸便民服务，如合作便民商家，疫情期间开展物资代买、跑腿服务，开展文体文化活动，社区定期开展衣物洗护、理发、擦鞋、磨刀等基础生活服务，便利居民生活。第三，以党和政府为"帆"，要求物业企业拓展增值服务，如整合各类资源，提供家政、用餐、日间照料、文化、社区娱乐等消费产品和服务，开发业务增长点,弥补物业企业在公共服务方面的支出,维持企业的可持续发展。物业企业如何实现多元发展、形成第二增长曲线,可邀请行业专家进行把脉,指导企业发展航向(图6.5)。

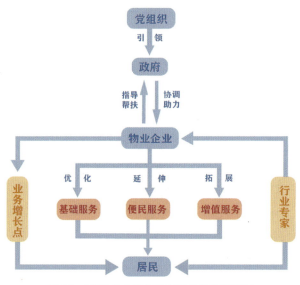

图6.5 "红色物业"企业多元业务布局机制

6.2.5 企业市场多元业态拓展机制

物业企业通过组建企业党支部、培养"红色物业"人才,与其他社区主体共同营造"红色物业"生态体系,推进企业可持续健康发展。总结宝石花物业等企业的"红色物业"生态实践发现,物业企业必须要发挥自身品牌优势,不断拓宽自身的业务和业态。如宝石花物业西安公司承接高校物业,圆方物业发力共建物业,保利物业涵盖政府办公楼、商业综合体、景区物业、医院等多种业态,中海物业深耕智慧产业园区物业服务。"红色物业"生态建设帮助企业提供在政治、理念和品牌等维度上的保证,通过帮助企业打好住宅物业基础,能够持续拓展商业物业承接赛道。同时,"红色物业"生态的创建,有助于取得政府帮扶政策,增加和政府的黏性,提升进入公共服务业态的机会。商业物业、公共物业和公建物业为"红色物业"提供利润、专业、人才和服务支持。通过"红色物业"业务生态建设,实现"红色物业"服务与公共物业、公建物业、商业物业发展的有机统一,实现相互促进、能量转化、相辅相成，共同助力人民生活美好、社区治理提升和企业健康发展（图6.6）。

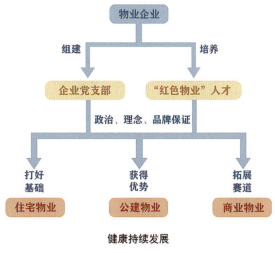

图6.6 "红色物业"企业市场多元业态拓展机制

6.3 "红色物业"生态运转优化措施

6.3.1 提升基层党建能力

基层党组织的战斗能力是建立优化"红色物业"生态的基石，是保障物业企业可持续发展的核心动力。要构建城市基层党建大格局，形成以街道社区党组织为核心，居委会、物业企业等多主体党组织共同参与的大党建工作模式。统筹整合多元主体及资源，凝聚党建力量；加强制度层面的设计，明确各主体党组织参与社区治理职责；扩大党组织的覆盖面，加快组建业主、物业企业等基层党组织，不断壮大党建人才队伍。

6.3.2 健全有效监督机制

第一，建立公开制度。如在社区党组织的领导下，优化改进社区公共事务公告栏，完善社区居民了解社区事务的途径，进行实时监督和反馈。第二，组建监督组织。广泛吸纳社区多元主体参与，从多种角度参与监督社区事务，协助规范社区治理。三是重视技术与制度结合的作用。加快搭建智慧平台，拓展社区事务、物业服务等公共事务的高效公开途径。

6.3.3 落实工作奖惩机制

建立完善的"红色物业"党建考评奖惩机制。如将物业企业党建工作开展情况作为对街道、社区和物业企业党建考核的重要内容，建立物业企业服务质量评估体系，建立企业年度经营服务"红黑榜"，建立奖补政策考核机制，建立物业服务以奖代补机制等。根据考核情况进行奖惩，激励企业承担社会责任，实现可持续健康发展。物业企业作为"红色物业"事项责任主体，要定期接受考核，帮助物业企业在激烈竞争的市场环境中得到快速发展。

6.3.4 加强"红色人才"培养

加快培养物业行业人才，提升物业企业管理人员的素质。人才是第一资源，社区治理也是如此。要充分发挥"红色物业"对社区党建的助推作用，必须要做好党建人才的培养工作，不断充实物业服务队伍的"红色力量"。加强物业企业党建工作，建立"红色物业"示范实训基地。组建专业讲师团队伍，对社区基层党建人员开展培训，夯实党建引领的人才基础。

6.3.5 健全综合保障体系

物业企业是一种市场主体，只有盈利才能在市场上生存。为促进企业积极开展"红色物业"，有必要给予多个层面的支持和保障。第一，相关党组织、政府部门应该给予党建政策指导。上级党建工作要求，要明确方向，能够操作，便于企业落实。第二，社区党组织、居委会等部门要提供平台、完善机制。通过"双向进入，交叉任职""议事会"等模式，切实帮助物业企业更好参与到社区治理中去。第三，在"红色物业"实施的资金费用问题上，政府要发挥组织和兜底作用。在给予经费支持和政策保障的基础上，形成"红色物业"可持续发展的模式。政府要明确为物业企业提供支持的费用清单，如为公益服务提供支持，加大政府购买服务力度、加大老旧小区改造投资力度，建立"红色物业"服务补偿机制等。同时，对于社区特殊困难群体，政府要发挥兜底保障作用，如补贴物业费用，不能把所有负担全部让物业企业扛。另外，政府要给予政策扶持和政策支持，帮助物业企业大力拓展增值服务业务，积极挖掘服务营利点，在增强为社区居民解难题办实事能力的同时，帮助企业增加收入实现持续发展。

6.3.6 服务社区人民群众

"红色物业"生态建设的核心在于更好满足人民群众的需要。提高社区党组织、物业企业联系服务群众的能力，是基层治理的热点难点问题。通过加强党的领导和业委会依法履职相结合，不断规范和加强对物业服务工作的管理。通过引进社会组织协助参与社区事务，强化各方互联互通，将基层党组织和党员打造成为联系服务群众、提升城市社区治理水平的攻坚堡垒、先锋力量，既能有效激发基层自治活力，也能加强与群众之间的联系。通过理念创新、模式升级、科技赋能、人才培养，全面提升物业企业服务社区人民群众的能力。

第7章

"红色物业"生态建设的评价

本章节在详细说明"红色物业"生态建设评价的基本思路、方法、原则的基础上，建立"红色物业"生态建设评价指标体系，并对指标进行赋权及无量纲化处理，最后引入生命力指数这一概念，科学计算"红色物业"生态生命力指数，对"红色物业"生态建设水平进行评价。

7.1 "红色物业"生态建设评价概述

7.1.1 评价目的

评价实质上指的是对评价对象进行价值判断。评价的目的就是通过对评价对象属性的定量化测度，实现对评价对象整体水平或功能的量化描述，从而揭示事物的价值或发展规律（张建龙，2013）。清晰定位评价目的，是制定评价标准和程序的第一步，只有明确了评价的目的，才能避免指标构建的随意性，得到正确的、具有实际意义的评价结果。

在评价"红色物业"生态建设水平之前，应当明确评价的目的。在本研究中，是为了将"红色物业"生态建设水平进行量化评价，形成社区"红色物业"生态建设评价长效机制，为社区"红色物业"生态建设树立一套"数字化的标杆和参照系"，动态掌握各社区"红色物业"生态发展状况，支撑社区运行管理决策。

7.1.2 评价思路

首先，基于相关文献资料，构建"红色物业"生态建设评价体系。"红色物业"生态建设涉及很多方面，包括经济、社会等维度，仅仅通过单一指标对"红色物业"生态建设水平进行评价是不够的，需要从不同维度来进行。搭建指标体系一方面可以获取全局性、体系性的信息，使评价结果更加准确、全面；另一方面，也可以通过不同指标得分找出优势和劣势，以便社区"红色物业"生态建设水平有针对性地提高。

其次，确定各个指标的权重大小。赋权的方法有很多，这里简要介绍主观赋权法和客观赋权法。主观赋权法是一种基于专家经验主观判断的方法，包括专家调查法、层次分析法、二项系数法、环比评分法、最小平方法等。主观赋权法的优势在于专家能够从现实中的决策问题以及自身经验出发，合理地对每个属性的权重进行排序，避免出现属性权重与属性实际重要程度相矛盾的情况。然而，该方法的决策或评价结果往往带有较强的主观色彩，缺乏客观性。相比之下，客观赋权法根据属性之间的关系或提供的信息量来确定属性权重，包括主成分分析法、熵值法、离差及均方差法、多目标规划法等。客观赋权法基于严密的数学理论，具有较高的客观性。然而，客观赋权法忽略了决策者的主观意愿，因此，产生的权重可能与个人愿景或实际情况不一致。

测度"红色物业"生态建设水平需从经济、社会、环境等多方面出发，层次复杂。基于各个赋权法的优缺点，本研究综合采用专家调查法和层次分析法对指标进行赋权。通过层次分析法进行各评价因素间的重要性对比并建立判断矩阵，能够较好地解决"红色物业"生态建设水平难量化、难评价问题；同时，采用专家调查法也可以简化操作流程，保证结果的准确性。因此，综合采用专家调查法和层次分析法对指标进行赋权。

再次，对指标进行无量纲化处理，即通过合适的变量替代，对一个涉及物理量方程的部分或全部的单位移除，以实现计算的目的（沈佳伊，等，2021）。确定评价目的后，针对复杂的评价对象，我们可以将反映评价对象本质特征的属性具体化，转变为可度量的指标，而后通过指标无量纲化过程消除不同指标之间的不可公度，把各单项指标转化为能直接进行比较的量化指标（张建龙，2013）。比较常用的无量纲化处理方法有标准化、中心化、归一化、均值化、正向化和逆向化等。无量纲化处理方法需要结合实际情况和研究方法确定。

最后，在构建指标体系并确定指标权重后，选择适合的评价模型，得出评价结果（李亚茹，2009）。针对评价结果，判断当前研究对象所处的状态，或发现体系存在的短板和问题，以此提出针对性的意见，从而不断提高整个体系的质量（图7.1）。

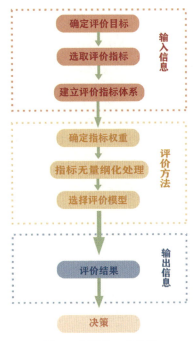

图 7.1 评价的一般流程

7.1.3 评价方法

传统的评价方法已经发展得较为成熟，运用传统评价方法分析社区生态效果的研究成果较为突出。本节将通过表 7.1 重点介绍几种常见的评价方法，分析各个方法的适用条件、优势和劣势，以便选择适合的评价方法。

评价方法对比　　　　表 7.1

方法名称	评价方法的特点		
	适用范围	优点	缺点
层次分析法	是一种多准则决策分析方法，适用于对决策结果难以直接准确计量的场合	所需数据量少；决策花费的时间短；定性分析和定量分析结合	分析时难以考虑要素的相关性问题
模糊综合评价	是一种用于处理不确定性和模糊性的多准则决策方法，可解决复杂评价问题	数学模型简单，容易掌握；对复杂问题评判效果较好；评价结果所蕴含的信息量丰富	无法解决由评价指标之间相关性所造成的信息重复问题；评价过程大量运用了人的主观判断

续表

方法名称	评价方法的特点		
	适用范围	优点	缺点
灰色综合评价	是一种基于灰色系统理论的多准则决策方法，适用于处理信息不完全或不确定情况下的评价问题	可较好地解决评价指标难以准确量化和统计的问题；可排除人为因素带来的影响；计算简单，通俗易懂；可用原始数据进行直接计算；只需具有代表性的少量样本	要求样本数据具有时间序列特性；具有"相对评价"的全部缺点
逼近理想解	是多目标决策分析中一种常用的有效方法，适用于原始数据相当充分几乎可以进行定量分析的情景	能够全面地考虑多个决策因素和属性，实现系统性的决策分析；适用范围广；结果可解释性强	存在数据不确定性；计算量较大；对于非线性问题的处理不够灵活
数据包络分析	是一种用来衡量组织（如企业）或个体（如工人）效率的方法，可用来评估组织或个体在使用有限的资源情况下能实现的最大产出	能够更全面地衡量组织或个体的效率；能够公平地评估不同规模的组织或个体；在数据缺乏的情况下仍然能够进行评估	只能评估相对效率，无法评估绝对效率

本研究构建的"红色物业"生态建设评价指标体系涉及范围广泛，指标复杂，为了尽可能简便运作流程并保证结果的准确性，在对比了当前评价方法之后，决定选用层次分析法。

7.2 "红色物业"生态建设评价指标体系设计

7.2.1 指标体系构建

7.2.1.1 指标选取原则

"红色物业"生态的内涵丰富、构成内容复杂，具有很强的系统性和层次性，各组成部分之间互相联系、影响、制约。依据目前"红色物业"服务的基本内容及发展现状，构建"红色物业"生态建设评价指标体系必须包含以下原则：

（1）全面性原则

"红色物业"生态系统由多个因素组成，为了对其进行全面认识和评价，必须从多个方面、多个角度入手。因此，在设计评价指标体系和选择指标的过程中，选取的指标应尽可能包括目前"红色物业"生态建设的方方面面，以全面准确地衡量整个系统的运转成效（金序能，1998）。

（2）独立性原则

在选择指标时，需要确保所选指标具有较高区分度，能够独立地反映系统的各个方面或不同层次的服务，以避免因指标之间高度相关而出现指标冗余的情况（王薇，等，2013）。

（3）科学性原则

评价指标体系的构建必须符合"红色物业"生态的客观规律和自身特点，能够科学、客观地反映被评价事物的真实面貌（金序能，1998）。指标体系所选取的概念、指标、计算方法要科学、先进、合理，并且要坚持定性分析与定量评价相结合。

（4）导向性原则

所选取的每一项指标都应该有导向作用，一方面要牢牢把握正确的政策导向，另一方面要积极促进"红色物业"生态的可持续发展，并对物业行业健康有序发展产生积极影响。

（5）统一性原则

为确保结果的一致性，所选取的各个指标的名称、概念、统计口径和计算方法等应保持统一（金序能，1998）。

（6）可操作性原则

指标体系的可操作性是一个非常重要的问题，因为构建指标体系的根本目的是开展后续的评价工作。由于一级评价指标通常无法直接测量，因此，在指标体系的最底层应尽可能选择可进行量化计算的指标。

7.2.1.2 指标选取

"红色物业"生态涉及范围广泛，无论采用何种指标体系，都不可能穷尽"红色物业"生态建设的所有方面，同时还要兼顾指标体系的可操作性问题（成金华，等，2015）。研究者对其理解的深度和广度影响着"红色物业"生态建设指标体系的构建。本部分基于相关文献资料，参考生态文明建设、社区服务中所建立的指标体系，并征求资深专家们的意见，确定了9个一级指标，分别为党建引领、政策保障、外部环境促进、居民委员会作用、业主广泛参与、物业企业服务、社会组织参与、社会综合认可和创新发展。选取依据分别阐述如下：

（1）党建引领

党建引领在社区层面上主要指思想引领、作风引领、素质引领、目标引领、方法引领和典型引领等。党组织或党员通过提供公共服务、解决居民的实际问题等方式，积极参与社区事务，增强党的组织力和影响力，推动社区的整体发展。按照有关要求和内涵，本指标主要通过组织建设强化、制度建设健全、党建作用发挥三个方面来衡量。

①组织建设强化。组织建设强化是党对基层生产过程、经营管理活动进行领导的有效管理方式，是保证党的路线方针政策得以贯彻落实、各项工作得以顺利完成的组织保障。衡量社区党组织建设强化水平主要有两个方面，一是小区党组织覆盖率，即社区内党的工作覆盖度；二是物业企业是否严格按照党章要求建立党组织，即是否成立党支部、党小组，党支部是否有支部委员会，是否建立党支部工作制度等。

②制度建设健全。制度建设是政策的具体化，是人们行动的准则和依据，主要包括以下六个方面：政治制度、组织制度、领导制度、工作制度、纪律制度和生活制度。其中，政治制度主要指社会政治领域中要求政治实体遵行的各类准则或规范，其建设成效可以通过小区和物业企业党组织内部的民主程度来体现；组织制度指的是要求各组织和成员共同遵守的按一定程序办事的组织规程，其建设成效可以通过小区和物业企业党组织架构健全程度来评定；领导制度指的是党的领导工作与活动的规则和程序，其建设成效可以通过党的集中统一领导程度来评定；工作制度指的是社区或党组织为了正常运作所规定的日常工作行为规范，可以通过社区和物业企业党组织决策机制健全程度、党务公开程度等方面来评定；纪律制度指的是为维护集体利益并保证工作进行而要求组织成员必须遵守的规章条文，其建设成效可以通过社区和物业企业党组织廉政建设程度、监督机制健全程度等方面来评定；生活制度主要指党员参加所在支部的党员大会、党小组会等，其建设成效可以体现在党员是否忠于党和人民、遵守党纪党规、维护党员形

象、关心群众等方面。

③党建作用发挥。党建作用发挥是指在社区事务中，所在党支部、党员的带头引领作用。主要通过党支部战斗堡垒作用发挥、党员先锋模范作用发挥、社区党组织参与上级党组织的党建活动情况三方面来评定。其中，党支部战斗堡垒作用发挥主要指党支部凝聚党员的能力、党员参与活跃度、党建工作成效、群众对党支部的满意度；党员先锋模范作用发挥指的是党员能否在工作中亮明身份，当先锋、作表率；参与上级党组织的党建活动情况指的是社区党组织参与上级党组织的党建活动、获得上级党组织颁发的荣誉的次数。

（2）政策保障

政策保障指政府通过制定和执行相关政策，为"红色物业"的建设提供保障和支持。这些政策可以包括法律法规、规章制度和财政扶持等，旨在促进经济发展、社会进步和人民福祉。根据相关内容和要求，可以从政府法规政策、工作机制平台、协调多方合作三方面评定。

①政府法规政策。政府法规政策主要指党政机关制定的关于处理党内和政府事务工作的文件，在这里主要关注"红色物业"相关的政策制度情况，主要通过以下三个方面来评定。第一，政府是否出台有关"红色物业"建设政策的情况；第二，政府是否有相应的机构和部门负责政策的实施和监督；第三，政府能否通过预算安排和财政政策来支持政策的实施。

②工作机制平台。工作机制指的是一个系统或组织内部的运作方式和原理，一个良好的工作机制可以使一个系统或组织更加高效、有序地运转。可以通过监督机制、人才培训机制的建立情况两方面来评估。如政府是否建立监督和评估机制对政策的实施进行监测和评估；是否建立人才培训机制以提高政策实施的专业水平和执行能力，保障政策的顺利进行等。

③协调多方合作。多方合作指的是社区各主体协同合作处理社区事务，各主体有效的协同工作可以保证社区稳定、持续发展。主要通过共建联建机制的建设、政务公开情况、各方合作情况三方面来评定。其中，共建联建机制的建设情况主要从"红色物业"党建联席会议议事制度是否健全，多元治理监督机制是否健全，社区党组织、业主委员会党组织和物业企业党组织交

叉任职情况，物业企业党组织认领社区党建服务项目数量等方面评定；政务公开指的是政府向公众和利益相关方公开政策信息，这可以加强与各方的沟通和互动，公开渠道包含但不限于政府网站、新闻网站、公众号、座谈会；各方合作情况指政府加强与各利益相关方的合作与协调，整合资源、分享经验，以共同推进政策的实施的情况。

（3）外部环境促进

外部环境促进指外部环境对"红色物业"建设的影响。外部环境包括经济发展水平、社会价值观等各种因素，对政策实施、组织运作等方面产生影响，需要进行有效的分析和应对。围绕以上因素，可选择经济发展水平、社会价值观、"红色文化"基础三方面来对该指标进行评价。

①经济发展水平。经济发展水平作为计算各种动态分析指标的基础，可以反映社会经济现象在不同时期的规模或水平（王栋林，2022）。若一个地区的"红色物业"生态发展健康，其经济发展水平也应是相对较高的，具体可以从社区人口就业率、基础设施建设、社区公共服务水平三方面来评定。其中，社区人口就业率为社区内就业人数除以社区劳动力人口总数×100%；基础设施建设主要包括道路交通、公共交通、能源供应、水资源与供水、通信网络等方面；公共服务水平主要从教育资源、医疗保健、公共安全、文化体育、环境保护等方面来评定。

②社会价值观。社会价值观指的是具有共同文化信仰、道德标准、民族习俗的社会大众普遍持有的思想意识与价值取向。一个地区积极向上的社会价值观可以促进社会公正、促进人们的思想观念的进步，是"红色物业"生态健康稳定发展的表现。具体可以从社区和谐与合作程度、个人尊重与多元包容程度、集体主义思想三方面来评定。其中，社区和谐与合作程度指的是社区内人与人之间的互助、合作和团结程度；个人尊重与多元包容程度指的是社区内居民尊重个体的权利和尊严、包容多元的观点、信仰和文化的程度；集体主义思想观念指的是社区内居民愿意为集体、社会或共同利益而服务和奉献，将集体的利益置于个体的利益之上的思想观念。

③"红色文化"基础。"红色文化"是中国共产党在领导中国革命的伟大斗争中凝聚而成的，包括物质文化和非物质文化。"红色文化"基础是

"红色物业"生态发展强有力的支撑,主要通过"红色阵地"数量和"红色文化"认同感两方面来衡量。其中,"红色阵地"数量指的是社区内既有"红色场地"的数量,包含但不仅限于"红色"博物馆、纪念馆、历史遗迹等;居民对于"红色文化"认同感指的是居民对于"红色文化"的认可,是个体在群体文化影响下的感受,可以反映"红色文化"的影响力。

(4)居民委员会作用

居民委员会是基层社区的组织形式,由居民选举产生,代表居民的利益和需求。居民委员会的作用包括参与社区治理、提供社区服务等,能够促进社区的和谐稳定。以下主要通过服务社区、民主社区、平安社区的建设情况来反映居民委员会对基层社区治理的作用。

①构筑服务社区。服务社区是基于以人为本的现代治理理念构建的社区管理制度,它以服务居民为核心,是一种注重服务的社区治理模式,可从社区培训工作开展情况、调解委员会设立情况、社区特色服务项目情况三个方面来衡量。其中,社区培训工作开展情况指的是年度开展社区培训工作的次数;调解委员会设立情况指的是社区是否设立调解委员会,是否能及时开展矛盾纠纷排查化解工作以及矛盾化解率;社区特色服务项目指的是深受居民喜爱的社区特色服务项目(包括但不限于为老年人、未成年人、残疾人等特殊群体服务的项目)。

②建设民主社区。民主社区指的是一种新型的、以群众自治为基础的、社区自治组织与基层政权机关互动的基层社会治理体系。主要通过居民自治章程或居民公约设立情况,社区政务公开情况两方面来衡量。其中,居民自治章程指的是在社区党组织的领导下,由社区居委会组织居民民主管理本社区的公共事务,实行社区民主自治所遵循的规章制度,主要考虑其内容详细程度、宣传力度、居民认同度等要素;社区政务公开指的是利用社区信息平台,为居民提供及时、全面、准确的政务信息,主要从社区公开政务信息渠道的数量衡量,包含但不仅限于公众号、微信群、宣传栏、黑板报。

③构筑平安社区。平安社区是指成立跨部门合作的组织机构和程序,社区内相关单位和个人共同参与工作,持续实现平安目标的社区。主要通过档案信息数据库的建立、社区应急防范、社区安全性三方面来衡量。其中,

档案信息数据库的建立主要指社区是否建立社区实有人口、流动人口、居民房屋坐落、社区单位和企业档案信息数据库；社区应急防范包括社区应急器材的配备情况和开展相关宣传演练的情况，即社区内灭火器、防烟面具、安全绳索、应急照明设备、消火栓和消防水带、急救箱和急救器具的配备情况以及每年组织居民开展防灾知识宣传与演练的次数；社区安全性主要通过社区三年内发生重大刑事案件、群体性事件、邪教组织活动的次数来体现。

（5）业主广泛参与

业主广泛参与指在物业管理和社区治理中，业主广泛参与决策、监督和管理工作。业主参与可以通过业主大会、业主委员会等形式进行，以确保业主权益得到保护，加强物业管理的透明度和效能。以下从参与积极性、邻里互动两方面来体现业主广泛参与度。

①参与积极性。参与积极性指的是业主对社区内公共事务的参与情况，它直接影响到"红色物业"生态建设的开展效果和参与者的积极性，能够在一定程度上体现居民自治共治能力。具体主要包括三个方面。一是社区居民参加社区会议、志愿者活动、社区团体的积极性，这主要指社区居民参与社区会议、志愿者活动的频率；二是居民在社区党组织任职积极性，这主要指在社区党组织中居民占所有成员的比例；三是居民参与选举、投票、建言的积极性，这主要指参加投票的选民与选民总数的比例。

②邻里互动。和谐社区建设离不开和谐的邻里交往，社区融入是和谐社会建设的终极追求，邻里互动良好有利于增强社区凝聚力，提高居民生活质量，主要通过邻里交往频率和邻里满意度两方面来衡量。其中，邻里交往频率指的是社区居民一个月内与邻居友好交往次数，邻里满意度指的是居民对邻里互动的满意度。

（6）物业企业服务

物业企业服务指的是物业企业的服务以及服务质量提升与创新。物业企业的服务质量和效果直接关系到居民生活质量，需要提供高质量的物业管理服务，以满足居民的需求。这里通过物业服务能力、服务质量提升创新、经营效益三个方面来衡量物业企业服务水平。

①物业服务能力。物业企业的服务能力是全面做好物业管理工作的基础,其治理水平是衡量物业服务质量的基本要素。本部分围绕居民生活需求、物业管理创新等方面,选择了基本服务能力、企业管理制度、信息化平台建设程度三个三级指标来衡量"红色物业"的基本服务质量。其中,基本服务能力指的是物业企业常规性的公共服务工作,包括公共设施维护、社区安全、环境卫生、绿化管理等;完善的企业管理制度是一个企业发展的基础,这里主要体现在职能部门设置是否合理、"红色物业"纳入公司章程的程度、财务管理制度和人才培养制度是否健全等方面;信息化平台建设指在社区范围内,利用计算机技术、通信技术等建立综合数字智能化平台,也可以反映数字社区的建设程度。

②服务质量提升与创新。提高产品或服务的品质和创新性是实现持续发展和竞争优势的关键。主要从企业所提供特色服务、定制化服务的数量和质量,企业社会责任履行程度,收费合理性三个方面来评定。企业所提供特色服务、定制化服务是指按居民自身要求,为其提供适合其需求的,令居民满意的服务,这可以提高社区凝聚力,增强居民幸福感,具体从服务的数量和质量两方面来考察。企业社会责任履行程度主要包括四个方面:企业对员工的责任,对社会公益的责任,对环境和资源的责任,对产品与服务质量的责任。收费合理性指的是物业企业对居民收取费用的合理性。

③经营效益。社会主义市场经济的一个原则就是要以最小的投入获得最大的社会与经济效益。"红色物业"管理的初衷是获取最大的社会效益、最大程度提升居民幸福感,但也应该讲成本核算,以较小的投入获得较大的经济效益。只有增加物业企业的经济效益,找到"物业增值服务"的方向,才能促进"红色物业"生态的可持续发展。可以从企业年营业收入等多个角度来衡量企业的经营效益水平。

(7)社会组织参与

社会组织参与指社会组织(非政府组织、志愿者组织等)在社区建设和公共事务中发挥作用。社会组织可以提供社会服务、参与公益活动,通过其专业性和参与性推动社会发展和改善社会问题。这里进一步划分了种类规模和参与程度两个二级指标,以衡量社会组织参与程度。

①种类规模。种类规模指的是在指定社区区域范围内，社会组织的志愿者团队规模和社会组织种类数。主要通过志愿者队伍规模、社会组织类型多样性两方面来评定。其中，志愿者团队规模指的是在某一社区内，每百人中为社区义务工作的人数，以志愿者数量除以社区总人数计算。社会组织类型多样性指的是在某一社区区域范围内，所有的社会组织类型数。

②参与程度。参与程度指的是社区内社会组织参与社会活动的程度。社会组织的作用在于连接社区资源，发动社区群众，扩大社会参与，并引导居民积极参与社区建设（杜运潮，等，2021）。主要通过社会组织参与社区事务机制的健全程度、参与活动频率、参与活动类型丰富度三方面来评定。其中，社会组织参与社区事务机制健全程度指的是社会组织在参与社区事务治理时，参与机制的完备性、健全性；社会组织参与活动频率指的是以月度为单位，社会组织参与活动的次数；社会组织参与活动类型丰富度指的是以月度为单位，社会组织参与活动的种类数目。

（8）社会综合认可

社会综合认可指社会对组织的认可和支持。社会综合认可是社会各界对某个个体、组织或政策的肯定和赞同，包括口碑、声誉、荣誉等方面的认可。可以通过社区治理水平和社会评价两方面来对物业企业的社会综合认可度进行评估。

①社区治理水平。社区治理指各主体对涉及社区共同利益的公共事务进行有效管理的过程，提升社区治理水平有利于增强社区凝聚力，推进社区发展进步，保证"红色物业"生态健康发展。这里设定了社区秩序、社区网格化管理水平、社区不稳定因素、社会影响力、所获市级及以上奖项数量五个三级指标来衡量社区治理水平的高低。其中，社区秩序指的是社区内部安全情况、邻里交往矛盾发生情况、居民诉求向上反映顺畅情况、群众矛盾是否能有效化解等；社区网格化管理是一种数字化、信息化手段的城市管理新模式，能够提高社区治理效率；社区不稳定因素指的是社区邻里关系是否和谐以及社区自治权行使、社区运行规范、社区内部基础是否强健等方面；社会影响力就是影响社会的行为的能力，品牌效应是企业社会影响力大小的集中体现；市级及以上奖项数量即企业年度所获得的奖项情况，可

以有力地反映社区治理水平的高低。

②社会评价。社会评价可以识别、监测和评价"红色物业"生态建设发展的各种社会影响。主要指居民对社区的主观评价、物业企业和业主以外的第三方机构的客观公正的评价，以此作为证明物业企业管理质量的证明。具体包括行业协会评定、居民对社区归属感、居民对社区信任度、居民生活满意度四个方面。其中，行业协会评定指中国物业管理协会、当地物业管理协会书面评定状况，包括正面评定和负面评定；居民对社区归属感指的是居民个人感觉被所在社区认可与接纳的一种感受；居民对社区信任度是指居民个人对社区所涵盖的人、事、物等感到安全、可靠、值得信赖的情感体验；居民生活满意度指一个物业管理区域内不同层面的业主对现有生活的综合满意度。

(9) 创新发展

创新发展指在"红色物业"的建设过程中通过创新方式和思维创新进行发展。创新发展包括工作模式创新、资源整合方式创新等，通过推动创新来提高效率、优化资源配置、更好地服务社区居民，实现可持续发展和社会进步。主要通过工作联动、资源整合、创新研发三方面来评估企业的创新发展能力。

①工作联动。工作联动机制的建立是衡量"红色物业"生态建设情况的重要因素之一，完善、有效的工作联动机制有助于"红色物业"生态的可持续发展。主要通过工作联动的创新性和有效性两方面来衡量。其中，工作联动创新性主要指的是工作联动理念是否创新、联动制度是否创新、工作方式是否创新等。工作联动有效性指的是工作联动的成效如何，可通过社区群众对工作联动的评价来考量。

②资源整合。资源整合是企业对不同来源、层次、结构和内容的资源进行识别、选择、吸收、配置，并将其有机融合和激活的过程（欧晓军，2009）。"红色物业"打通了政府到群众的桥梁，能够更好地协调分配资源配置，可以提高资源的利用率。这里主要分为政府资源整合、文化资源整合和其他资源整合。其中，政府对资源的整合是指政府通过协调和组织，将社会各方面的资源进行优化配置，包括但不限于出台政策将老旧街区改造、街区

碎片化业务整合交给物业企业以及政府权力下放物业企业等模式形成整体效益；文化资源整合主要指的是居民是否能够便捷参观当地文化遗产、是否有相应的主题文化活动供居民参与等；其他资源整合主要指室内外场地、设备、器材、工具能否得到有效利用，如利用楼组大堂、楼组外面等较小的空间设立图书角、绿化角等。

③创新研发。创新研发能力是指企业在某一领域所具备的技术研究、开发和创新方面的能力，是"红色物业"生态高质量发展的核心驱动力。主要可以通过创新成果、人才培养合作和产学研水平三方面来衡量企业的创新研发能力。其中创新成果主要指企业所获得创新成果的次数和等级；人才培养合作主要指企业与院校在人才培养方面的合作，即企业与院校签订人才培养协议、接收院校毕业生的人数的情况；产学研水平主要通过企业与相关机构签订的产学研合作协议的数量来评估。

7.2.1.3 "红色物业"生态建设评价指标体系构建（表7.2）

"红色物业"生态建设评价指标体系　　　　表7.2

一级指标	二级指标	三级指标
党建引领	组织建设强化	小区是否成立党组织
		物业企业是否按党章建立党组织
	制度建设健全	政治制度
		组织制度
		领导制度
		工作制度
		纪律制度
		生活制度
	党建作用发挥	党支部战斗堡垒作用发挥
		党员发挥先锋模范作用
		党建活动参与度
政策保障	政府法规政策	"红色物业"建设相关政策的数量
		政策的实施和监督
		政策实施的资金保障

续表

一级指标	二级指标	三级指标
政策保障	工作机制平台	对政策的监测和评估
		政策实施的专业水平和执行能力
	协调多方合作	共建联建机制
		政策信息公开
		各利益相关方的合作与协调
外部环境促进	经济发展水平	社区人口就业率
		基础设施建设
		公共服务水平
	社会价值观	社区和谐与合作程度
		个人尊重与多元包容程度
		集体主义思想观念
	"红色文化"基础	"红色阵地"数量
		居民对"红色文化"认同感
居民委员会作用	构筑服务社区	社区培训工作开展
		社区矛盾纠纷排查化解率
		社区特色服务项目数
	建设民主社区	建有居民自治章程或居民公约
		社区政务公开
	构筑平安社区	档案信息数据库建立情况
		社区应急防范
		社区安全性
业主广泛参与	参与积极性	居民参加社区会议积极性
		居民在社区党组织任职积极性
		居民参与选举、投票、建言的积极性
	邻里互动	邻里交往频率
		邻里满意度
物业企业服务	物业服务能力	基本服务能力
		企业管理制度
		信息化平台建设程度

续表

一级指标	二级指标	三级指标
物业企业服务	服务质量提升与创新	特色服务、定制化服务
		企业社会责任履行度
		收费合理性
	经营效益	企业年营业收入
		总资产周转率
		研发经费投入强度
社会组织参与	种类规模	志愿者队伍规模
		社会组织类型多样性
	参与程度	社会组织参与社区事务机制健全程度
		社会组织参与活动频率
		参与活动类型丰富度
社会综合认可	社区治理水平	社区秩序
		社区网格化管理水平
		社区不稳定因素
		社会影响力/品牌效应
		市级及以上奖项数量
	社会评价	行业协会评定
		居民对社区归属感
		居民对社区信任度
		居民生活满意度
创新发展	工作联动	工作联动创新性
		工作联动有效性
	资源整合	政府资源整合
		文化资源整合
		其他资源整合
	创新研发	创新成果
		人才培养合作
		产学研水平

7.2.2 指标权重确定

7.2.2.1 权重确定方法

指标权重指的是某被测对象各个考察指标在整体中价值的高低、相对重要的程度以及所占比例的大小量化值。按统计学原理，将某事物所含各个指标权重之和视为1（即100%），而其中每个指标的权重则用小数表示，称为"权重系数"。指标权重反映了指标在指标体系中的相对重要程度。指标间的权重差异主要由以下三个原因引起：评价者对各指标的重视程度存在主观差异；各指标在评价中所发挥的作用不同，反映了指标间的客观差异；各指标的可靠程度不同，反映了各指标所提供信息的可靠性的区别（张蔚磊，2012）。

关于指标权重的计算方法有很多种，可以分为主观赋值和客观赋值两大类。

主观赋值：多采用定性方法确定权重，常见方法有层次分析法等。

客观赋值：是通过数学量化指标间的关系或离散程度来确定权重，常见的方法有：熵值法、主成分分析、灰色关联、模糊综合评价法等。依据研究需要，决定采用专家排序法和层次分析法两种方法。以下为这两种方法的详细介绍与操作步骤。

（1）专家排序法

根据指标的实际情况，如果使用层次分析法进行两两比较，一方面会消耗专家大量的时间和精力，同时也可能影响结果的准确性。鉴于实际情况，我们可以采用专家排序法来确定三级指标的权重配置，这种方法在实践中更为适用（许佳绿，2022）。

专家排序法具体步骤如下：

①编制指标重要性排序表；

②邀请适宜数量专家填写问卷，专家根据自身主观经验，对评价指标的重要性进行排序，最重要的记为1，次重要的记为2，依此类推；

③统计专家的排序结果，并将结果填入排序表格中；

④使用公式（7-1）计算权重，计算公式为：

$$A_j = \frac{2\left[m(1+n) - R_j\right]}{\left[mn(1+n)\right]} \qquad (7\text{-}1)$$

式中：A_j——代表第j个指标的权重；

n——代表指标个数；

m——代表专家人数；

R_j——代表第j个指标的秩合，即m个专家对该指标所评定的值的加和。

（2）层次分析法

①概念介绍。层次分析法（AHP）是一种决策方法，它将与决策相关的元素进行分解，并在此基础上进行定性和定量分析。该方法是一种系统方法，用于处理复杂的多目标决策问题。它将目标分解为多个层次，每个层次包含多个指标或准则，在此基础上进行定性和定量分析。这种方法能够帮助决策者更好地进行决策。

层次分析法是一种将决策问题按照总目标、各层子目标和评价准则的顺序进行分解的方法。首先求得每个层次中各元素对上一层次某元素的优先权重；然后将这些权重进行加权和，以计算备选方案对总目标的最终权重；最后，权重最大的备选方案即被认为是最优方案。这种方法可以帮助我们在决策过程中对各个层次和元素进行综合评估，找出最佳的解决方案。

层次分析法适用于具有分层交错的评价指标以及目标值难以定量描述的决策问题。这种方法能够实现对复杂目标系统的全面评估，帮助解决那些定性因素较多且难以精确量化的决策问题。

②基本原理。层次分析法根据问题的性质和要达到的总目标，将问题分解为不同的组成因素，并按照因素间的相互关联影响以及隶属关系将因素按不同层次聚集组合，形成一个多层次的分析结构模型，从而最终使问题归结为最低层（供决策的方案、措施等）相对于最高层（总目标）的相对重要权值的确定或相对优劣次序的排定。

③计算步骤。

第一步，构造判断（成对比较）矩阵。

在确定各层次各因素之间的权重时，如果只是定性的结果，则常常不容易被别人接受，因此，桑蒂（Santy）等人提出了一致矩阵法，也就是不把所有因素放在一起进行比较，而是两两相互进行比较。在这种情况下，使用相对尺度来尽量降低性质不同的诸因素相互比较的难度，从而提高准确性。如对某一准则，对其下的各方案进行两两对比，并且按照其重要程度来评定它们的等级。桑蒂（Santy）将各因素之间的重要程度进行了对比，并将其划分为9个重要程度，列于表7.3中。由成对比较得到的结果所组成的矩阵称为判断矩阵。判断矩阵具有如下性质：

$$a_{ij} = \frac{1}{a_{ji}} \quad (7\text{-}2)$$

式中：a_{ij}——要素i与要素j重要性比较结果。

判断矩阵元素a_{ij}的标度方法如表7.3。

比例标度表 表7.3

因素i比因素j	量化值
同等重要	1
稍微重要	3
较强重要	5
强烈重要	7
极端重要	9
两相邻判断的中间值	2，4，6，8

第二步，层次单排序。

对应于判断矩阵的最大特征根λ_{max}，可以得到特征向量，将其归一化处理（使得向量中各元素之和为1）后记为W，这一过程称为层次单排序。W的元素代表同一层次因素对于上一层次因素中某特定因素的相对重要性的排序权值。这个过程能够帮助我们确定因素之间的优先级关系，为决策问题提供权重参考。

第三步，层次总排序。

层次总排序是指计算某一层次中所有因素相对于最高层目标的权值。这个过程是按照从最高层次到最低层次的顺序进行的。通过层次总排序，我们可以确定各个因素在实现最高层目标中的相对重要性。

7.2.2.2 权重确定结果

权重确定的方法很多，根据实际研究情况，本研究采用层次分析法与专家排序法两种方法来确定指标的权重。

（1）层次分析法确定一、二级指标权重

①建立层次结构模型。运用层次分析法分析指标权重时，首先要把目标层次化。将"红色物业"生态建设指标体系的一、二级指标分解，按照指标间的层次逻辑关系层层分解建构结构模型，以便清楚地反映指标间的隶属关系（许佳绿，2022）。本研究构造指标体系层次结构模型，如图7.2所示。

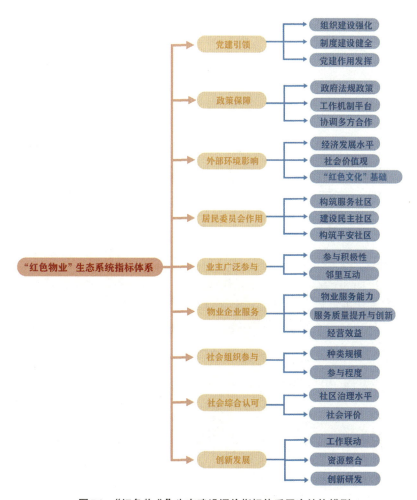

图7.2 "红色物业"生态建设评价指标体系层次结构模型

②构建比较判断矩阵。本研究中采用了桑蒂（Santy）相对重要性等级量表来进行指标权重的评估。通过对指标进行两两比较，使用1~9的取值范围表示不同的重要程度等级，并应用相应的公式计算指标的权重，将比较判断结果定量化，并将其表示为判断矩阵的形式（表7.4）。最终，对各专家权重进行平均，得出每个指标的权重值。这种方法能够对指标的重要性进行客观评估，并提供基于多专家意见的权威权重结果（许佳绿，2022）。

相对重要性等级量表　　　　　表7.4

判断值	比较关系（比较指标A与B）	重要性程度
1	一样重要	A比B同等重要
3	稍微重要	A比B稍微重要
5	明显重要	A比B明显重要
7	绝对重要	A比B强烈重要
9	极端重要	A比B极端重要
1/3	稍微不重要	A比B稍微不重要
1/5	明显不重要	A比B明显不重要
1/7	绝对不重要	A比B绝对不重要
1/9	极端不重要	A比B极端不重要
2、4、6、8及相应倒数	为上述相邻判断的中间值	

若某一层级的指标与其下一层级的指标有一定的关联，则构建出一个判断矩阵。当判断矩阵构建完成后咨询专家和学者，根据九级标度法来对指标间的重要性进行评分。以某专家的打分为例，计算一级维度"党建引领"下的二级指标的权重，每一层级指标需遵守不重复原则，进行单向对比。如二级指标"组织建设强化"与"制度建设健全"进行对比后，指标"制度建设健全"无须与"组织建设强化"指标再进行对比（表7.5）。

判断矩阵示意图　　　　　表7.5

党的建设引领	组织建设强化	制度建设健全	党建作用发挥
组织建设强化	1	5	7
制度建设健全	1/5	1	3
党建作用发挥	1/7	1/3	1

③一、二指标的权重计算。

专家按照自己对一级和二级指标体系的了解程度,对各个指标的重要程度做两两对比,并在打分表中给出评分。作为专家排序法的依据,德尔菲法应用中一般选取10~50位专家较好,因此,本研究选取25位熟悉"红色物业"理论和实践应用的企业高管、高校教师、政府工作者等不同身份的行业专家对评价指标进行打分。经计算,25位专家中,22位专家的打分具有有效性,下面以一位专家学者对二级指标重要性判断为例,介绍一、二级指标的权重计算过程(表7.6)。

二级指标的重要性等量表 表7.6

党的建设引领	组织建设强化	制度建设健全	党建作用发挥
组织建设强化	1	5	7
制度建设健全	1/5	1	3
党建作用发挥	1/7	1/3	1

以上可以得到红色物业生态系统的一级指标判断矩阵,记为R(表7.7)。

R矩阵 表7.7

R矩阵		
1	5	7
1/5	1	3
1/7	1/3	1

对判断矩阵R每一列进行正规化,例如,在第1行第1列中的"1",归一化后的结果应当是:$1\div(1+1/5+1/7)=0.7447$。将矩阵R归一化处理后得到矩阵S。为方便计算,将每列数值进行加和,得到表7.8。

每列加和值 表7.8

每列加和值		
1.3429	6.3333	11.0000

将表7.7中各值分别除以其对应"列加和值",得到S矩阵(表7.9)。

将矩阵S的每一行求和,即可得到某一指标相对于总体的重要程度,将结果表示为矩阵T,矩阵T反映了各个指标相对于总体的相对重要性程度

矩阵			表7.9
S矩阵			
0.7447	0.7895	0.6364	
0.1489	0.1579	0.2727	
0.1064	0.0526	0.0909	

（许佳绿，2022）。将 T 做归一化处理——即相加后的向量除以 n，即得到最终的权重向量 W。

$$T = \begin{cases} 2.1705 \\ 0.5796 \\ 0.2499 \end{cases} \rightarrow W = \begin{cases} 0.7235 \\ 0.1932 \\ 0.0833 \end{cases}$$

以本次结果为例，得到一级指标党建引领的二级指标组织建设强化所占权重为72.35%，制度建设健全所占比重为19.32%，党建作用发挥所占比重为8.33%。

将22位专家对"党建引领下的三个二级指标"的打分结果进行整合平均，最终确定组织建设强化、制度建设健全、党建作用发挥的指标权重，如表7.10所示，即组织建设强化所占权重为35.15%，制度建设健全所占比重为30.44%，党建作用发挥所占比重为34.41%。

权重平均值	表7.10
二级指标	权重
组织建设强化	35.15%
制度建设健全	30.44%
党建作用发挥	34.41%

将所有一级指标、二级指标都按照如上步骤计算，得到以下权重结果（表7.11）。

（2）专家排序法确定三级指标权重

专家排序法是一种由领域专家按照特定标准对同级指标进行相对重要性的排序方法。具体来说，专家会将最重要的指标排在第一位，其次是次要指标，依次往下排列，直到最不重要的指标。专家排序法的计算公式为：

权重平均值　　　　　　　　　　　　　　　表7.11

一级指标	权重	二级指标	权重
党建引领	21.07%	组织建设强化	35.15%
		制度建设健全	30.44%
		党建作用发挥	34.41%
政策保障	16.20%	政府法规政策	49.33%
		工作机制平台	26.36%
		协调多方合作	24.31%
外部环境促进	7.93%	经济发展水平	31.77%
		社会价值观	37.68%
		"红色文化"基础	30.55%
居民委员会作用	10.60%	构筑服务社区	31.74%
		建设民主社区	31.30%
		构筑平安社区	36.96%
业主广泛参与	11.40%	参与积极性	55.42%
		邻里互动	44.58%
物业企业服务	11.25%	物业服务能力	39.89%
		服务质量提升与创新	36.55%
		经营效益	23.56%
社会组织参与	7.15%	种类规模	39.93%
		参与程度	60.07%
社会综合认可	7.37%	社区治理水平	36.24%
		社会评价	63.76%
创新发展	7.03%	工作联动	36.10%
		资源整合	36.97%
		创新研发	26.93%

$$A_j = \frac{2[m(1+n) - R_j]}{[mn(1+n)]}$$

接下来以资源整合下的三级指标为例，简要介绍专家排序法计算指标权重的过程。表7.12展示了各位专家对于三级指标的重要性进行排序的具体情况。

二级指标"资源整合"下三级指标排序情况统计　　表 7.12

专家编号	A_1 党支部战斗堡垒作用发挥	A_2 党员发挥先锋模范作用	A_3 参与上级党组织的党建活动，并获得上级党组织颁发的荣誉
1	1	2	3
2	2	1	3
3	1	2	3
4	1	2	3
5	1	2	3
6	1	2	3
7	1	2	3
8	1	2	3
9	2	1	3
10	2	1	3
11	2	1	3
12	2	1	3
13	1	2	3
14	1	2	3
15	1	2	3
16	1	2	3
17	1	2	3
18	2	1	3
19	1	2	3
20	1	2	3
21	1	2	3
22	2	1	3

$$A_1 = \frac{2\left[22(1+3)-(1\times15+2\times7)\right]}{\left[22\times3\times(1+3)\right]} = 0.45$$

$$A_2 = \frac{2\left[22(1+3)-(1\times7+2\times15)\right]}{\left[22\times3\times(1+3)\right]} = 0.39$$

$$A_3 = \frac{2\left[22(1+3)-3\times22\right]}{\left[22\times3\times(1+3)\right]} = 0.16$$

由以上计算可知,"党支部战斗堡垒作用发挥"的同级权重为0.45,"党员发挥先锋模范作用"的同级权重为0.39,"参与上级党组织的党建活动,并获得上级党组织颁发的荣誉"的同级权重为0.16。按此方法,依据专家对于三级指标的重要性排序,对所有三级指标的同级权重进行计算。至此,确立了"红色物业"生态系统的评价指标体系权重(表7.13)。

"红色物业"生态系统评价指标体系权重表　　表7.13

一级指标	权重	二级指标	权重	三级指标	权重
党建引领	21.07%	组织建设强化	35.15%	1.1(小区成立党组织,实现党的工作覆盖)	59%
				1.1(物业企业按党章要求建立党组织)	41%
		制度建设健全	30.44%	1.2(政治制度)	29%
				1.2(组织制度)	25%
				1.2(领导制度)	14%
				1.2(工作制度)	17%
				1.2(纪律制度)	11%
				1.2(生活制度)	4%
		党建作用发挥	34.41%	1.3(党支部战斗堡垒作用发挥)	45%
				1.3(党员发挥先锋模范作用,在工作中亮明身份,当先锋、作表率)	39%
				1.3(参与上级党组织的党建活动,并获得上级党组织颁发的荣誉)	16%
政策保障	16.20%	政府法规政策	49.33%	2.1(政府出台有关"红色物业"建设的相关政策)	43%
				2.1(政府设立相应的机构和部门负责政策的实施和监督)	28%
				2.1(政府通过预算安排和财政政策,提供资金保障来支持政策的实施)	29%
		工作机制平台	26.36%	2.2(政府建立监督和评估机制,对政策的实施进行监测和评估)	56%
				2.2(政府建立人才培训机制,提高政策实施的专业水平和执行能力,保障政策的顺利进行)	44%
		协调多方合作	24.31%	2.3(政府建立共建联建机制)	45%

续表

一级指标	权重	二级指标	权重	三级指标	权重
政策保障	16.20%	协调多方合作	24.31%	2.3（政府向公众和利益相关方公开政策信息，加强与各方的沟通和互动）	29%
				2.3（政府加强与各利益相关方的合作与协调，整合资源、分享经验，共同推进政策的实施）	26%
外部环境促进	7.93%	经济发展水平	31.77%	3.1（社区人口就业率）	33%
				3.1（基础设施建设）	38%
				3.1（公共服务水平）	29%
		社会价值观	37.68%	3.2（社区和谐与合作程度，社区内人与人之间的互助、合作和团结程度）	42%
				3.2（个人尊重与多元包容程度，社区内居民尊重个体的权利和尊严，以及包容多元的观点、信仰和文化）	30%
				3.2（集体主义思想，社区内居民愿意为集体、社会或共同利益而服务和奉献，将集体的利益置于个体的利益之上）	28%
		"红色文化"基础	30.55%	3.3（"红色阵地"数量）	44%
				3.3（居民对于"红色文化"认同感）	56%
居民委员会作用	10.60%	构筑服务社区	31.74%	4.1（定期开展社区培训工作）	32%
				4.1（设立调解委员会，及时开展矛盾纠纷排查化解工作）	42%
				4.1（社区有1～2个深受居民喜爱的社区特色服务项目）	26%
		建设民主社区	31.30%	4.2（建有居民自治章程或居民公约）	52%
				4.2（社区政务公开，利用社区信息平台，为居民提供及时、全面、准确的政务信息）	48%
		构筑平安社区	36.96%	4.3（建立数据库存储社区实际居民人口、流动人口、居民房屋坐落，以及社区单位和企业的档案信息）	42%
				4.3（社区配有应急器材，定期组织居民开展防灾知识宣传与演练）	30%

续表

一级指标	权重	二级指标	权重	三级指标	权重
居民委员会作用	10.60%	构筑平安社区	36.96%	4.3（社区三年内无重大刑事案件，无群体性事件，无邪教组织活动）	28%
业主广泛参与	11.40%	参与积极性	55.42%	5.1（社区居民参加社区会议、志愿者活动、社区团体的积极性）	42%
				5.1（居民在社区党组织任职积极性）	33%
				5.1（居民参与选举、投票、建言的积极性）	25%
		邻里互动	44.58%	5.2（邻里交往频率）	45%
				5.2（邻里满意度，通过问卷调查、面对面访谈等方式收集居民的反馈，了解他们对邻里互动的感受和建议）	55%
物业企业服务	11.25%	物业服务能力	39.89%	6.1（物业企业所提供的服务）	45%
				6.1（企业管理制度）	30%
				6.1（信息化平台建设程度或社区事务数字化程度）	25%
		服务质量提升与创新	36.55%	6.2（特色服务、定制化服务）	33%
				6.2（企业社会责任履行）	39%
				6.2（收费合理性）	28%
		经营效益	23.56%	6.3（企业年营业收入）	44%
				6.3（总资产周转率）	33%
				6.3（研发经费投入强度）	23%
社会组织参与	7.15%	种类规模	39.93%	7.1（志愿者队伍规模）	47%
				7.1（社会组织类型多样性）	53%
		参与程度	60.07%	7.2（社会组织参与社区事务机制健全程度）	46%
				7.2（社会组织参与活动频率）	30%
				7.2（参与活动类型丰富度）	24%
社会综合认可	7.37%	社区治理水平	36.24%	8.1（社区秩序）	30%
				8.1（社区网格化管理水平）	26%
				8.1（社区不稳定因素）	16%
				8.1（社会影响力/品牌效应）	19%
				8.1（市级及以上奖项数量）	9%

续表

一级指标	权重	二级指标	权重	三级指标	权重
社会综合认可	7.37%	社会评价	63.76%	8.2（行业协会评定）	14%
				8.2（居民对社区归属感）	31%
				8.2（居民对社区信任度）	29%
				8.2（居民生活满意度）	26%
创新发展	7.03%	工作联动	36.10%	9.1（工作联动创新性）	42%
				9.1（工作联动有效性）	58%
		资源整合	36.97%	9.2（政府资源整合）	48%
				9.2（文化资源整合）	34%
				9.2（其他资源整合）	18%
		创新研发	26.93%	9.3（创新成果）	34%
				9.3（人才培养合作）	42%
				9.3（产学研水平）	24%

7.2.3 指标无量纲化

对构建指标体系时所选取的指标进行分析可知，所选择的指标包括定量和定性两类。多个指标的综合应遵循指标的同质性原则，所以必须对所选择的指标进行处理，以便作综合评价分析。

7.2.3.1 定性指标的处理方法

对于定性指标，首先应将其进行处理，方法有如下几种。

（1）对于次序定性评价指标，可以首先对指标进行排序，然后按照排序后的编号将其转换为正向的数量型指标。

（2）对于等级定性评价指标，可以事先确定一个等级范围，例如1～10，并在该范围内进行打分。每个主体在该等级的打分就对应相应的评价指标数值。

（3）对于主观指标，若指标已经具备数量指标的特征，则可以直接使用该指标。否则，需要将每个主观评价判断的语言程度的比重或频率进行定量化，将其转化为定量指标。

"红色物业"生态建设评价指标体系设置了一定量的定性指标，这里针对不同情况选择不同量化方法，主要是在不同等级范围内进行打分，如小区和物业企业党组织内部的民主程度，比较民主则得10分，一般得分5分，比较不民主得0分。

7.2.3.2 定量指标的处理方法

在设计"红色物业"生态建设评价体系时，很难全部选择同一种计量单位的指标，因此很多定量指标的计量单位不同，如"行业协会评定"用"次"表示；"总资产周转率"用"百分率"来表示；市级及以上奖项数量用"项"来表示等。所以在利用该指标体系对地区"红色物业"生态建设水平进行评估时，需要排除不同量纲的影响。对定量指标进行无量纲化的方法有多种，比如折线型、曲线型、直线型等。其中，直线型是一种常用的无量纲化方法。该方法假设指标值与实际值呈线性关系，评价值随实际值按比例变化。从数学角度来看，即要确定指标评价值与指标实际值之间的函数关系式。接下来将详细介绍直线型的数量指标无量纲化方法。

（1）阈值比较法。就是先选取评价指标的基期水平、平均水平或标准水平等，再将评估指标值与该阈值（临界值）进行比较。需要注意的是，为了确保各个企业之间具有可比性，阈值不宜过大或过小。

$$y_{ij} = \frac{x_{ij}}{x_0} \tag{7-3}$$

式中：x_0——指标比较的阈值；

x_{ij}——评价的指标值；

y_{ij}——指标评估值。

（2）中心化，即均值化。根据统计学原理，先计算每个评价指标的样本均值，再将指标的实际值x_{ij}与该指标的均值进行比较，得到中心化后的评价值y_{ij}（金旸，2007）。具体公式如下：

$$y_{ij} = \frac{x_{ij}}{\bar{x}} \tag{7-4}$$

式中：y_{ij}——指标评估值；

$\bar{x}$——指标实际值的均值；

x_{ij}——指标实际值。

本研究构建的"红色物业"生态建设评价指标体系大部分为客观数据，为了在数据标准化的过程中有效保留原始数据的变异系数值，在对比了当前主流无量纲化方法之后，决定主要选用阈值比较法作为指标原始数据的无量纲化方法，但是由于指标类型的复杂性，为了避免单一的数据标准化方法造成评估结果的不准确性，这里综合采用了以上处理方法。

7.3 "红色物业"生态的生命力指数

7.3.1 生命力指数介绍

生命力是形容生命体维持其生命活动和实现生存发展的能力，同时也表示一种蓬勃向上、充满活力的发展状态（秦安，2014）。鉴于"红色物业"生态系统的生命体征，引入生命力概念到"红色物业"生态建设评价体系中，以更加形象、更加全面地反映"红色物业"生态的发展状态。

生态生命力指数包含了多个维度的信息，在实际应用中，可以按照以下步骤进行：首先选择适当的指标，以体现各个维度的状态；然后将每个维度的状态以一定方式整合成一个生命力指数。所以，要利用"红色物业"生态生命力指数开展评价，必须先建立一个合适的评价指标体系，再用某种数理方法对其进行综合评价（苏美蓉，等，2010）。上文中已经基于生命力指数完成了指标体系建立、指标赋权、无量纲化工作。因此，具体来说，"红色物业"生态生命力指数是从社区党建引领、政策保障、业主参与度、物业企业服务能力等维度出发，按照一定权重计算出来的表示"红色物业"生态系统生命力相对大小的数值，能够量化表示该社区"红色物业"生态的持久生命力。一般来说，我们认为一个社区的生命力指数越高，则该社区的"红色物业"发展越具有旺盛持久的生命力。

7.3.2 生命力指数计算

本研究中所建立的"红色物业"生态生命力指数模型主要通过分级加权法计算。假设生命力指数为 V，则计算公式为：

$$V = \sum_{i=1}^{m} W_i \left(\sum_{j=1}^{n} W_i \left(\sum_{k=1}^{p} W_{ijk} x_{ijk} \right) \right) \qquad (7\text{-}5)$$

式中：m ——参评的一级指标的个数；

n ——第 i 项一级指标下二级指标的个数；

p ——第 i 项一级指标及第 j 项二级指标下，三级指标的个数；

W_i ——第 i 项一级指标的权重；

W_{ij} ——第 i 项一级指标下第 j 项二级指标的权重；

W_{ijk} ——第 i 项一级指标及第 j 项二级指标下，第 k 项三级指标的权重；

x_{ijk} ——第 i 项一级指标及第 j 项二级指标下，第 k 项三级指标的得分值。

第 8 章

"红色物业"生态体系的评价应用

在"红色物业"生态生命力指数指标体系构建后，本章将对指标体系进行实际应用，演示社区"红色物业"生态生命力指数的计算过程。本章选取宝石花物业不同地区公司所服务的11个社区进行评估应用，根据"红色物业"生态生命力指数计算方法，计算出各社区的"红色物业"生态生命力指数，并对结果进行解释分析。

8.1 评价调研工作开展

8.1.1 评价调研样本选取

根据宝石花物业在全国的分布情况，选取宝石花物业承接的正在建设"红色物业"生态的11个社区展开调研，原因如下：

一是所选社区较长时间以来由宝石花物业管理，社区工作人员对社区信息了如指掌，因此进行调研所得信息将会更加全面。

二是"红色物业"生态建设已经在所选社区进行了一段时间，并有望长期发展建设下去，因此对这些社区展开调研并分析具有实际意义。

三是所选社区既非年代久远的老旧小区，也不是极其高档的住宅区，既有中石油改革承接小区，也有完全社会化管理小区，且所选社区随机分布在我国东西南北四个方位，调研结果更具有代表性。

四是所选社区的物业工作人员都表现出较高的积极性，愿意配合调研工作，因此对这些社区展开调研所获得的数据将会更加真实。

总之，选择对这11个社区进行调研具有意义，社区基本信息如下：

（1）西安西仪园社区

西安西仪园所在区域社区面积40万平方米，常住居民4713户，13565人，社区工作志愿者100余人。西仪园社区拥有丰富的历史文化和民俗文化。社区实行党委领导下的居委会、物业企业、业主委员会、社区民警"五位一体"工作机制，与驻地单位建立了党建联席会议制度，形成了"区域化党建、网格化管理、组团式服务"的社区治理工作新模式，社区工作得到各级领导和广大居民的充分肯定。

（2）西安兴隆园社区

西安兴隆园社区面积83.25万平方米，共5054户，15000人，社区工作者9人，社区志愿者2032人。兴隆园社区位于西安市未央区，未央区政府以"红色物业"创建为载体，创新拓展内容形式，突出党建服务标准，树牢鲜明正确导向，发挥典型示范带动作用，在2021年制定《未央区"红色物业"工作标准（试行）》，2022年出台《未央区"红色物业"创建行动实施方案》，计划利用三年时间，集中开展"红色物业"创建活动，培育1~2个"红色物业"示范街道，每年发展至少10个"红色物业"企业，创建至少100个"红色物业"小区（社区），发动至少1000名"红色物业"志愿服务者。

（3）银川燕鸽湖社区

银川燕鸽湖社区总住户16710户，常住居民37457人，社区志愿者6340人。燕鸽湖社区由六个小区组成，共有六个党委，3023名党员。燕鸽湖社区充分发挥社区、物业、志愿者和热心业主的力量，让"红色物业"成为打造"值得信赖的物业企业"的重要载体；努力构建环境优美、功能完善、生活便利、舒适宜居的生活环境；社区联合社区内社会组织开展各类公益创投项目，并积极探索构建辖区内单位党组织共同参与的联席会议制度，逐步建设社区大党建格局，形成党建阵地"联合"、组织架构"联片"、党建资源"联调"的党建联心法。

（4）大庆奥林世纪家园社区

大庆奥林世纪家园社区建成于2007年，总建筑面积22.94万平方米，共有住宅24栋，58个单元，总户数1978户，常住人口4210人，共有社区志愿者415人。该项目秉承"一个引领""三个阵地""四支队伍""五种文化"的创建理念，与社区紧密结合，将为民解忧落到深处、落到实处。项目将"红色物业"创建与爱心公益紧密结合，联合组建"红色志愿服务团队"，招募管家加入志愿者团队中，定期为小区内的特殊群体开展爱心帮扶、节日慰问、生活照顾、心理疏导等"红色志愿服务"，让辖区内特殊群体感受到企业亲情般的关爱和温暖，用暖心服务点亮百姓民心。

（5）大庆创业城社区

大庆创业城社区分为五区和六区，五区管辖面积10.91万平方米，住户数898户，人数约1800人。六区管辖面积16.77万平方米，住户数1728户，人数约3500人，社区社会工作者、志愿者人数约60人。该社区的"红色物业"生态体系建设通过党建引领、试点先行，整合多方服务资源、集聚服务力量、健全服务机制，把党组织有效嵌入物业服务之中。社区依托"党群服务中心""物业服务中心"，以打造"红色物业"为目标，构建"三个机构"，实现工作制度的创新，打造宜居示范小区。

（6）唐山石油馨苑社区

唐山石油馨苑社区所在项目在管社区面积31.8万平方米，住户数3870户，总人数11000人，社区志愿者数量188人。石油馨苑社区通过推动机制完善和平台建设，实现社区党组织、物业企业、联建组织等相关主体的融合联动，取得"1+1+1＞3"的效果。社区建立了"社区党支部—物业党支部—楼门长—物业管家"四级网格管理机制，实现党建活动共办、困难群众共帮、公共事务共做。社区形成"1224工作法"：推行一个融合，即物业服务与社区治理有效融合；打造两个阵地，即社区居委会建立"红色物业工作室"，物业企业建立"物业党建服务站"；落实两项制度，即严格落实属地政府物业服务行业黑名单管理制度和物业企业每月向社区居委会汇报工作制度；建立四项机制，即常态化问需机制、常态化志愿服务机制、常态化宣传引导机制、常态化培育选树典型机制。

（7）兰州庄浪西路社区

兰州庄浪西路社区共有九个小区，西四小区管辖面积7.63万平方米，住户数563户，人数约1258人；东四小区管辖面积为10万平方米，住户数704户，人数约1760人；老头铺小区管辖面积1.53万平方米，住户数328户，人数约820人；宏达小区管辖面积3.35万平方米，住户数481户，人数约1102人；盛福小区管辖面积3.95万平方米，住户数410户，人数约987人；甲乙楼小区管辖面积0.87万平方米，住户数118户，人数约285人；绿化院管辖面积1728平方米，住户数48户，人数约96人；机械化院管辖面积7395平方米，住户数216户，人数约490人，街道综合楼管辖面积1.1万平方米，住户数60户，人数约164人；社区工作人员28人，包含楼院长11人。庄浪西路社区所在区域以铸牢中华民族共同体意识为主线，把打造"红色物业"作为深化民族团结进步的重要载体，作为提升各族群众获得感、幸福感、安全感的有效抓手，着力促进民族团结进步与"红色物业"创建的双覆盖、双结合、双提升，使各族群众生活更舒心、更放心、更暖心。

（8）南京俞家巷社区

南京俞家巷社区所在项目在管社区面积14.54万平方米，住户数1843户，总人数4791人，社区志愿者13人。俞家巷社区所在街道坚持问题导向，积极探索党建引领下基层治理工作的新方式新方法，着力构建与城市发展相适应的"共建共治共享"基层治理体系。2022年6月，街道启动以"街区+红色物业"为主体内容的"党建引领下的街区一体化治理改革"，推动"物业吹哨、街道报到"的创新举措，在半年的时间里取得明显成效。

（9）南京晨光社区

南京晨光社区总占地面积106.71万平方米，总建筑面积148.53万平方米，小区内多层住宅173幢、别墅67幢、高层住宅71幢，总住户数14226户。晨光社区所在区域将社区治理与"红色党建"有机结合，促进"红色物业"生态建设，提升社区治理水平，改善居住环境质量，加强居民的参与和自治能力，为社区居民提供更高质量的物业管理和生活服务。

（10）洛阳中油家园社区

洛阳中油家园社区建筑面积近30万平方米，共有成套住宅2186套，居民总数6773人，小区共有住宅41栋（23栋高层住宅和18栋多层住宅），99个单元，停车位1423个，园区内绿化面积8.171万平方米。中油家园社区所在区域于2020年10月开始"红色物业"的探索和实践，所服务小区和物业企业均成立了党支部。"红色物业"创建以来，中油家园社区物业党支部坚持党建引领，传承"红色基因"，认领公益项目，发挥组织优势，定期开展各项活动。"红色物业"创建以来，居民们更理解、更支持物业服务活动的开展，社区共收居民感谢信11封。

（11）洛阳红旗社区

洛阳红旗社区包括一区、二区、三区。一区占地2.6万平方米，建筑面积3.83万平方米，由7栋多层住宅，43个单元组成，住户数426户，总人数771人，志愿者15人。二区占地2.9万平方米，建筑面积2.99万平方米，由9栋多层住宅，32个单元组成，住户数398户，总人数823人，志愿者12人。三区建筑面积1.61万平方米，由5栋多层住宅，23个单元组成，住户数244户，总人数370人，志愿者8人。近年来，红旗社区坚持以"党建引领＋红色物业"为抓手，架起服务"连心桥"巧解居民"烦心事"，传承"红色文化"、丰富党员活动，凝心聚力践初心、便民服务暖人心，有效提升居民群众幸福感、获得感和归属感。在党组织的领导下实现居委会、业主代表、物业公司等多方联动，不断扩大党在基层的有效覆盖，铺就一条"红色"的社区治理之路。

8.1.2 评价调研内容与方法

（1）评价调研内容

为如实调研以上各社区"红色物业"生态建设情况，本书将"红色物业"生态评价体系拆分成三部分信息，制定《社区调查问卷物业企业版》《"红色物业"生态调查表》与《社区调查问卷社区居民版》分别发放给物业企业与社区居民，其中《社区调查问卷物业企业版》主要用于衡量指标体系中主观性的物业企业层面的问题，该部分问题不能直接用具体的数据来衡量，需由物业企业工作人员依照评分细则对问题进行赋值，如"党员发挥先锋模范作用，在工作中亮明身份，当先锋、作表率"；《"红色物业"生态调查表》主要用于衡量指标体系中客观性的物业企业层面的问题，该部分问题可以直接用具体的数据来衡量，由物业企业工作人员依照评分细则对问题进行赋值即可，如"社区人口就业率"；《社区调查问卷社区居民版》主要用于衡量指标体系中主观性的社区居民层面的问题，该部分问题不可以直接用具体的数据来衡量，由社区居民依照评分细则对问题进行赋值即可，如"您觉得您所在的小区，人与人之间的互助、合作和团结程度是怎样的"。

在2023年6月期间，通过问卷星平台，对宝石花物业企业11个典型社区开展"红色物业"生态体系评价，针对行业专家、政府相关部门工作人员、企业员工、社区居民等分别以发放链接的形式进行调研。其中《社区调查问卷物业企业版》与《"红色物业"生态调查表》每个社区填写一份，《社区调查问卷社区居民版》依照社区人数每个社区填写若干份。问卷中，每项三级指标都形成一个独立的问题，分值10分，并在题项后附上详细的赋值规则，如一级指标"政策保障"下的"政府建立共建共联机制"的情况，其评分细则为：主要从"红色物业"党建联席会议议事制度是否健全、多元治理监督机制是否健全、社区党组织、业主委员会党组织和物业企业党组织交叉任职情况、物业企业党组织认领社区党建服务项目数量四个方面来评定。每个方面分值2.5分，以"红色物业"党建联席会议议事制度是否健全为例，非常健全得2.5分，一般得1.25分，非常不健全得0分，最终分值按照四舍五入法保留整数，本指标共计10分。其中物业企业党组织认领社区党建服务项目分值固定，每年5个以上即为满分2.5分，超过1个不足5个的，得分1.5分，数量为0的，得分0分。

（2）评价调研方法

以上问卷的结果回收之后，需要对问卷结果进行信效度分析。信效度分析是研究中评估测量工具（例如问卷调查、测量工具、评分表等）信度和效度的过程。信度和效度是评估测量工具质量的重要指标，用于确定工具是否能够准确、可靠地测量所需的概念或变量。

具体来说，信度指测量工具的稳定性和一致性，即在相同条件下重复测量得到的结果是否一致。常用的信度分析方法包括重测法、内部一致性和等价性信度等。重测法通过对同一样本在不同时间点进行重复测量，计算其测量结果的相关性，以评估测量工具的稳定性。内部一致性通过计算测量工具中各项的相关性来评估各项之间的一致性。等价性信度通过比较两个或多个等效形式的测量工具之间的相关性，来评估它们的一致性。

效度指测量工具指是否能够准确地衡量所要测量的概念或变量。常用的效度分析方法包括内容效度、构效度、判别效度和收敛效度等。内容效度通过评估测量工具与所要测量概念的相关程度来确定其有效性。构效度通过分析测量工具与其他相关概念或变量之间的关系来评估测量工具的构造合理性。判别效度通过分析测量工具与其他不相关概念或变量之间的关系来评估其区分能力。收敛效度通过分析测量工具与其他测量同一概念的工具之间的相关性来评估其一致性。

数据结果通过检验之后，具体的评价方法为：第一，由于三级指标的满分是10分值，在计算时第一步将初始值乘以10，以便将最终值换算成百分制，便于读者对最终数值的理解。第二，用每个三级指标的换算后的分值分别乘以该三级指标对应的一级指标、二级指标的权重，得出该三级指标的实际得分。第三，计算一级指标、二级指标得分，同属于一个二级指标的所有三级指标数值求和得出该二级指标的分值，同属于一个一级指标的所有二级指标数值求和得出该一级指标的分值。第四，所有一级指标最后得分相加，得出该社区的"红色物业"生态生命力指数得分，满分100分。

8.2 典型样本评价

为更具体地展现评价过程，本书在计算完所有社区的"红色物业"生态体系得分后，选取11个社区中得分较高、得分中等和得分较低的三个典型社区详细介绍，分别是社区A、社区B、社区C，本书将依次对典型样本进行信效度检验与样本结果分析。

8.2.1 社区A

8.2.1.1 信效度检验

（1）信度分析

对于社区A的企业调查问卷，其克隆巴赫Alpha值为0.984，大于0.8，问卷整体的信度质量很理想，问卷信度分析可见表8.1。

社区A企业问卷信度分析结果　　　　表8.1

可靠性统计	
克隆巴赫Alpha	项数
0.984	29

对于社区A居民调查问卷，其克隆巴赫Alpha值为0.924，大于0.8，问卷整体的信度质量很理想，问卷信度分析可见表8.2。

社区A居民问卷信度分析结果　　　　表8.2

可靠性统计	
克隆巴赫 Alpha	项数
0.924	10

（2）效度分析

利用KMO和巴特利特球形检验对社区A企业问卷进行效度验证的结果如表8.3所示，可以发现其KMO值是0.872，大于0.8，效度良好，并且巴特利特球形检验对应显著性（p值）小于0.05，效度较好。

社区A企业问卷的KMO与巴特利特球形检验　　　　表8.3

KMO 和巴特利特球形检验		
KMO 取样适切性量数		0.872
巴特利特球形检验	近似卡方	2597.088
	自由度	406
	显著性	0.000

对社区A居民问卷进行效度验证的结果如表8.4所示，可以发现其KMO值是0.896，大于0.8，效度良好，并且巴特利特球形检验对应显著性（p值）小于0.05。

社区A居民问卷的KMO与巴特利特球形检验　　　　表8.4

KMO 和巴特利特球形检验		
KMO 取样适切性量数		0.896
巴特利特球形检验	近似卡方	892.497
	自由度	45
	显著性	0.000

8.2.1.2 评价结果

由以上分析可知，社区A的问卷结果均通过信效度分析，其结果具有科学性与可靠性，可以进行下一步分析。

对社区A的物业企业员工、社区居民发放《社区调查问卷物业企业版》《社区调查问卷社区居民版》，回收到问卷之后，根据问卷中企业员工、社区居民对"红色物业"生态体系中三级指标的打分，对数据进行处理，逐步计算出该社区的总体分数。

步骤一：计算三级指标得分

以一级指标党建引领为例，如图8.1所示，根据问卷结果可以直接得到三级指标的分数，分别是：10.00、10.00、9.78、9.78、9.78、9.44、9.89、10.00、9.67、9.78、10.00。根据计算规则，需要将其按照权重换算成百分制，即小区是否成立党组织这一项的得分为10×10×59%=59，由于一级指标、二级指标都具有权重，小区是否成立党组织这一项在总分中的实际分值需依次与一级指标、二级指标的权重相乘，即59×21.07%×35.15%=4.37，依次类推，得到三级指标的实际得分。

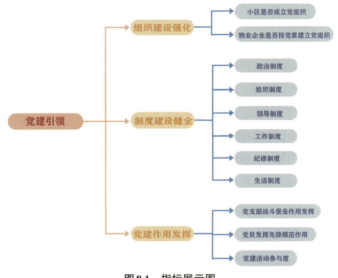

图8.1 指标展示图

步骤二：计算一级指标、二级指标得分

根据计算规则，可以得到二级指标组织建设强化的得分为三级指标的加和，即4.37+3.04=7.41，依次类推，制度建设健全与党建作用发挥的实际分值分别是6.24与7.08。

一级指标的得分由二级指标加和得来，即党建引领的得分为7.41+6.24+7.08=20.73。依次类推计算出其他一级指标的实际分值。

步骤三：计算"红色物业"生态总体得分

所有一级指标都按如上方式计算得出之后，如表8.5所示，将其直接加和，得到"红色物业"生态的总体得分。即"红色物业"生态生命力指数为 20.73+16.15+7.00+10.60+10.74+9.02+6.44+6.09+5.03=91.80。

社区 A "红色物业" 生态体系评分汇总表 表8.5

一级指标	得分	二级指标	得分	三级指标	得分
党建引领	20.73	组织建设强化	7.41	小区是否成立党组织	4.37
				物业企业是否按党章建立党组织	3.04
		制度建设健全	6.24	政治制度	1.84
				组织制度	1.58
				领导制度	0.89
				工作制度	1.05
				纪律制度	0.67
				生活制度	0.21
		党建作用发挥	7.08	党支部战斗堡垒作用发挥	3.13
				党员发挥先锋模范作用	2.74
				党建活动参与度	1.21
政策保障	16.15	政府法规政策	7.99	"红色物业"建设相关政策的数量	3.45
				政策的实施和监督	2.24
				政策实施的资金保障	2.30
		工作机制平台	4.27	对政策的监测和评估	2.39
				政策实施的专业水平和执行能力	1.88
		协调多方合作	3.89	共建联建机制	1.75
				政策信息公开	1.13
				各利益相关方的合作与协调	1.01
外部环境促进	7.00	经济发展水平	2.46	社区人口就业率	0.82
				基础设施建设	0.92
				公共服务水平	0.72
		社会价值观	2.84	社区和谐与合作程度	1.21
				个人尊重与多元包容程度	0.84
				集体主义思想观念	0.79
		"红色文化"基础	1.7	"红色阵地"数量	0.43
				居民对于"红色文化"认同感	1.27

续表

一级指标	得分	二级指标	得分	三级指标	得分
居民委员会作用	10.60	构筑服务社区	3.37	社区培训工作开展	1.07
				社区矛盾纠纷排查化解率	1.43
				社区特色服务项目数	0.87
		建设民主社区	3.32	建有居民自治章程或居民公约	1.71
				社区政务公开	1.61
		构筑平安社区	3.91	档案信息数据库建立情况	1.63
				社区应急防范	1.18
				社区安全性	1.10
业主广泛参与	10.74	参与积极性	5.96	居民参加社区会议积极性	2.51
				居民在社区党组织任职积极性	1.96
				居民参与选举、投票、建言的积极性	1.49
		邻里互动	4.78	邻里交往频率	2.15
				邻里满意度	2.63
物业企业服务	9.02	物业服务能力	4.27	基本服务能力	1.94
				企业管理制度	1.30
				信息化平台建设程度	1.03
		服务质量提升与创新	3.91	特色服务、定制化服务	1.28
				企业社会责任履行度	1.50
				收费合理性	1.13
		经营效益	0.84	企业年营业收入	0.58
				总资产周转率	0.26
				研发经费投入强度	0.00
社会组织参与	6.44	种类规模	2.28	志愿者队伍规模	1.07
				社会组织类型多样性	1.21
		参与程度	4.16	社会组织参与社区事务机制健全程度	1.85
				社会组织参与活动频率	1.30
				参与活动类型丰富度	1.01
社会综合认可	6.09	社区治理水平	2.21	社区秩序	0.71
				社区网格化管理水平	0.60
				社区不稳定因素	0.39

续表

一级指标	得分	二级指标	得分	三级指标	得分
社会综合认可	6.09	社区治理水平	2.21	社会影响力/品牌效应	0.49
				市级及以上奖项数量	0.02
		社会评价	3.88	行业协会评定	0.00
				居民对社区归属感	1.40
				居民对社区信任度	1.30
				居民生活满意度	1.18
创新发展	5.03	工作联动	2.40	工作联动创新性	1.00
				工作联动有效性	1.40
		资源整合	2.46	政府资源整合	1.20
				文化资源整合	0.82
				其他资源整合	0.44
		创新研发	0.17	创新成果	0.00
				人才培养合作	0.17
				产学研水平	0.00
总分: 91.80		总分: 91.80		总分: 91.80	

8.2.1.3 结果讨论与分析

由社区A"红色物业"生态体系评分汇总表可知，一级指标党建引领、政策保障、外部环境促进、居民委员会作用、社会组织参与和社会综合认可得分较高，其中居民委员会作用获得满分。该社区健全了"街道党组织＋项目党支部＋楼栋（班组）党员中心户"三级组织网格体系建设，物业企业党组织与社区党支部、企业党组织共同参与基层党建、社区治理工作，特别是疫情防控、文明城创建工作中先后获得"抗击新冠疫情先进单位""红色物业建设优秀集体""美好家园项目""标准化示范项目""绿色社区"等荣誉称号。社区A所在市高度重视"红色物业"建设，陆续出台《中共市委组织部关于印发〈关于深化"红色物业"建设提升社区治理水平的实施方案〉的通知》《关于深化"红色物业"建设提升社区治理水平的实施方案》《市物业服务企业考核管理办法》等规定，全方位保障"红色物业"创建及运行。社区内设有律师事务所、爱心小院、篮球协会、长跑协会、宝石花物业医疗机构、社区文艺团队等多种多样社会组织，致力满足社区群众多方位需求。业主广泛参与指标得分较为良好，为10.74分（按照权重计算，该项满分11.40分），其二级指标参与积极性与邻里互动的得分较为相近。物业企业服务、创新发展两项指标得分一般，有待加强，尤其需要提升经营效益，加快企业创新研发水平。

该社区的整体得分较高，但也存在需要提升的地方，如二级指标创新发展，三级指标的研发经费投入强度、行业社会评定。创新发展方面，需要社区工作人员与物业企业合力，如创新社区公共设施建设，注重社区公共设施的规划和建设，根据居民需求和社区特点，设计创新的公共空间，如健身广场、休闲花园、儿童活动区等，提供多样化的社区功能和服务；或者引入科技手段提升治理效能，运用先进的科技手段，如大数据、人工智能、物联网等技术，提升社区治理的智能化和数字化水平。通过建立智慧社区平台，实现信息共享、智能监测、数据分析等功能，提高治理效能和决策科学性。研发经费投入强度方面首先需要提升相关人员的认知水平，其次要通过提高企业整体的经营效益来解决根本问题。行业社会评定的关键在于加强社区公共服务设施建设和管理，提供高质量、公正、高效的公共服务，注重培育社区的文化氛围和社区精神，通过多种渠道和媒体，加强社区宣传，获得社会认可。

8.2.2 社区B

8.2.2.1 信效度检验

（1）信度分析

调查问卷数据的信度在一定程度上反映了测验结果是否稳定、可靠，通常利用克隆巴赫Alpha来检验量表的信度，α即为信度系数。

对于社区B的企业调查问卷，其克隆巴赫Alpha值为0.987，大于0.8，由此可以说明该问卷整体的信度质量很理想，问卷信度分析可见表8.6。

社区 B 企业问卷信度分析结果　　　　　　　　　表 8.6

可靠性统计	
克隆巴赫 Alpha	项数
0.987	29

对于社区 B 居民调查问卷,其克隆巴赫 Alpha 值为 0.903,大于 0.8,信度质量很理想,问卷信度分析可见表 8.7。

社区 B 居民问卷信度分析结果　　　　　　　　　表 8.7

可靠性统计	
克隆巴赫 Alpha	项数
0.903	10

(2)效度分析

调查问卷数据的效度在一定程度上反映了测验结果是否真实、有效,本文对各量表进行 KMO 与巴特利特球形检验。若 KMO 值大于 0.8,一定程度上可以表示效度很好;若 KMO 值在 0.7 和 0.8 之间,可以表示效度较好;若 KMO 值在 0.6 和 0.7 之间,此时效度一般;而 KMO 值小于 0.6 时说明效度低。除此之外,巴特利特球形检验对应显著性(p 值)小于 0.05 时才能表示效度较好。

利用 KMO 和巴特利特球形检验对社区 B 企业问卷进行效度验证的结果如表 8.8 所示,可以发现其 KMO 值是 0.812,大于 0.8,效度良好,巴特利特球形检验对应显著性(p 值)小于 0.05。

社区 B 企业问卷的 KMO 与巴特利特球形检验　　　　表 8.8

KMO 和巴特利特球形检验		
KMO 取样适切性量数		0.812
巴特利特球形检验	近似卡方	2958.968
	自由度	406
	显著性	0.000

对社区 B 居民问卷进行效度验证的结果如表 8.9 所示,可以发现其 KMO 值是 0.820,大于 0.8,效度良好,巴特利特球形检验对应显著性(p 值)小于 0.05。

社区 B 居民问卷的 KMO 与巴特利特球形检验　　　表 8.9

KMO 和巴特利特球形检验		
KMO 取样适切性量数		0.820
巴特利特球形检验	近似卡方	1573.132
	自由度	45
	显著性	0.000

8.2.2.2 评价结果

由以上分析可知，社区 B 的问卷结果均通过信效度分析，其结果具有科学性与可靠性，可以进行下一步分析。

对该社区物业企业员工、社区居民发放《社区调查问卷物业企业版》《社区调查问卷社区居民版》，回收到问卷之后，根据问卷中企业员工、社区居民对"红色物业"生态体系中三级指标的打分，对数据进行处理，逐步计算出该社区的总体分数。

步骤一：计算三级指标得分

以一级指标党建引领为例，如图 8.1 所示，根据问卷结果可以直接得到三级指标的分数，分别是：2.00、10.00、9.22、9.44、9.30、9.24、9.40、1.00、9.20、9.36、10.00。根据计算规则，需要将其按照权重换算成百分制，即小区是否成立党组织这一项的得分为 $2 \times 10 \times 59\% = 11.80$，由于一级指标、二级指标都具有权重，小区是否成立党组织这一项在总分中的实际分值需依次与一级指标、二级指标的权重相乘，即 $11.80 \times 21.07\% \times 35.15\% = 0.87$，依次类推，得到三级指标的实际得分。

步骤二：计算一级指标、二级指标得分

根据计算规则，可以得到二级指标组织建设强化的得分为三级指标的加和，即 $0.87 + 3.04 = 3.91$，依次类推，制度建设健全与党建作用发挥的实际分值分别是 5.98 与 6.81。

一级指标的得分由二级指标加和得来，即党建引领的得分为 $3.91 + 5.98 + 6.81 = 16.70$。依次类推计算出其他一级指标的实际分值。

步骤三：计算"红色物业"生态总体得分

所有一级指标都按如上方式计算得出之后，如表 8.10 所示，将其直接加和便得到"红色物业"生态的总体得分。即"红色物业"生态生命力指数为 16.70+12.32+7.59+10.60+10.63+7.98+6.99+6.17+4.71=83.69。

社区 B "红色物业" 生态体系评分汇总表　　　　　　表8.10

一级指标	得分	二级指标	得分	三级指标	得分
党建引领	16.70	组织建设强化	3.91	小区是否成立党组织	0.87
				物业企业是否按党章建立党组织	3.04
		制度建设健全	5.98	政治制度	1.74
				组织制度	1.52
				领导制度	0.85
				工作制度	1.02
				纪律制度	0.64
				生活制度	0.21
		党建作用发挥	6.81	党支部战斗堡垒作用发挥	2.98
				党员发挥先锋模范作用	2.62
				党建活动参与度	1.21
政策保障	12.32	政府法规政策	6.15	"红色物业"建设相关政策的数量	3.45
				政策的实施和监督	2.24
				政策实施的资金保障	0.46
		工作机制平台	2.39	对政策的监测和评估	2.39
				政策实施的专业水平和执行能力	0.00
		协调多方合作	3.78	共建联建机制	1.64
				政策信息公开	1.13
				各利益相关方的合作与协调	1.01
外部环境促进	7.59	经济发展水平	2.29	社区人口就业率	0.74
				基础设施建设	0.86
				公共服务水平	0.69
		社会价值观	2.92	社区和谐与合作程度	1.24
				个人尊重与多元包容程度	0.86
				集体主义思想观念	0.82
		"红色文化"基础	2.38	"红色阵地"数量	1.06
				居民对于"红色文化"认同感	1.32

211

续表

一级指标	得分	二级指标	得分	三级指标	得分
居民委员会作用	10.60	构筑服务社区	3.37	社区培训工作开展	1.07
				社区矛盾纠纷排查化解率	1.43
				社区特色服务项目数	0.87
		建设民主社区	3.32	建有居民自治章程或居民公约	1.71
				社区政务公开	1.61
		构筑平安社区	3.91	档案信息数据库建立情况	1.63
				社区应急防范	1.18
				社区安全性	1.10
业主广泛参与	10.63	参与积极性	5.77	居民参加社区会议积极性	2.44
				居民在社区党组织任职积极性	1.92
				居民参与选举、投票、建言的积极性	1.41
		邻里互动	4.86	邻里交往频率	2.18
				邻里满意度	2.68
物业企业服务	7.98	物业服务能力	4.16	基本服务能力	1.86
				企业管理制度	1.27
				信息化平台建设程度	1.03
		服务质量提升与创新	3.82	特色服务、定制化服务	1.21
				企业社会责任履行度	1.49
				收费合理性	1.12
		经营效益	0	企业年营业收入	0.00
				总资产周转率	0.00
				研发经费投入强度	0.00
社会组织参与	6.99	种类规模	2.85	志愿者队伍规模	1.34
				社会组织类型多样性	1.51
		参与程度	4.14	社会组织参与社区事务机制健全程度	1.83
				社会组织参与活动频率	1.30
				参与活动类型丰富度	1.01
社会综合认可	6.17	社区治理水平	2.24	社区秩序	0.73
				社区网格化管理水平	0.64
				社区不稳定因素	0.40

续表

一级指标	得分	二级指标	得分	三级指标	得分
社会综合认可	6.17	社区治理水平	2.24	社会影响力/品牌效应	0.47
				市级及以上奖项数量	0.00
		社会评价	3.93	行业协会评定	0.00
				居民对社区归属感	1.43
				居民对社区信任度	1.31
				居民生活满意度	1.19
创新发展	4.71	工作联动	2.34	工作联动创新性	1.00
				工作联动有效性	1.34
		资源整合	2.37	政府资源整合	1.12
				文化资源整合	0.81
				其他资源整合	0.44
		创新研发	0	创新成果	0.00
				人才培养合作	0.00
				产学研水平	0.00
总分：83.69		总分：83.69		总分：83.69	

8.2.2.3 结果讨论与分析

结合各级指标实际得分来看，该社区在政策保障、外部环境促进、居民委员会作用、业主广泛参与、社会组织参与方面表现不俗，体现了该社区高水平、深层次的社区治理主体多元参与状况。政策保障方面，社区B所在政府高度重视"红色物业"创建，下发了"红色物业"企业、小区评选评分细则，其所在区住建部门、社区也已建立"红色物业"建设监督和评估机制，定期组织评选并实地验收，还开辟了政府网站、新闻网站、公众号、座谈会、小程序、宣传栏等向公众和利益相关方公开政策信息的途径，加强与各方的沟通和互动。但目前还未建立"红色物业"领域人才培训机制，有待吸纳和培养人才以进一步提升政策实施的专业水平和执行能力。社会综合认可指标得分较为良好，为6.17分（按照权重计算，该项满分7.37分），但其市级及以上获奖、行业协会评定不足，获得0分。党建引领的得分为16.70，距离满分（按照权重计算，党建引领一项满分为21.07分）仍然有提升的空间，深入探究来看，社区B的二级指标组织建设强化比较薄弱，尤其在社区党组织成立方面，社区B党组织党员占比极低，需要进一步吸纳党员参与工作。但社区党组织积极按要求参加上级党组织开展的党建活动，获得了所在市"五化"标杆社区党组织称号、市级先进基层党组织、优秀志愿服务社区等多项荣誉。物业企业的运营发展同样有待提升，企业服务和创新发展得分一般，企业年营业收入、总资产周转率、研发经费投入强度、创新研发水平较差。

社区B所在政府高度重视"红色物业"创建，强调创新拓展内容形式，突出党建服务标准，树牢鲜明正确导向，发挥典型示范带动作用。社区B也致力于以高质量党建引领物业服务，推进美好家园建设。但实践情况表明，社区B在党建引领、物业企业服务、创新发展方面亟待提高。党建引领方面，小区党组织需要通过宣传引导的方式吸纳更多党员加入社区工作中来，加强对党员的宣传教育，提高党员对社区事务的认知。通过党组织、党员大会、党课等形式，弘扬党的优良传统、宣传党员先进事迹，鼓励党员积极参与社区事务。物业企业服务方面，目前，比较薄弱的点在于经营效益方面，可以寻找多元化的收入来源，如开发社区商业空间、推出增值服务等。根据社区特点和居民需求，提供有吸引力的商业租赁和增值服务项目，增加物业企业的收入能力，或是引入信息化技术，借助物业管理软件、智能设备等提高管理效率。通过数字化、自动化的管理手段，优化工作流程，减少人工操作，提高工作效率和准确性。创新发展方面，可尝试发展共享经济模式，鼓励社区内的资源共享和共同利用，推动共享经济的发展。例如，建立社区共享空间，供居民开展创业、学习、休闲等活动；促进邻里共享，如邻里共享车辆、共享停车位等，提高资源利用效率和社区互助度。

8.2.3 社区C

8.2.3.1 信效度检验

（1）信度分析

对于社区C的企业调查问卷，其克隆巴赫Alpha值为0.986，大于0.8，该问卷整体的信度质量很理想,问卷信度分析可见表8.11。

社区C企业问卷信度分析结果　　　　　　　　　表8.11

可靠性统计	
克隆巴赫Alpha	项数
0.986	29

对于社区C的居民调查问卷,其克隆巴赫Alpha值为0.930,大于0.8,该问卷整体的信度质量很理想,问卷信度分析可见表8.12。

社区C居民调查问卷信度分析结果　　　　　　　表8.12

可靠性统计	
克隆巴赫Alpha	项数
0.930	10

(2)效度分析

利用KMO和巴特利特球形检验对社区C企业问卷进行效度验证的结果如表8.13所示,可以发现其KMO值是0.715,大于0.7,效度较好,并且巴特利特球形检验对应显著性(p值)小于0.05。

社区C企业问卷的KMO与巴特利特球形检验　　　表8.13

KMO和巴特利特球形检验		
KMO取样适切性量数		0.715
巴特利特球形检验	近似卡方	3340.035
	自由度	406
	显著性	0.000

对社区C居民问卷进行效度验证的结果如表8.14所示,可以发现其KMO值是0.928,大于0.8,效度很好,并且巴特利特球形检验对应显著性(p值)小于0.05。

社区C居民问卷的KMO与巴特利特球形检验　　　表8.14

KMO 和巴特利特球形检验		
KMO 取样适切性量数		0.928
巴特利特球形检验	近似卡方	1885.223
	自由度	45
	显著性	0.000

8.2.3.2 评价结果

由以上分析可知,社区C的问卷结果均通过信效度分析,其结果具有科学性与可靠性,可以进行下一步分析。

对该社区物业企业员工、社区居民发放《社区调查问卷物业企业版》《社区调查问卷社区居民版》,回收到问卷之后,根据问卷中企业员工、社区居民对"红色物业"生态体系中三级指标的打分,对数据进行处理,逐步计算出该社区的总体分数。

步骤一:计算三级指标得分

以一级指标党建引领为例,如图8.1所示,根据问卷结果可以直接得到三级指标的分数,分别是:1.00、5.75、8.91、9.00、9.14、8.64、8.91、10.00、8.59、8.73、8.00。根据计算规则,需要将其按照权重换算成百分制,即小区是否成立党组织的实际得分为$1×10×59\%=5.90$,由于一级指标、二级指标都具有权重,小区是否成立党组织这一项在总分中的实际分值需依次与一级指标、二级指标的权重相乘,即$5.90×21.07\%×35.15\%=0.44$,依次类推,得到三级指标的实际得分。

步骤二:计算一级指标、二级指标得分

根据计算规则,可以得到二级指标组织建设强化的得分为三级指标的加和,即$0.44+1.74=2.18$,依次类推,制度建设健全与党建作用发挥的实际分值分别是5.74与6.20。

一级指标的得分由二级指标加和得来,即党建引领的得分为$2.18+5.74+6.20=14.12$。依次类推计算出其他一级指标的实际分值。

步骤三：计算"红色物业"生态总体得分

所有一级指标都按如上方式计算得出之后，如表8.15所示，将其直接加和便得到"红色物业"生态的总体得分。即"红色物业"生态生命力指数为70.27，即14.12+8.89+6.21+8.26+9.86+8.45+4.13+5.54+4.81=70.27。

社区C"红色物业"生态体系评分汇总表　　　　　表8.15

一级指标	得分	二级指标	得分	三级指标	得分
党建引领	14.12	组织建设强化	2.18	小区是否成立党组织	0.44
				物业企业是否按党章建立党组织	1.74
		制度建设健全	5.74	政治制度	1.68
				组织制度	1.45
				领导制度	0.83
				工作制度	0.96
				纪律制度	0.61
				生活制度	0.21
		党建作用发挥	6.20	党支部战斗堡垒作用发挥	2.78
				党员发挥先锋模范作用	2.45
				党建活动参与度	0.97
政策保障	8.89	政府法规政策	3.31	"红色物业"建设相关政策的数量	1.73
				政策的实施和监督	1.12
				政策实施的资金保障	0.46
		工作机制平台	2.39	对政策的监测和评估	2.39
				政策实施的专业水平和执行能力	0.00
		协调多方合作	3.19	共建联建机制	1.55
				政策信息公开	1.13
				各利益相关方的合作与协调	0.51
外部环境促进	6.21	经济发展水平	2.11	社区人口就业率	0.66
				基础设施建设	0.82
				公共服务水平	0.63
		社会价值观	2.50	社区和谐与合作程度	1.06
				个人尊重与多元包容程度	0.74
				集体主义思想观念	0.70

217

续表

一级指标	得分	二级指标	得分	三级指标	得分
外部环境促进	6.21	"红色文化"基础	1.60	"红色阵地"数量	0.43
				居民对于"红色文化"认同感	1.17
居民委员会作用	8.26	构筑服务社区	2.65	社区培训工作开展	1.07
				社区矛盾纠纷排查化解率	0.71
				社区特色服务项目数	0.87
		建设民主社区	3.32	建有居民自治章程或居民公约	1.71
				社区政务公开	1.61
		构筑平安社区	2.29	档案信息数据库建立情况	0.00
				社区应急防范	1.19
				社区安全性	1.10
业主广泛参与	9.86	参与积极性	5.57	居民参加社区会议积极性	2.33
				居民在社区党组织任职积极性	1.85
				居民参与选举、投票、建言的积极性	1.39
		邻里互动	4.29	邻里交往频率	1.94
				邻里满意度	2.35
物业企业服务	8.45	物业服务能力	3.89	基本服务能力	1.73
				企业管理制度	1.18
				信息化平台建设程度	0.98
		服务质量提升与创新	3.61	特色服务、定制化服务	1.19
				企业社会责任履行度	1.38
				收费合理性	1.04
		经营效益	0.95	企业年营业收入	0.35
				总资产周转率	0.60
				研发经费投入强度	0.00
社会组织参与	4.13	种类规模	0.61	志愿者队伍规模	0.00
				社会组织类型多样性	0.61
		参与程度	3.52	社会组织参与社区事务机制健全程度	1.73
				社会组织参与活动频率	0.78
				参与活动类型丰富度	1.01

续表

一级指标	得分	二级指标	得分	三级指标	得分
社会综合认可	5.54	社区治理水平	2.09	社区秩序	0.68
				社区网格化管理水平	0.60
				社区不稳定因素	0.37
				社会影响力/品牌效应	0.44
				市级及以上奖项数量	0.00
		社会评价	3.45	行业协会评定	0.00
				居民对社区归属感	1.24
				居民对社区信任度	1.15
				居民生活满意度	1.06
创新发展	4.81	工作联动	2.26	工作联动创新性	0.95
				工作联动有效性	1.31
		资源整合	2.23	政府资源整合	1.06
				文化资源整合	0.76
				其他资源整合	0.41
		创新研发	0.32	创新成果	0.32
				人才培养合作	0.00
				产学研水平	0.00
总分：70.27		总分：70.27		总分：70.27	

8.2.3.3 结果讨论与分析

由表8.15可得，社区C"红色物业"生命力指数得分为70.27分，在所调查的11个社区中处于中下游水平，还有很大的提升空间。具体从得分来看，社区B级指标外部环境促进、居民委员会作用、业主广泛参与和社会综合认可分值较高，而党建引领、政策保障、社会组织参与指标的得分较低。在党建引领方面，党建引领指标的权重最高，但是得分处于较低水平，具体从三级指标来看，主要是在党组织建设方面存在不足，即社区内党组织的覆盖度仍较低，因此，在社区党建工作中，要首先加强党组织建设问题。在政策保障方面，政策保障是落实党工作的前提，而社区C在"红色物业"建设的政策保障和政策支持方面仍有较大不足，这一方面是由于政府颁布的法规政策不够完善、对政策的支持度不够，另一方面是由于政策执行的专业度不够。外部环境促进指标得分处于较高水平，这说明社区经济发展水平较高，社会风气良好，"红色文化"较为深入人心，但结合综合总分以及具体得分来看，"红色文化"的得分偏低。居民委员会指标得分较高，这说明社区C的居民委员会整体治理水平较高，能够较好地满足居民利益和需求，这也和社区C打造的物业管理模式所取得的效果相符。业主广泛参与这项指标得分较高，这和居民委员会这一指标的得分状况一致，说明该社区的业主参与社区治理的积极性较高，业主权益得到保护，这有利于增加物业管理的透明度和效能，促进"红色物业"的发展。从物业企业服务这一指标的得分来看，企业在这方面还有一定提升空间。具体来看，造成该指标得分较低的原因主要是物业企业的经营效益较差，因此，物业企业也应在发展"红色物业"的同时，找到"物业增值服务"的方向，这也是促进"红色物业"生态可持续发展的必然条件。对于社会组织参与这一指标，从具体得分来看，社区C的社会组织参与活动频率较高，但仍存在组织类型较少，规模较小的问题。社会综合认可指标得分处于中等水平，可以看到在所获奖项和行业评定方面得分为0，这可能是因为奖项较难获得，或者是因为社区并不积极参与此类奖项评定。创新发展这一指标的得分在所有九项指标得分排序中处于下游，具体体现在创新研发方面，可以看到社区C在人才培养上存在较大缺口，这也是很多社区的不足之处。

在对上述指标的分析中发现，基层党组织建设不足是导致党建引领指标得分低的重要原因，而党建引领的权重最高，因此，应首先关注基层党组织建设问题。社区应在与外部党组织结对共建的基础上，积极形成"党建联盟+"的模式，提高党组织覆盖度。其次，社区C区域内政府提供的"红色物业"政策保障较弱，而政策保障是"红色物业"发展的重要基础。因此，建议政府制定鼓励"红色物业"发展的政策文件，明确政府对该领域的支持和扶持政策。政策可以包括税收优惠、土地使用权政策、融资支持等，以吸引更多投资者和企业参与"红色物业"开发。最后，从上述分析中可以看到，企业在建立人才培养机制存在不足，这不利于人才的培养，因此，后续物业企业应该注重人才培养，通过系统化、科学化的人才培养机制来为"红色物业"的进一步发展提供人才。

8.3 评价结果分析

8.3.1 各社区"红色物业"生态体系总体得分对比分析

如表8.16所示,本研究选取的宝石花物业服务的11个社区"红色物业"生态体系运作情况良好,分值介于60~95之间,其中得分60~70社区1个,得分70~80社区5个,得分80~90社区3个,得分90~95社区2个。最低分为67.38分,最高分为94.37。

各社区"红色物业"生态体系总体得分对比分析　　表8.16

社区	生命力指数
社区A	91.80
社区B	83.69
社区C	70.27
社区D	73.47
社区E	79.98
社区F	94.37
社区G	76.94
社区H	76.33
社区I	67.38
社区J	86.89
社区K	84.88

"红色物业"生态体系满分100分,整体来看,上述11个社区的得分均在60分以上,有的社区甚至达到90分以上。需要强调的是,分值具有相对性,本研究在问卷设计和权重设置时充分考虑我国"红色物业"生态建设整体水平较低,仍处于初级阶段的现实情况,这里的分值主要反映的是各社区"红色物业"生态建设的相对水平,而不是说明我国当前的"红色物业"生态建设发展已经达到高水平阶段。将来,随着"红色物业"生态建设整体水平的提高,还需要动态优化问卷设计,使指数切实反映各社区"红色物业"生态建设的相对水平。

8.3.2 各社区"红色物业"生态体系一级指标分数对比分析

结合表8.17可以看出，11个社区在各个一级指标方面表现各有所长。但总体而言，各社区在外部环境促进、居民委员会作用、业主广泛参与、物业企业服务、社会综合认可方面均表现较好，分差也不大。党建引领方面，不同社区的差别较大，社区F得分最高，取得了该项满分，社区I得分最低，取得13.42分，差别体现在组织建设强化模块，后者社区人口数量庞大，但党员占比不到总人口的10%，并且社区党组织与上级党组织联动频率较低，不利于党建引领社区建设的开展。政策保障方面，各社区差异显著，最低分社区H仅获1.70分，地方政府对于"红色物业"支持力度严重不足，部分地区的政策支持力度较大，社区所在地市委组织部到社区街道皆出台系列文件办法，助推基层党建引领社区、物业企业发展。社会组织参与方面，不同社区差别也较大，最高分社区F是社区I得分的近2倍。社会组织参与社区治理是当今社区发展的重要动力，公益组织、兴趣小组、营利组织提供的多元服务都有利于满足人们对美好生活的向往。多种多样社会组织的参与能为"红色物业"生态体系提供能量。创新发展这一指标是九个一级指标中权重最低的项目，也是所有社区的

各社区"红色物业"生态体系一级指标分数对比　　　表8.17

社区	党建引领	政策保障	外部环境促进	居民委员会作用	业主广泛参与	物业企业服务	社会组织参与	社会综合认可	创新发展
社区A	20.73	16.15	7.00	10.60	10.74	9.02	6.44	6.09	5.03
社区B	16.70	12.32	7.59	10.60	10.63	7.98	6.99	6.17	4.71
社区C	14.12	8.89	6.21	8.26	9.86	8.45	4.13	5.54	4.81
社区D	14.86	9.93	5.97	7.98	10.26	9.73	4.01	5.81	4.92
社区E	18.23	8.90	6.95	10.60	9.38	9.08	6.88	5.50	4.46
社区F	21.07	13.78	7.83	10.60	11.33	10.47	7.13	6.60	5.56
社区G	14.08	14.75	6.18	9.81	8.92	7.81	6.16	5.25	3.98
社区H	19.40	1.70	6.89	10.60	10.16	9.71	7.11	5.55	5.21
社区I	13.42	7.16	6.01	8.26	9.97	8.62	3.85	5.58	4.51
社区J	16.14	15.39	7.35	10.46	10.56	8.74	6.70	6.38	5.17
社区K	15.86	15.07	6.90	10.60	10.13	8.66	6.43	6.25	4.98

弱项，各社区在工作联动、资源整合、创新研发方面表现均较差。

8.3.3 各社区"红色物业"生态体系二级指标分数对比分析

由表8.18可得，各社区之间二级指标之间略有差异。从组织建设角度来看，各社区分值存在较大差异，社区A、社区F等的得分较高，社区C、社区D等的得分较低，分值相差超过5分，说明社区C、社区D等在未来建设中要着重加大组织建设的力度，短期内可以社区B为标杆完善自身建设。政府法规政策也是"红色物业"生态建设中造成社区之间差距的原因之一，由表8.18可知，社区A等得分高，而社区H为0分，两者之间存在近8分的差值，其他社区在该项的分值较为稳定，但距离满分仍有一定差距，说明政府法规政策在"红色物业"生态建设过程中还存在较大的进步空间。工作机制平台与政府法规政策类似，都出现极端的分值差距，工作机制平台的分值差距整体上略小于政府法规政策的分值差距，说明工作机制平台也是各大社区日后工作的重点。"红色文化"基础一项，各社区之间虽然存在差异但波动较小，说明这些社区有较好的"红色文化"基础，具有建设"红色文化"生态得天独厚的条件。经营效益一项可以看出，不同社区经济效益存在较大差异，但显然经济效益所占权重较小，对于总体得分影响较小。种类规模一项，各社区之间存在较大差异，说明社区之间社会组织的存在情况大不相同，种类规模一项得分较低的社区需要寻求办法改善现状。除以上几项之外，其余二级指标的差异较小，分值较为一致，值得一提的是，所有社区中，社区居民的参与积极性都比较强，有利于"红色物业"生态建设的未来发展。创新发展一项，各社区普遍很低，在未来工作中需要重视。

8.3.4 各社区"红色物业"生态体系三级指标分数对比分析

表8.19为各社区的三级指标得分，不难发现，各社区的三级指标之间存在较大差异。造成社区之间组织建设程度不同的原因主要是小区是否成立党组织，从数据来看，超过半数的社区并没有成立正规的党组织，在成立党组织的社区中，党组织的建设情况得分差异不大，但仍然有进步的空间。11个社区的政治制度、组织制度、领导制度、工作制度、纪律制度、生活制度

表 8.18 各社区"红色物业"生态体系二级指标分数对比

一级指标	二级指标	社区 A	社区 B	社区 C	社区 D	社区 E	社区 F	社区 G	社区 H	社区 I	社区 J	社区 K
党建引领	组织建设强化	7.41	3.91	2.18	2.18	6.06	7.41	3.17	7.41	2.18	4.04	3.61
	制度建设健全	6.24	5.98	5.74	6.24	5.68	6.41	5.01	6.19	5.59	5.7	5.75
	党建作用发挥	7.08	6.81	6.2	6.44	6.49	7.25	5.9	5.8	5.65	6.4	6.5
政策保障	政府法规政策	7.99	6.15	3.31	4.17	3.97	5.58	7.53	0	1.58	7.99	7.99
	工作机制平台	4.27	2.39	2.39	2.39	1.2	4.27	3.7	0	2.39	3.7	3.33
	协调多方合作	3.89	3.78	3.19	3.37	3.73	3.93	3.52	1.7	3.19	3.7	3.75
外部环境促进	经济发展水平	2.46	2.29	2.11	2.05	2.31	2.51	2.01	2.41	2.13	2.19	2.22
	社会价值观	2.84	2.92	2.5	2.53	2.44	2.91	2.44	2.34	2.52	2.82	2.77
	"红色文化"基础	1.7	2.38	1.6	1.39	2.2	2.41	1.73	2.14	1.36	2.34	1.91
居民委员会合作用	构筑服务社区	3.37	3.37	2.65	2.37	3.37	3.37	3.08	3.37	2.65	3.22	3.37
	建设民主社区	3.32	3.32	3.32	3.32	3.32	3.32	2.81	3.32	3.32	3.32	3.32
	构筑平安社区	3.91	3.91	2.29	2.29	3.91	3.91	3.92	3.91	2.29	3.92	3.91
业主广泛参与	参与积极性	5.96	5.77	5.57	6.06	5.35	6.32	4.88	6.16	5.62	5.75	5.43
	邻里互动	4.78	4.86	4.29	4.2	4.03	5.01	4.04	4	4.35	4.81	4.7
物业企业服务	物业服务能力	4.27	4.16	3.89	4.35	3.98	4.49	3.47	4.3	3.94	3.96	3.99
	服务质量提升与创新	3.91	3.82	3.61	4.01	3.66	4.1	3.18	3.97	3.67	3.62	3.51
	经营效益	0.84	0	0.95	1.37	1.44	1.88	1.16	1.44	1.01	1.16	1.16

续表

一级指标	二级指标	社区A	社区B	社区C	社区D	社区E	社区F	社区G	社区H	社区I	社区J	社区K
社会组织参与	种类规模	2.28	2.85	0.61	0.3	2.85	2.85	2.28	2.85	0.3	2.85	2.85
	参与程度	4.16	4.14	3.52	3.71	4.03	4.28	3.88	4.26	3.55	3.85	3.58
社会综合认可	社区治理水平	2.21	2.24	2.09	2.36	2.07	2.52	1.92	2.38	2.12	2.22	2.12
	社会评价	3.88	3.93	3.45	3.45	3.43	4.08	3.33	3.17	3.46	4.16	4.13
	工作联动	2.4	2.34	2.26	2.43	2.2	2.53	1.99	2.47	2.24	2.28	2.25
创新发展	资源整合	2.46	2.37	2.23	2.49	2.26	2.59	1.99	2.52	2.27	2.32	2.25
	创新研发	0.17	0	0.32	0	0	0.44	0	0.22	0	0.57	0.48

表8.19 各社区"红色物业"生态体系三级指标对比

二级指标	三级指标	社区A	社区B	社区C	社区D	社区E	社区F	社区G	社区H	社区I	社区J	社区K
组织建设强化	小区是否成立党组织	4.37	0.87	0.44	0.44	3.94	4.38	0.44	4.38	0.44	1.31	0.88
	物业企业是否按党章建立党组织	3.04	3.04	1.74	1.74	2.12	3.03	2.73	3.03	1.74	2.73	2.73
制度建设健全	政治制度	1.84	1.74	1.68	1.84	1.66	1.89	1.44	1.83	1.61	1.69	1.72
	组织制度	1.58	1.52	1.45	1.55	1.42	1.61	1.27	1.57	1.41	1.46	1.40
	领导制度	0.89	0.85	0.83	0.90	0.82	0.91	0.70	0.90	0.82	0.82	0.84
	工作制度	1.05	1.02	0.96	1.07	0.98	1.11	0.85	1.04	0.95	0.94	0.99
	纪律制度	0.67	0.64	0.61	0.67	0.59	0.68	0.54	0.64	0.59	0.60	0.61
	生活制度	0.21	0.21	0.21	0.21	0.21	0.21	0.21	0.21	0.21	0.19	0.19

续表

二级指标	三级指标	社区A	社区B	社区C	社区D	社区E	社区F	社区G	社区H	社区I	社区J	社区K
党建作用发挥	党支部战斗堡垒作用发挥	3.13	2.98	2.78	3.14	2.76	3.24	2.43	3.04	2.81	2.85	2.95
	党员发挥先锋模范作用	2.74	2.62	2.45	2.70	2.52	2.80	2.26	2.64	2.48	2.46	2.58
	党建活动参与度	1.21	1.21	0.97	0.60	1.21	1.21	1.21	0.12	0.36	1.09	0.97
政府法规政策	"红色物业"建设相关政策的数量	3.45	3.45	1.73	2.59	1.73	1.03	3.45	0.00	0.00	3.45	3.45
	政策的实施和监督	2.24	2.24	1.12	1.12	2.24	2.24	2.24	0.00	1.12	2.24	2.24
	政策实施的资金保障	2.30	0.46	0.46	0.46	0.00	2.30	1.84	0.00	0.46	2.30	2.30
	对政策的监测和评估	2.39	2.39	2.39	2.39	1.20	2.39	2.39	0.00	2.39	2.39	2.39
工作机制平台	政策实施的专业水平和执行能力	1.88	0.00	0.00	0.00	0.00	1.88	1.31	0.00	0.00	1.31	0.94
	共建联建机制	1.75	1.64	1.55	1.73	1.59	1.79	1.38	1.70	1.55	1.56	1.61
协调多方合作	政策信息公开	1.13	1.13	1.13	1.13	1.13	1.13	1.13	0.00	1.13	1.13	1.13
	各利益相关方的合作与协调	1.01	1.01	0.51	0.51	1.01	1.01	1.01	0.00	0.51	1.01	1.01
经济发展水平	社区人口就业率	0.82	0.74	0.66	0.41	0.82	0.82	0.74	0.82	0.66	0.74	0.82
	基础设施建设	0.92	0.86	0.82	0.92	0.83	0.95	0.70	0.89	0.82	0.81	0.77
	公共服务水平	0.72	0.69	0.63	0.72	0.66	0.74	0.57	0.70	0.65	0.64	0.63

续表

一级指标	二级指标	社区A	社区B	社区C	社区D	社区E	社区F	社区G	社区H	社区I	社区J	社区K
社会价值观	社区和谐与合作程度	1.21	1.24	1.06	1.08	1.03	1.20	1.04	1.00	1.07	1.20	1.19
	个人尊重与多元包容程度	0.84	0.86	0.74	0.76	0.72	0.88	0.72	0.70	0.74	0.83	0.81
	集体主义思想观念	0.79	0.82	0.70	0.69	0.69	0.83	0.68	0.64	0.71	0.79	0.77
"红色文化"基础	"红色阵地"数量	0.43	1.06	0.43	0.21	1.06	1.06	0.64	1.06	0.21	1.06	0.64
	居民对于"红色文化"认同感	1.27	1.32	1.17	1.18	1.14	1.35	1.09	1.08	1.15	1.28	1.27
构筑服务社区	社区培训工作开展	1.07	1.07	1.07	1.07	1.07	1.07	1.07	1.07	1.07	1.07	1.07
	社区矛盾纠纷排查化解率	1.43	1.43	0.71	0.43	1.43	1.43	1.14	1.43	0.71	1.28	1.43
	社区特色服务项目数	0.87	0.87	0.87	0.87	0.87	0.87	0.87	0.87	0.87	0.87	0.87
建设民主社区	建有居民自治章程或居民公约	1.71	1.71	1.71	1.71	1.71	1.71	1.20	1.71	1.71	1.71	1.71
	社区政务公开	1.61	1.61	1.61	1.61	1.61	1.61	1.61	1.61	1.61	1.61	1.61
构筑平安社区	档案信息数据库建立情况	1.63	1.63	0.00	0.00	1.63	1.63	1.63	1.63	0.00	1.63	1.63
	社区应急防范	1.18	1.18	1.19	1.19	1.18	1.18	1.19	1.18	1.19	1.19	1.18
	社区安全性	1.10	1.10	1.10	1.10	1.10	1.10	1.10	1.10	1.10	1.10	1.10
参与积极性	居民参加社区会议积极性	2.51	2.44	2.33	2.52	2.22	2.63	2.03	2.59	2.35	2.40	2.29
	居民在社区党组织任职积极性	1.96	1.92	1.85	2.02	1.79	2.11	1.64	2.04	1.89	1.88	1.77
	居民参与选举、投票、建言的积极性	1.49	1.41	1.39	1.52	1.34	1.58	1.21	1.53	1.38	1.47	1.37

续表

二级指标	三级指标	社区A	社区B	社区C	社区D	社区E	社区F	社区G	社区H	社区I	社区J	社区K
邻里互动	邻里交往频率	2.15	2.18	1.94	1.90	1.79	2.28	1.81	1.82	1.92	2.17	2.12
	邻里满意度	2.63	2.68	2.35	2.30	2.24	2.73	2.23	2.18	2.43	2.65	2.58
物业服务能力	基本服务能力	1.94	1.86	1.73	1.93	1.77	2.01	1.56	1.90	1.76	1.76	1.83
	企业管理制度	1.30	1.27	1.18	1.32	1.22	1.36	1.06	1.30	1.19	1.18	1.17
	信息化平台建设程度	1.03	1.03	0.98	1.10	0.99	1.12	0.85	1.10	0.99	1.02	0.99
服务质量	特色服务、定制化服务	1.28	1.21	1.19	1.31	1.18	1.33	1.06	1.29	1.20	1.18	1.15
	企业社会责任履行度	1.50	1.49	1.38	1.55	1.41	1.59	1.23	1.53	1.42	1.39	1.33
提升与创新	收费合理性	1.13	1.12	1.04	1.15	1.07	1.18	0.89	1.15	1.05	1.05	1.03
经营效益	企业年营业收入	0.58	0.00	0.35	0.58	0.58	0.58	1.16	0.58	0.35	1.16	1.16
	总资产周转率	0.26	0.00	0.60	0.60	0.86	0.86	0.00	0.86	0.60	0.00	0.00
	研发经费投入强度	0.00	0.00	0.00	0.19	0.00	0.44	0.00	0.00	0.06	0.00	0.00
种类规模	志愿者队伍规模	1.07	1.34	0.00	0.00	1.34	1.34	1.07	1.34	0.00	1.34	1.34
	社会组织类型多样性	1.21	1.51	0.61	0.30	1.51	1.51	1.21	1.51	0.30	1.51	1.51
参与程度	社会组织参与社区事务机制健全程度	1.85	1.83	1.73	1.92	1.72	1.97	1.57	1.95	1.76	1.80	1.79
	社会组织参与活动频率	1.30	1.30	0.78	0.78	1.30	1.30	1.30	1.30	0.78	1.04	0.78
	参与活动类型丰富度	1.01	1.01	1.01	1.01	1.01	1.01	1.01	1.01	1.01	1.01	1.01

续表

二级指标	三级指标	社区A	社区B	社区C	社区D	社区E	社区F	社区G	社区H	社区I	社区J	社区K
社区治理水平	社区秩序	0.71	0.73	0.68	0.76	0.68	0.79	0.59	0.75	0.69	0.68	0.65
	社区网格化管理水平	0.60	0.64	0.60	0.67	0.58	0.68	0.53	0.67	0.60	0.62	0.57
	社会不稳定因素	0.39	0.40	0.37	0.42	0.37	0.44	0.34	0.41	0.37	0.37	0.35
	社会影响力/品牌效应	0.49	0.47	0.44	0.49	0.44	0.51	0.41	0.50	0.44	0.45	0.45
	市级及以上奖项数量	0.02	0.00	0.00	0.02	0.00	0.10	0.05	0.05	0.02	0.10	0.10
	行业协会评定	0.00	0.00	0.00	0.00	0.00	0.07	0.00	0.00	0.00	0.33	0.33
社会评价	居民对社区归属感	1.40	1.44	1.24	1.27	1.23	1.46	1.19	1.16	1.26	1.41	1.39
	居民对社区信任度	1.30	1.31	1.15	1.15	1.16	1.34	1.13	1.06	1.15	1.26	1.26
	居民生活满意度	1.18	1.19	1.06	1.03	1.04	1.21	1.01	0.95	1.05	1.16	1.15
工作联动	工作联动创新性	1.00	1.00	0.95	1.03	0.94	1.08	0.83	1.05	0.96	0.96	0.96
	工作联动有效性	1.40	1.34	1.31	1.40	1.26	1.45	1.16	1.42	1.28	1.32	1.29
资源整合	政府资源整合	1.20	1.12	1.06	1.19	1.06	1.23	0.95	1.20	1.08	1.11	1.05
	文化资源整合	0.82	0.81	0.76	0.85	0.78	0.88	0.67	0.86	0.78	0.79	0.78
	其他资源整合	0.44	0.44	0.41	0.45	0.42	0.48	0.37	0.46	0.41	0.42	0.42
创新研发	创新成果	0.00	0.00	0.32	0.00	0.00	0.32	0.00	0.14	0.00	0.32	0.32
	人才培养合作	0.17	0.00	0.00	0.00	0.00	0.08	0.00	0.08	0.00	0.16	0.16
	产学研水平	0.00	0.00	0.00	0.00	0.00	0.04	0.00	0.00	0.00	0.09	0.00

得分相对均衡，这与二级指标制度建设情况一致，说明在制度建设方面，11个社区都没有突出的成绩，水平相差无几。党建作用发挥的结果与制度建设健全一致，日后可以成为进一步发展的突破口。

政府法规政策指标差异较大的原因是"红色物业"建设相关政策的数量不同，例如，社区H只有0分，而社区G得分3.45分，如果想进一步发展"红色物业"生态，可从此方面入手。对政策的监测和评估以及政策实施的专业水平和执行能力也呈现比较极端的结果，部分社区所在的地区重视对政策的监测和评估以及政策实施的专业水平和执行能力，而另外一些则毫不重视。政策出台固然重要，但对政策的监控更为关键，政策是否能够长久发力，全靠有力的执行与监测机制，因此，得分较低的社区，如社区H、社区D、社区C、社区I需要格外重视此类问题。

各社区的"红色文化"阵地数量不同，呈现较大的差异。其中，社区D、社区I最低，需要加强这方面的建设。在社区矛盾排解化解率中社区A、社区B、社区E、社区F、社区H、社区K做得较好，其他社区可以其为标杆，提高社区矛盾排解化解率。社区档案信息数据库建立情况的差异较大，除了三个社区没有建立数据库之外，其他社区的建设较为完善。导致经营效益不同的主要原因是总资产周转率的较大差异而并非企业年营业收入。导致社区组织种类规模存在较大差异的原因是志愿者队伍规模的不同，可以看出，各社区之间社会组织类型多样性相差无几但在志愿者队伍规模上，有些社区数量为0，有些社区数量较多，社区工作人员、居委会应该想办法呼吁居民多参与到志愿者队伍中。在创新研发中，创新成果、人才培养合作、产学研水平等差异较大且普遍水平较低，在未来发展中需要格外重视。除以上明显差异外，各社区的三级指标得分差异不大，说明各社区进行"红色物业"生态建设的水平相当且都有提升空间，在未来建设中还有很长的路要走。

以上是对指标体系进行的实际应用，演示了社区"红色物业"生态生命力指数的计算过程以及对于结果的分析。可以看出"红色物业"生态体系的构建能够准确评估社区的"红色物业"生态建设水平，并直观看到社区在"红色物业"建设工作中存在的优势与不足，以便针对具体问题采取具体的解决方法，推动"红色物业"生态建设向好发展。

结语 CONCLUSION

本书通过宝石花物业等企业的"红色物业"生态创建实践，构建了"红色物业"生态建设的模型，建立了"红色物业"生态建设评价的指标体系，从物业企业的角度探寻解决"红色物业"可持续发展问题。

本书作为全国首部系统论述"红色物业"生态建设的书籍，在理论和实践上都进行了创新和突破，原创性的理论创建和独立性的认识架构，对物业行业和物业企业开展"红色物业"建设，具有重要的参考和借鉴价值。

但鉴于研究能力局限、研究理论欠缺、研究资源限制、研究参考缺乏等原因，本书的撰写还存在很多不足，特别是许多内容表述、论证上还不够严谨科学，一些模型和体系的可行性还有待实践的进一步检验。希望能够得到各方特别是专家学者的帮助和支持，以便完善本书的理论论述和研究体系，进一步提高本书的理论和实用价值。

最后，再次感谢各组织、各单位、各企业、各位专家学者的鼎力支持！

附录A

宝石花物业各地区公司开展"红色物业"生态建设实践

1. 宝石花物业酒泉公司

（1）公司概况

宝石花物业酒泉公司是宝石花物业下属的地区公司，公司注册地在甘肃省酒泉市，业务范围主要包括玉门油田的民用住宅、矿区公寓、办公场所、工矿企业，酒泉市政府的办公物业等。现有员工379名（不含外委服务人员），管理服务项目7个，在管物业面积401.09万平方米，年饱和收入1.2亿多元。

（2）"红色物业"创建的主要做法

①建设"红色物业"文化展室。深度挖掘和充分发挥玉门油田——中国"石油工业摇篮"的文化优势，努力探索、丰富和发展中国物业的"红色属性"和历史源头，把2017年在武汉市兴起的"红色物业"历史延伸到1938年建成的玉门油田。通过挖掘、整理、研究"石油工业摇篮""红色物业"的前世今生，2021年6月16日，建成"红色物业文化展室"，成为学习、研究、建设和发展"红色物业"的"圣地"。来自全国近30个省市自治区的政府、企业、军队、公安、学校等各行各业的代表前来参观学习，新华网、中国新闻网等10多家国家级媒体进行了宣传报道。

②强化"红色物业"使命担当。玉门油田有中国石油工业史上最早的住房、幼儿园、学校、农场等，相关管理机构在当时地下党组织的领导下开展后勤服务工作，这可以说是中国最早的"红色物业"。为玉门油田的解放、

"石油工业摇篮"的建设和实现"三大四出"(大学校、大试验田、大研究所,出产品、出经验、出人才、出技术)作出了写入党史的卓越贡献。这是宝石花物业加强党的领导、坚定理想信念、做好"红色物业"的最生动、最深刻、最厚重的教材。在实现中华民族伟大复兴的新时代,宝石花物业有责任为地方经济、玉门油田的发展和满足社区群众对美好生活的向往,把"红色物业"做得更好。

③积极推动共建共治共享。主动融入"居委会+业委会+物业企业"组织架构。按照"党建引领、多元共治"工作思路,在街道社区党组织的领导下,建立了社区、业主、物业联席会议机制,人员交叉任职,强化沟通配合,及时协调解决小区管理服务中出现的问题;推动"网格、警格、管家"共建共联,通过社区网格、公安警格和物业管家的共建共融和全方位互通联动,社区综合治理取得明显成效;主动凝聚建设"红色物业"共识,多次承办研讨并组织制定《强化党建引领打造"红色物业"全面推进与社区深度融合的工作方案》,从打造"红色阵地"、组建"红色队伍"、深化党建工作、延伸便民服务、开展社区文化活动、实施多方联动六个方面着手,全面推动、倾力打造"红色物业";主动推进形成"十联共建":党建工作联动、网格关系联建、疫情防控联抓、扶贫济困联帮、社区治安联防、环境卫生联管、先进文化联育、公益事业联办、纠纷矛盾联调、志愿服务联动。

④打造宝石花物业特色金牌管家。牢记"争做有温度、有情怀、有责任、有追求的大物业企业"的发展使命,借鉴国内物业"管家式"服务的先进理念,充分发挥企业"红色基因"优势,不断打造有宝石花物业特色的金牌管家。金牌管家具有三重角色:对外是企业品牌形象代言人,对内是项目经理的得力助手,对客是小区业主的贴心人。金牌管家是"五齿联动""三保一修"和管家联动的核心,在做好基础物业的基础上,特别注意在关爱服务、便民服务、亲情服务上下功夫,做到"响应诉求快、传达指令快、解决问题快、社区协调快",真正成为"住户代言人","有事找管家"成为业主的口头语。同时,通过开办管家品牌"提档升级"培训、新老管家师徒结对以及"三亮"(亮身份、亮形象、亮承诺)、"三带"(带出标准、带出品牌、带出传承)、"三比"(比业绩、比奉献、比技能)等,在打造"十大

金牌管家"的基础上,铸就宝石花物业特色管家的金字招牌,极大地提升"红色物业"创建的含金量。

⑤打造36.5℃温暖社区。积极参与疫情防控,为居家隔离群众提供代买生活物资等跑腿服务,为社区核酸检测提供场地等辅助服务;倾力提供贴心服务。帮助推送"医疗费报销"及"五七工、家属工养老认证"指南,推出家政及"用餐助餐"服务;推动建设社区会客大厅。联合社区、公安、志愿者、公益组织等多元主体,积极参与基层社区治理,促进社区治理与物业服务相融合,不断提升社区治理能力和物业服务水平;组织建设社区文化公社,在社区党组织的领导下,整合各方资源和力量,开设"小区书吧"、公益活动服务中心等,满足社区居民业余文化消费需求;设立便民服务集市,每月一次在小区内开展皮衣护理、理发、擦鞋、磨刀、量血压等多项便民服务;打造冬奥社区,在玉门石油基地建设了甘肃省唯一一家冬奥社区,开展冰雪体验、主题展览、全民健身、文艺演出、传统民俗等5大主题27项迎冬奥主题活动,极大地丰富和拓展了社区居民线上线下文体生活。

(3)"红色物业"创建的主要成果

①打造全国物业名片。全国少有的"红色物业文化展室",甘肃省唯一的宝石花物业"冬奥社区",宝石花物业的"十大金牌管家",2个小区被评为宝石花物业"全国住宅物业标杆"。公司成立三年多来,累计获得地方政府、玉门油田和宝石花物业等各类荣誉35项,公司成为甘肃省和宝石花物业有影响的亮丽名片。

②深度参与社区治理。在街道社区党组织的领导下,积极发挥好"红色物业""三主"作用:责任主体、工作主力、活动主办。从打造"红色阵地"、组建"红色队伍"、深化党建工作、延伸便民服务、开展社区文化活动、实施多方联动六个方面着手,嵌入社区党建,参与社区治理,发挥了突出作用,得到政府高度认可,公司被酒泉市授予"物业服务优质企业""红色物业示范小区""疫情防控先进单位"等荣誉称号。

③发展环境明显变好。"红色物业"的创建,促进了良好工作局面的形成:政府认为很重要,油田感觉离不开,居民有事找物业,社会资源争靠拢。地方政府、玉门油田从政策制度、资信荣誉、市场进入、人财物帮扶等

方面给予大力支持。政府、业主、物业、社会组织"一家人""一盘棋""一条心",形成了干事创业的共赢环境。

④服务品质不断提高。依靠街道社区党组织的坚强领导,解决了物业企业长期以来想解决而未能解决的"责任边界不清、没有执法权力、居民诉求多样、邻里矛盾调解"等诸多难题。智慧物业与社区网格、公安警格链接,大大提高了工作效率和工作效果,每年解决小区综合治理、安全隐患、扩充停车位、维修屋顶等民生问题近2万件,公司物业服务品质走在甘肃省酒泉市的前列。

⑤市场拓展加快突破。"红色物业"的金字招牌,体现的是责任、情怀和品质,成为市场拓展的"杀手锏"。公司承接的酒泉卫星发射基地物业,实现了宝石花物业在部队营区物业拓展的突破,荣获军方"融通物管试点保障服务'优秀供方'"荣誉称号,并为神舟十四号载人飞船发射圆满成功做出了宝石花物业人的贡献。同时,公司不断拓展承接了酒泉市政府相关办公物业和社会住宅物业。

⑥实现健康快速发展。"红色物业"的创建,为公司发展插上了翅膀:服务能力越来越强,专业人才越来越多,服务区域越来越广,服务面积越来越大,服务业态越来越丰富,资源整合能力越来越强大。公司成立三年多,服务面积从181.3万平方米增加到401.09万平方米。2021年初,公司由宝石花物业C级公司升级为B级公司。

⑦形成"红色物业"文化。用"摇篮物业"文化统一思想和凝聚队伍,持续挖掘物业行业自身文化价值,讲好"摇篮物业"故事,逐步形成了以"六个一"为核心的"红色物业"文化:一种精神,以"铁人精神"为灵魂的拼搏进取精神;一种理念,"在岗一天操心24小时、大家好才是真的好";一首歌,《宝石花物业美好家园之歌》;一本书,《宝石花物业玉门文化简本》;一个展室,"红色物业文化展室";一套励志加油操,《加油,玉门油田物业人》。

(4)"红色物业"创建的主要经验

①"红色物业"真创建。坚决响应党的号召,积极参与社区治理。不走形式,不图虚名,不摆花架子,从思想上、行动上切实把"红色物业"创建

当作加强党的领导、破解瓶颈问题、提高服务品质、促进公司发展的难得机遇，全力保障和参与社区"红色物业"创建。

②共建制度真落实。制度是行动和成功的根本保证。助力街道社区党组织，搭建"居委会+业委会+物业企业"组织架构，推动"双向进入、交叉任职"机制落实，起草相关管理制度，编写工作体系、规划、标准，促进"红色物业"扎实落地生根。

③主体作用真发挥。从政府角度看，物业企业是"红色物业"不可缺少的关键一环。从物业企业来讲，企业就是"红色物业"工作和责任的主体。物业企业主动参与担责，党的号召记在心里，工作责任扛在肩上，保证和推动"红色物业"创建工作的顺利开展。

④自身优势真彰显。把玉门油田"红色物业"光辉的历史、宝石花物业优秀的"红色基因"、"铁人精神"优良的光荣传统，变成"红色物业"创建的强大动力和决心使命，这是宝石花物业玉门油田地区公司在全国物业行业独一份的优势。

（5）"红色物业"创建的主要困难与瓶颈

①如何从政策法规方面实现突破，形成"红色物业"建设的长效机制，还需要进一步研究和明确。

②物业与街道社区、业委会、警方、社会组织等相关各方，共融共建共享的工作制度、工作平台、工作流程等，还需要进一步科学和完善。

③"红色物业"在提升社会效益的同时，如何促进物业企业经济效益的提升，还需要进一步研究和思考。

2.宝石花物业洛阳公司

（1）公司概况

宝石花物业洛阳公司是宝石花物业下属的地区公司，公司位于河南省洛阳市，业务范围主要包括中国石油第一建设公司和中国石油第七建设公司的民用住宅物业、矿区生活服务、办公场所物业以及洛阳市相关房地产企业的案场服务和前期物业服务等。现有员工104名（不含外委人员），管理服务项目12个，在管物业面积149万平方米，年饱和收入3604万元。

（2）"红色物业"创建的主要做法

①传承"红色血脉"。宝石花物业作为国有资本占主导地位的大物业企业，"红色物业"创建可谓"根正苗红"。企业充分发挥政治优势和组织优势，成立了地区公司党组织，并在下辖的六个小区成立物业基层支部，建立健全组织机构，发挥党员先锋模范作用。赓续"红色血脉"，用好"石油精神"这张名片，在深度发掘和丰富"红色资源"上做文章。广泛宣传习近平总书记"大庆精神、铁人精神已经成为中华民族伟大精神的重要组成部分"重要讲话精神，使"红色血脉、基因"传承成为"红色物业"创建的不竭动力，成为在全国"红色物业"创建中与众不同的"红"。根据地区公司实际，用岗位讲述感人至深的宝石花物业"红故事、红案例"，用具体行动彰显"红精神"，在"红色物业"创建中进入第一方阵，当好排头兵。

②展现责任担当。宝石花物业是"有情怀、有温度、有责任、有追求"的大物业企业，在"红色物业"创建中，依托"坚持党建引领，传承'红色基因'"的政治优势，勇于承担社会职能；在疫情防控、自然灾害、防电信诈骗等重大社会考验面前，主动为地方党委和政府排忧解难。开放数据实时共享，建立工作联动机制，与街道、城建、公安、应急救援、市场监督、卫健等行政主体进行快速联动，把社会治理和服务重心的关口前移下沉，做地方党委政府的战术预备队，协助打通行政效能落地"最后1米"的路径。

③找准角色定位。"红色物业"创建是街道社区党组织主导推进的一项重要工作，通过"红色物业"创建，把基层党建与社区物业有机融合，把群众呼声与基层党建有机融合，促进党建水平提高和基层治理体系能力现代化建设。对于物业企业来讲，没有党委政府的直接领导，没有"多方联动"的组织、载体、机制，创建工作是难以推动的。实践证明，"红色物业"是党组织领导下的"共建、共治、共享"，要求相关各方找准定位、强化联动、平等沟通、发挥优势、分工负责。"红色物业"的创建，从一定意义上讲就是："街道党工委搭台，小区党支部（业委会、物业管理委员会）敲锣，物业党支部唱戏。"

④深度参与共建。坚持用党建带动物业发展，把"红色物业"打造成推

动基层社会治理的重要载体,把物业企业建设成为党的宣传队、工作队。主动融入街道、社区党组织领导下的"红色物业"创建,形成"居委会+业委会+物业企业"社区党建"新三驾马车",逐步完善"双向进入、交叉任职"工作制度,制定"红色联盟"联席会议制度,出台"红色物业"创建方案。公司党总支委员、中油家园驻场经理胡波同志任洛龙区住房和城乡建设局物业行业党委委员、翠云路街道广利社区党总支副书记(兼),红旗小区驻场经理张桃丽同志任关林街道红旗社区党总支委员。公司参与洛阳市有关物业管理条例的修订提案,受洛龙区物业领导小组和翠云街道党工委委托,组织编制了"红色物业"有关考评标准、工作标准等。胡波同志在"红色物业"联席会议上提交提案12件,被采纳9件。

⑤打造"红色管家"。"红色管家"是宝石花物业洛阳公司区别于洛阳市其他物业企业的显著标签。"红色管家""红"在管家队伍,所有管家基本上都是党员或入党积极分子,具有高度的政治觉悟和责任担当;"红色管家""红"在工作要求,严格按照洛龙区"组织建设6要素、硬件设施6达标、活动服务6常态、管理机制6规范"开展"红色物业"创建;"红色管家""红"在"心红",物业管家真心听党的话,真心为群众服务,真心把工作干到极致。特别是围绕老百姓反映强烈的急难愁盼问题,扎扎实实干出成效,真真切切赢得人心,让小区居民感受到更多的获得感、满足感、自豪感、安全感。

⑥做法赢得支持。公司在基层党建、社区治理特别是疫情防控工作中的突出表现,赢得各方纷纷点赞和大力支持。河南省委常委、洛阳市委书记江凌同志亲自深入公司调研指导工作,河南省委疫情防控领导小组两次到小区进行疫情督导。市、区、街道、社区从政策、物质和精神等多方面给予支持和帮助,"红色物业"激励政策、小区宣传阵地文宣制作、小区体育活动器材的提供、防疫物资的下发、秩序维护装备的配备、专项活动开展人员的支持、小区活动阵地建设、行业评优评先等都给予了考虑。洛龙区向社会和企业宣传推荐宝石花物业,物业企业参与市、区、街道物业主管部门组织的各类专业和社会公益活动,并能够参与物业行业评优评先决策,这些更是政府给予公司发展的一个特别的能量加持,进一步激发了公司的社会责任和内

在动力。

(3)"红色物业"创建的主要成果

①共建共享模式初步跑通。街道、社区处于领导和引导地位,以提升领导力、组织力为重点;物业企业发挥责任主体、工作主体、活动主体作用,以提升执行力、服务力为重点;小区业主处于主人的关键地位,以提升自治能力和监督能力为重点,通过政策保障、平台搭建、机制落实、资源整合等,实现社区作用有效发挥、业主切实得到实惠、物业能够突破发展的多方共赢。

②"红色物业"品牌基本形成。宝石花物业洛阳公司成为市、区两级物业行业的常务理事长和副会长单位,被洛阳市物业行业主管部门党委誉为"物业国家队"。在河南省和洛阳市物业行业技能大赛和"红色物业"知识竞赛中连创佳绩,业主满意度大幅度跃升,物业费收缴率高于同地区行业9个百分点。中油家园小区"红色物业"创建工作被选为河南省省级"红色物业"创建示范点。省、市党媒党刊报道17次,接待省、市参观、学习、观摩、调研15次,获得省、市、区各类表彰6次。

③市场聚集效应开始显现。物业企业是"船","红色物业"是"帆",好风凭借力,直挂云帆济沧海。引进优质的品牌大物业企业尤其是"红色物业"服务企业已成为各方的共识。宝石花物业洛阳公司"红色物业"以其在社区和市场上的亮眼表现,赢得某地产公司300多万平方米的案场服务和前期服务项目。同时,在老旧小区改造、城市有机更新和物业服务合作方面,周边城市和其他物业企业也主动提出合作邀请。公司被平顶山市住房和城乡建设局列为老旧小区改造专家组成员单位,并为该市老旧小区改造进行了设计规划和实施方案的制定,与社会各方的合作也展现出很好的发展前景。

④社会力量不断得到激发。公司充分发挥党建引领下的政治优势和组织优势,动员、组织小区居民成立舞蹈队、合唱团、太极拳队、毽球队、乒乓球队等居民文体活动团体,并将小区居民培育成宝石花物业的忠实粉丝和小区美好生活的创造者、维护者。服务的小区"铁人先锋"志愿者团队,2021年在中央广播电视总台领取了"中国公益大典"的"集体公益奖",成为洛阳市一道靓丽的名片。小区社会力量的激发和释放为"红色物业"的创

建夯实了广泛的群众基础,营造了良好的工作环境。

(4)"红色物业"创建的主要经验

①建立制度是创建成功的基础。"红色物业"创建没有"自动驾驶"模式,必须加强创建工作的组织领导和制度设计。组织架构、工作机制、体系建设、法规指引等对于"红色物业",就像阳光、氧气、水分对于生命,是维系"红色物业"的生命所在。

②主动担责是创建成功的关键。物业企业是党组织的工作队,但不是党组织功能单一的工具。物业企业不能是被动等待指令和机械执行安排,而应该是能动的责任主体、工作主体、活动主体。要变被动执行为主动参与,变完成任务为创造价值,变交办事项为发展机遇,主动担责是工作成功的关键密码。

③发挥优势是创建成功的保证。群众需要啥,是创建的出发点和落脚点,但群众缺乏主动权。政府具有主动权,但缺少解决问题的办法,或者没有解决的力量。物业离群众更近,是群众需求的末梢、前哨和探头,但物业不能独立完成创建工作。只有强化相互配合,发挥各自优势,才能形成"一家人一条心,一个目标一起奔"的局面。

④身份平等是创建成功的捷径。社区是主导,业主是主人,物业是主体。各方身份不同,但身份平等。"有事多商量",把各自的想法、看法都说出来,并且把想法背后的想法也说出来,通过深度讨论,达成创建共识,形成行动方案。作为物业企业,要清醒地知道参与"红色物业"的责任、价值、机会与风险。

(5)"红色物业"创建的主要问题

①"红色物业"创建的相关政策法规条令条例依据不充分,操作程序复杂,工作的规范性、稳定性和可预见性受到影响。

②如何看待参与"红色物业"的投入和产出,如何解决"红色物业"的公益性和物业企业的市场性问题,需要进一步研究和解决。

③"红色物业"创建的责任边界仍需进一步清晰。依照法定主体责任,各责任主体协同推进工作,才能推动创建工作更好开展。

3.宝石花物业江苏公司

（1）公司概况

宝石花物业江苏公司是宝石花物业的合资公司，公司位于江苏省南京市，业务范围主要包括民用住宅物业服务、保安服务、商超餐饮服务等。现有从业人员386名（含外委服务人员），管理服务项目6个，在东郊小镇项目建有"功能性党支部"。在管物业面积235万平方米，2021年饱和收入3038万元。

（2）"红色物业"创建的主要做法

①依靠党建带动"红色物业"创建。与宝石花物业其他地区公司相比，宝石花物业江苏公司党建基础相对较弱，公司把党建带动"红色物业"创建作为统领工作始终的指导思想，邀请社区党委、物业行业党委指导公司党建工作，特别是重点指导由政府托管的保障房小区和老旧小区的物业组织设置，因地制宜采取多种形式开展党建工作。请求社区党委指派党员进入物业企业党支部，同时协同业主自治组织开展党建工作。依靠全方位加强党的建设，保证"红色物业"创建顺利推进。

②全力推动工作制度创建。根据街道社区党组织的部署和安排，完善"联席会议制度"，建立物业"大党建联盟"，推动居委会、业委会、物业企业"三方联动"机制建设，搭建街道社区党员干部、业委会成员党员、物业服务项目部成员党员、小区业主党员代表"四位一体"的党建共建公众平台。落实"交叉任职"机制，邀请熟悉物业管理法律法规的社区"大党委"兼职委员担任物业项目服务总督导员，推荐物业企业负责人中的党员担任社区党组织兼职委员，承担和参与社区党组织安排的工作任务。

③借助"外脑"科学谋划创建。为提高"红色物业"创建的效果，找准创建的切入点，公司邀请南京市秦淮区人民政府、南京市商务部门、麒麟街道办事处、南京城市更新联合会、南京商业地产商会以及东南大学教授和相关专业媒体专家，结合南京最大居住区东郊小镇的实际情况和宝石花物业的资源优势，深入把脉公司"红色物业"创建的焦点、痛点、堵点，

共同谋划创建的思路、方法和方案，提高"红色物业"创建的科学性、精准性和有效性。

④依靠担当提高创建水平。党的召唤、社区的需要、群众的困难，就是"红色物业"创建的追求。2021年7月，公司管理服务的南京仙林东南青年汇公寓被政府指定为疫情防控隔离点，公司员工21天的日夜坚守和付出牺牲，换来427名隔离人员和60名医护工作人员全部核酸检测阴性，无一人感染，得到时任江苏省委书记娄勤俭同志的表扬肯定。公司开展的"东郊小镇展望未来共创工作坊"，聚焦空间管理、设施完善、老年友好、文化提升、停车管理、文明养宠六大主题，加快推进了小区居民急难愁盼问题的解决。

⑤积极争取政策支持帮扶。南京市秦淮区委组织部调整优化了为民服务专项资金使用范围和流程。建立党建专项资金，指导督促街道社区围绕老旧小区物业管理覆盖、"红色"业委会打造等领办党建创新项目，对完成较好的优秀项目给予补助。麒麟街道积极关注东郊小镇"一刻钟便民生活圈"创建，在东郊小镇十街区打造社区活动中心，打造包含音乐室、阅览室等在内的公共文化休闲空间。疫情防控期间，各级政府在税收、社保减免方面给予优惠政策，并给予各类防疫物资的支持，南京市人力资源和社会保障局给予培训费用支持。

（3）"红色物业"创建的主要成果

①创新小区治理模式。公司管理服务的南京东郊小镇，是一个建于2005年、拥有12个街区、常住人口达5万的庞大居住社区。公司组织了由社区、居民、高校、社会机构共同参与的未来社区研讨会。在街道社区的大力支持下，公司负责小区治理场景、邻里场景、商业场景、空间场景、文化场景、服务场景、智慧场景七大方面具体改进措施的落地，不断增强社区居民的获得感、幸福感、安全感，给其他大型社区更新改造提供了具有前瞻性、可持续性的范例。

②服务品质稳步提高。通过调研问卷、论证会、恳谈会等形式进行多轮调研，了解居民需求，发现突出矛盾，理清服务短板，分类推进解决。用坚定的承诺、持续的付出、科技的赋能和较高的标准，让居民感受到变化，

让政府看到担当，让家园变得更加美好。

③创建生态初步形成。"红色物业"创建以来，创建的理念认识更加清晰，共建机制逐步优化，政策制度不断探索，创建动能逐步强化。一个"政府搭台、物业唱戏、居民参与、社会支持、共享多赢"的良好局面正在形成，并且发展势头值得期待。

④公司品牌开始叫响。依靠"红色物业"的创建，一个成立才两年多、规模不大的物业企业，逐步在南京市秦淮区有了名声。东郊小镇入选"北京2022年冬奥会和冬残奥会示范社区"，公司荣获南京市物业管理行业协会颁发的"抗疫优秀物业企业"称号。

⑤赢得各方信任支持。强烈的社会责任感，稳步的服务品质提升，居民一天比一天更加认可，党组织工作队的作用更加显现。南京市秦淮区朝天宫街道办事处，将55个片区或零散小区（总计管理服务面积67.3万平方米）的物业综合服务交给公司，"红色物业"的创建将开辟更加广阔的天地。

（4）"红色物业"创建的主要经验

①主动赢得主动。主动接受社区党组织领导，主动融入社区治理，主动承担创建责任，主动开展创建工作，主动推进"三方联动"，从而赢得各方支持和帮助，保证创建工作的顺利进行。

②赋能增加底色。南京市秦淮区是国家重要的文化旅游中心，宝石花物业有着鲜明的"红色基因"，两者的"红色"传承和叠加赋能，公司的"红色"底色更加浓郁，"红色"素质快速增强。

③真心赢得人心。疫情防控，一切听从党召唤，一切为了老百姓。为了完成任务，北京总部工作人员来到南京支援抗疫。全力服务居民，群众的需求和困难力争在第一时间呼应和解决。无悔无怨，用心血、汗水和牺牲，一步一步扎实打造36.5℃温暖社区。

④创新赢得突破。思维创新，宝石花物业社区生活研究院正式成立，努力为社区居民提供全方位、全周期、全业态、全年龄段的生活服务。服务创新，"一刻钟生活圈""红色物业爱心基金"深得民心。管理创新，"东郊小镇展望未来共创工作坊"正在结出硕果。

(5)"红色物业"创建的主要问题

①法律法规、组织机制等共建支撑机制尚未健全,导致无法为"红色物业"创建提供足够的动力引擎。

②如何提升公共资源的价值水平和使用效能,保证"红色物业"在三年补贴之后能够长久生存,需要进一步的研究和指引。

③共建机制职责权限还不太清晰,影响"红色物业"创建工作高效率、高水平持续开展。

4.宝石花物业大庆公司

(1)公司概况

宝石花物业大庆公司是宝石花物业的全资子公司,位于黑龙江省大庆市,是国有股份占主导地位的混合所有制企业。服务总占地面积3151.77万平方米,现有28个物业项目。公司有党总支1个,党支部7个,党员94人。公司在册员工650人(不包括委外人员),基础服务人数75.57万人,年饱和收入3.58亿元。

(2)"红色物业"创建的主要做法

①建立"红色组织"。积极推动构建"党建引领、多元融合、社群相连、社企共建"基层党建新格局。推行"双向进入、交叉任职",促进实现共治、共建、共管、共享;在每个基层片区设置党支部的基础上,加快各个项目党支部的建设,做到"支部建在项目";按照"有场所、有设施、有标识、有党旗、有书报、有制度"的"六有"标准,在项目建立党群活动室、职工活动中心、党员学习角等,使之成为团结引领的政治中心、宣传教育的文化中心、联系服务的便民中心;建立"红色议事厅",每月定期组织街道(社区)书记、民警、业委会成员、党员及业主代表召开联席会议,学习政策法规、听取相关意见、研究具体工作,架起党群"连心桥",为业主解难题、办实事,做到零距离倾听,面对面解决,心贴心服务。

②倡导"红色教育"。党总支始终把"红色物业"创建、新闻宣传报道、优秀典型选树、参与社区活动等作为重要工作来抓。尤其在疫情防控期间,

积极组织各片区、各项目及时把物业人勇敢逆行、迎难而上、担当作为、吃苦耐劳、忘我奉献的人和事进行系统总结、深度挖掘,充分运用广播、电视、报纸等新闻媒体和官方微信公众平台等融媒体以及今日头条、抖音等点击量高的自媒体多渠道进行宣传。通过选树"党员先锋岗",开辟《战"疫"英雄谱》栏目,广泛宣传共产党员的先锋模范作用。深度挖掘和大力宣传优秀典型的先进事迹,加强员工"红色教育",增强党组织凝聚力(图1)。

图1　党群活动室示例

③弘扬"红色文化"。党总支将"大庆精神""铁人精神"作为创业发展的动力源泉,融合宝石花物业文化,逐渐形成公司"四个一"特色企业文化,即"从上到下一条心,严密管理一张网,从内到外一盘棋,暖心服务一团火",为宝石花物业"源自中国石油,服务中国石油"的发展理念注入一股强有力的"红色力量"。公司东湖二项目还在一线工作中总结提炼出独具特色的"三种精神",即在项目组建初期,薪火相传、勠力同心、攻坚克难、自强不息的"创业精神";面对疫情,奉献、逆行、坚守、担当的"抗疫精神";应对"三供一业"小区改造、极端天气、"两费"改革的聚力、开拓、乐观、拼搏的"追梦精神"。带动全体员工秉承全心全意为业主服务的初心,不断开拓创新、坚毅前行,用真情服务换来业主的美好生活。

④打造"红色队伍"。推行"党员引领"服务模式。开展党员"三亮"活动,即"亮身份、亮承诺、亮岗位"。"一名党员就是一面旗帜",全体党员带头冲在前、作表率。着力把项目党员培养成业务骨干、把业务骨干发展成党员,切实增强党员责任、担当、服务意识。推进"红色物业"标杆项目建设。在项目成立党员突击队,设立党员示范岗、党员责任区。推行"红色管家"服务模式。通过"包片""包楼""包户"管理模式,为业主提供一对一个性化物业服务,直接倾听业主意见和建议,保证业主"家人"的需求在最短时间内获得反馈和解决。及时了解业主对物业服务的满意度,以更加亲情化的"红色管家"服务赢得小区业主的充分信赖。

⑤彰显"红色担当"。坚守抗疫一线,筑牢生命防线。坚决贯彻落实政府疫情防控各项工作部署,积极配合属地街道社区及相关部门从严落实各项防疫措施。面对疫情防控物资短缺、人员匮乏、工作时间和劳动强度大等诸多困难,公司多方筹措、垫付资金寻求解决途径。主动为政府分忧,积极履行社会责任。公司成立以来,把提供岗位、吸纳就业作为企业应尽的社会责任。狠抓环境治理,助力"文明城市"创建。积极发挥物业管理和服务优势,集中力量开展环境整治,为"创城"加分。对小区内"三供一业"小区改造施工遗留的建筑垃圾,组织会战清理,逐步恢复因施工破坏的小区环境。对辖区外责任界限不清、多年无人清理的"三不管"地带组织集中会战,优化城区卫生环境。

⑥创新"红色服务"。利用各种节日开展送温暖、送关爱、送祝福等活动。如母亲节向业主送鲜花、开展健康讲座,端午节包粽子、铺设防滑垫、暖心把手等,充分体现物业的亲情服务和社会责任。联合社区、街道、城管等执法部门开展"红色物业"治理行动。针对长期无法解决的违章搭建、侵占绿地、堵塞消防通道等问题开展综合治理。与"我为群众办实事"实践活动相结合,持续开展便民服务日活动,定期为辖区业主提供免费义诊、磨刀、清洗地垫、理发、配钥匙等便民服务,增加业主黏度;扎实开展项目经理接待日活动,认真听取业主意见及建议,尤其针对业主反映强烈的房屋漏雨和"三供一业"小区改造工程遗留问题,及时给予答复和协调解决问题,促进物业服务提档升级。

（3）"红色物业"创建的主要成果

①打造了公司品牌。2020—2021年公司先后成为省市物业管理协会副会长单位。2021年荣获黑龙江省物业管理协会"抗击疫情优秀企业"荣誉称号。公司党总支被中共大庆市让胡路区委授予"全区先进基层党组织"。公司成立三年，收到锦旗477面、感谢信301封。

②提升了服务品质。公司以"初心、良心、匠心"的专业服务，赢得大庆市地方政府、宝石花物业总部及广大业主的普遍认可。公司管理服务的龙东小区、创业城五区分别被黑龙江省物业管理协会和总部授予"住宅物业标杆""优秀物业服务项目"。2021年5月，黑龙江省政协副主席、原大庆市委书记韩立华在悦园小区视察时，对公司的高品质服务给予高度评价。

③拓展了社会市场。全力抢占大庆油田"两资""两非"改革退出业务，大力拓展大庆市国企、医院、学校后勤服务以及城市综合服务等业务。以高黏性的生活服务为切入点，拓展了入户有偿服务、社区团购、家政保洁、旅游业务等增值服务项目20余项。

④嵌入了社区治理。以"双向进入、交叉任职"为核心，基本实现了共治、共建、共管、共享。配合市公安局加快推进智慧小区建设进程，配合街道社区推进环境整治及小区改造，联合消防救援支队在小区开展消防实践安全演习等，物业在社区治理作用得到较好彰显。

⑤改善了发展环境。公司以高度的政治责任、强烈的社会担当、突出的工作成绩，特别是在疫情防控中的卓越表现，使政府感觉物业很重要，使业主认为物业离不开，得到全社会的认可和点赞。大庆市着力推进的"三个城市"建设，为公司提供了更加广阔的施展舞台。

（4）"红色物业"创建的主要经验

①"红色物业"是传承"大庆精神"的有效载体。"大庆精神"是中华民族伟大精神的重要组成部分。公司源于油田、服务于油田，对大庆油田和大庆业主有着深厚的感情，对于新形势下的"红色物业"打造也有着特别的理解，是传承"大庆精神""铁人精神"的最佳载体。

②"红色物业"为公司发展增添了强劲动力。根据行业发展趋势和公司客观发展实际，规模收购和资本驱动等快速发展之路越发难走，"红色物业"

创建带来了难得的发展机遇,正在成为公司创新、转型、融合、升级的最佳契机,为公司加快发展增添了动力。

③学会借力是"红色物业"创建的"捷径"。依托"宝石花物业公益联盟",持续开展助老、助业、助学、助残"四助"服务,得到社区居民热烈好评。依托"全国最美志愿者"孙雅芳爱心工作室,组建联合"红色志愿服务团队",暖心服务点亮了百姓民心。

(5)"红色物业"创建的主要问题

①对"红色物业"的认识有待进一步提高。对什么是"红色物业"、怎么做"红色物业"、政府和企业对"红色物业"的认知有什么差异等问题,还需要进一步探索和研究。

②党支部的覆盖面有待进一步提高。"红色物业"开展时间短,项目党员人数比较少,党支部还不能实现全覆盖,影响了"红色物业"更好推进。

③老旧小区需要政府的投入支持。老旧小区建成时间较长,存在房屋漏雨、公共设施老旧、健身器材破损等问题,改造维修需要大量投入,需要政府相关部门给予资金支持,共同打造和推进"红色物业"。

5. 宝石花物业西安公司

(1)公司概况

宝石花物业西安公司是宝石花物业下属的地区公司,2018年12月24日注册设立,总部设在陕西省西安市。服务区域包括陕甘宁三省区6地(市)14个县(区),业务范围以住宅物业服务为主,兼有工业物业、校园物业、医院物业、餐饮酒店、中小学配餐等服务业态。管理服务32个职工家属区,住宅楼1795栋,建筑面积804万平方米(其中住宅物业753.07万平方米),住户78229户,服务总人数23万余人。公司下设9家公司,11个物业项目和1个酒店餐饮项目。现有员工432名,业务外包和劳务用工2812人。2022年预算饱和收入3.75亿元。

(2)"红色物业"创建的主要做法

①推动构建"五位一体"大党建格局。在街道工委统一领导下,形成了

社区、居委会（业委会）、驻地单位（离退休管理部、工业服务站）、离退休党支部、物业项目等"五位一体"的大党建格局。社区和物业项目在一面旗帜下共同建立党员活动阵地，共同过组织生活，共同开展文体活动，把党建工作和行政工作、服务工作紧密结合起来，在工作中既各负其责，又交叉任职，共同推进党建工作（图2）。

②注重发挥社区和物业各自优势。在地方政府的政策支持下，由物业企业为社区提供办公场所、活动场所、"一站式"服务大厅等，物业企业负责园区建设、环境改善、物业服务、离退休人员服务、老年大学办理、日间照料中心管理等大后勤服务。社区主导街道安排的相关工作，并提供与政府各相关部门的沟通渠道，促进司法进社区、消防进社区、人防进社区、片警在社区，打造安全稳定、绿色和谐、环境良好、居住便利的生活环境。

③把"红色物业"纳入标准化项目建设。根据宝石花物业总部提出的"四化"建设要求，地区公司对物业项目编制出标准化建设方案，内容包括标准化管家团队、星级管家标准化管理、所有外包业务（保洁、绿化、秩序维护、工程维修、电梯维护、消防等）标准化建设等。把"红色物业"创建纳入到物业项目标准化管理的年度考核，把《"红色物业"行动方案》和物业日常工作系统结合起来，作为各物业项目的标准化管理内容（图3）。

④充分发挥先进样板的引路作用。西安雁塔区红专南路小区是"全国和谐社区建设示范社区"，也是宝石花物业总部评选的"红色物业标杆项目"。地区公司积极与街道办事处沟通联系，立足红专南路（长庆坊）共驻共建共享资源，打造成街道办事处和宝石花物业内部交流学习平台。全面总结完善红专南路（长庆坊）小区标杆创建经验，力推六个平台建设（社区党建平台、社区综合治理平台、社区文化平台、社区志愿者平台、社区生活服务平台、社区智能化平台）。条件成熟的先推先建，条件后期成熟的随后跟上，"红色物业"创建取得较快进展。

⑤大力推进小区智能化建设。2019—2020年，对西安长庆油田各主要小区开展智能化升级改造，完善各小区智慧门禁、小区智能监控、小区三维地理信息、智能物联（电梯、消防、地库照明）、400个客服中心搭建等工作。按照属地公安部门的要求，各小区先后在当地率先配合完成了与当地

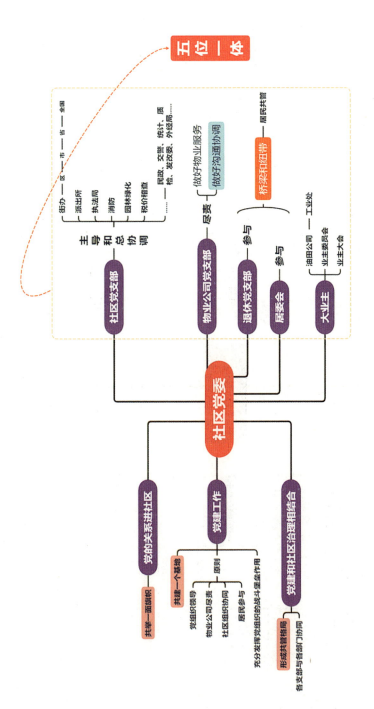

图2 宝石花物业"五位一体"的党建格局

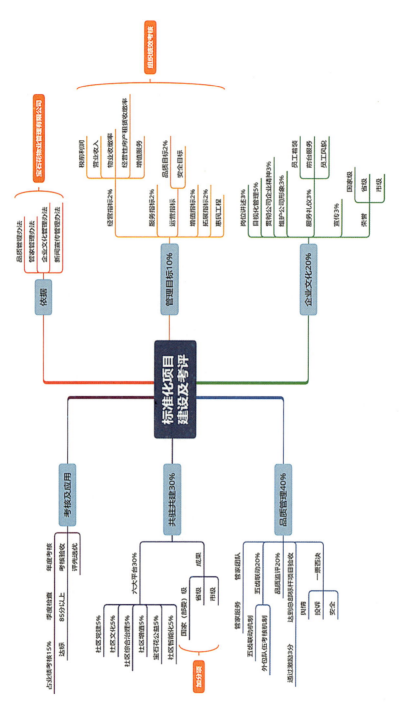

图3 宝石花物业标准化项目建设及考评

"雪亮工程"的并网，解决了"雪亮工程"进入小区"最后一公里"的问题，实现小区安防与公安系统并网运行。另外积极配合总部推进"享惠家""物小宝"小程序的功能拓展，居民足不出"区"就可以享受到社区服务、社区旅游、社区康养、家政服务、家电维修、房屋装修等服务，同时提供商品到家、服务到家的贴心服务。用科技提升管理效率，增强用户体验感，提高了"红色物业"创建水平。

（3）"红色物业"创建的主要成果

①打造了全国"红色标杆"。地区公司管理服务的红专南路小区和环南路小区，先后被评为"全国和谐社区建设示范社区"。多位国家领导人、多个部委（宣传、民政、文明办、妇联、残联等）、外省市政府部门、企业、国际友人等多次到访，成为陕西省、西安市的两张"红色名片"，是省、市"社会主义核心价值观示范社区"。

②经受了疫情防控大考。在"红色物业"创建过程中，与属地政府建立了良好关系，勇于承担政治责任和社会责任，配合属地政府做好小区疫情防控、全员核酸检测，特别是关键时期主动解决小区生活食品物资保障，为政府排了忧、为居民解了难。管理服务的11个跨区域项目均完成属地政府安排的疫情防控工作任务，赢得属地政府的高度赞扬和西安长庆油田公司的充分肯定。

③赢得了市场充分认可。公司成立三年多取得的显著成绩，特别是在疫情防控中的突出表现，得到政府、社会和市场的充分肯定。近年来，公司先后承揽陕西师范大学附属中学的校园物业，承接西安交通大学、西北农业大学、西安石油大学培训学院的餐饮和酒店服务项目，其他业务项目的拓展工作势头良好。

④品牌建设初见成效。2022年7月27日，公司成功当选陕西省物业管理协会第三届副会长单位。管家的朝送暮迎、日常巡园、一对一帮扶、日常接待，组织志愿者参与小区服务、举办各类社区文化活动和演出、冬奥广场和冬奥社区的承办、便民服务日活动的开展，政府服务进社区、36.5℃温暖社区建设等，都成为"红色物业"的一部分。点滴铸就"红色物业"，"红色物业"成就品牌。

（4）"红色物业"创建的主要经验

①不忘初心。大变革形势之下，始终坚持与国家发展大势保持一致，主动履行公司的政治责任和社会责任，始终坚持把居民对美好生活的向往作为物业人努力工作的目标，确保地区公司战略方向正确，筑牢宝石花物业发展的基石。

②顺势而为。根据总部工作要求，理解行业政策及发展动向，系统性研究问题、解决问题和部署工作，确保工作的连续性和可持续性，确保"红色物业"行动方案目标逐步达成，并多点开花，形成经验，可以复制。同时也为属地政府"社区综合治理"探索解决方案，提供实践和理论经验。

③因地制宜。"红色物业"行动方案源自对西安雁塔区红专南路小区共驻共建经验的总结和提炼，地方政府、驻地单位、社区、居民及企业已形成强大共识。地区公司所辖项目横跨陕甘宁三省区6地（市）14个县（区），各项目所处环境不尽相同，"红色物业"创建要结合具体客观实际，取得地方政府的支持和支援是成败关键。

④狠抓服务。"红色物业"不是挂在墙上，而是"红"在心里。"用心把工作做到位，用爱把服务做到家"，用服务品质为地方政府排忧解难，用服务品质让居民获得实实在在的暖心服务，"红色物业"创建才有生命，公司的品牌才能真正立起来。

（5）"红色物业"创建的主要问题

①党建平台创建相对滞后。目前，按照组织程序正在建立各物业项目的党组织，各项目党员数量不太均衡，党员发展工作严重受限于属地党组织分配的名额。

②"红色物业"创建进展不均衡。各项目所处地域有较大差异，受各地政府的财政和能力的影响，各项目在创建中得到的支持也存在差异，开展的进度和效果也参差不齐。

③创建资金来源存在困难。地方政府相对更关注平台的建设，工作安排和宣传重点也是突出这些方面，但生活服务平台和智能化平台的建设需要较大投入，需要合理判断实施和明确资金来源。

6.宝石花物业唐山公司

（1）公司概况

宝石花物业唐山公司是宝石花物业下属的地区公司，位于河北省唐山市，业务范围包括住宅物业、办公物业、公共物业、工业物业、餐饮和工程维修等。目前管辖5个项目，接管住宅小区7个，住宅物业面积129.21万平方米，非住宅物业面积约112万平方米。现有员工329名（不含外委服务人员），年饱和收入近亿元。

（2）"红色物业"创建的主要做法

①积极参与社区党组织联建。在街道社区党组织的领导下，属地社区党组织、唐山冀东油田各单位党组织等组建党建联盟，主要发挥领导核心、政治宣传和组织动员作用。在党建联盟的领导下，发挥相关方党组织的战斗堡垒作用和党员的先锋模范作用。通过活动联办、服务联做、资源共享等方式，积极参与社区党建和社区综合治理，助力街道社区党组织打通联系群众的"最后100米"，共同建设美好幸福家园。

②主动融入社区党建工作室。通过推动机制完善和平台建设，社区党组织、物业企业、联建组织等实现融合联动，实现"1+1+1>3"的效果。把物业企业负责人、物业管家岗位定为党员先锋岗，设立志愿服务"党员连心驿站"。小区居民反映上来的矛盾、意见等，首先由党员处理解决，搭建起一座党员与群众的"连心桥"，增强了党员与居民之间的联系，真正将"党员联系户"机制落到了实处。

③充分发挥"红色网格"管理优势。利用宝石花物业智慧管理网络，依托"红色物业"管家管理模式，将每一个居民小区划分成若干网格，利用物业服务中心和物业服务现场两个平台，全面打造"红色网格"管理模式。建立"社区党支部—物业临时党支部—楼门长—物业管家"四级网格管理机制，实现党建活动共办、困难群众共帮、公共事务共做。全面推行宝石花物业"享惠家"小程序，为业主提供更具人文关怀的"一站式""全天候""全方位"优质服务。

④发挥"红色管家"服务灵魂作用。"红色"寓意党的服务,"管家"体现贴心服务。"红色管家"的工作内容主要有三项:除普通物业服务人员的"四保一修"外,还有党的政策宣传和居民急难愁盼问题的解决,而后两项正是"红色管家"与普通物业服务人员的最大区别。"红色管家"最听党的话,最暖群众心,做到了"一颗红心,万家舒心"。通过"红色管家""红"的服务,实现了党的建设与物业服务的有效融合。

(3)"红色物业"创建的主要成果

①赢得了社会各方点赞。"红色物业"的创建,用行动践行"一切为了居民美好生活"的初心,得到广大业主的高度认可。"红色物业"创建三年来,仅公司唐海项目就收到表扬信14封、锦旗19面。同时更是得到属地政府和当地物业协会的充分认可,先后获得"抗击新冠疫情先进单位""红色物业建设优秀集体""美好家园项目""标准化示范项目""绿色社区"等荣誉称号。

②形成了良好创建环境。在"三位一体"共建体系的基础上,通过三方协商,进一步衍生建立了"居民议事会""志愿服务队",同时选齐配强楼门长队伍,形成多民主协商、多角度发声、多方面支持的良好局面,"红色物业"的群众基础更为坚实。同时,街道社区从政策制定、行政执法、物资帮助、荣誉信用、安防投入等方面给予支持帮助,有力带动和促进了物业企业的"红色物业"创建。

③探索了新的管理模式。形成了"1224工作法":推行一个融合,即物业服务与社区治理有效融合;打造两个阵地,即社区居委会建立"红色物业工作室",物业企业建立"物业党建服务站";落实两项制度,即严格落实属地政府物业服务行业黑名单管理制度和物业企业每月向社区居委会汇报工作制度;建立四项机制,即常态化问需机制、常态化志愿服务机制、常态化宣传引导机制、常态化培育选树典型机制。"1224工作法"的探索,基本上形成一种新的物业管理服务模式。

(4)"红色物业"创建的主要经验

①用好社区综合服务站。发挥"红色物业"的资源整合优势,将小区居民的党群服务、公共服务、社会服务等一并纳入社区综合服务站,设置"一

站式"办理窗口,为社区群众提供"一门办理、一站服务",提高了为居民服务的效率。

②发挥好智慧物业优势。依托宝石花物业的智慧物业管理平台,将物业网络与社区网络相连接、与"红色物业"建设相融合。依托宝石花物业"物小宝""享惠家"小程序,实现智慧物联平台融合党建、综治、安防等功能,逐步实现"红色物业"服务功能"掌上查""掌上办",提高了"红色物业"创建水平。

③重视思想发动的作用。"红色物业"不是一个单纯的市场问题、行业问题,而是事关基层党建、社区治理等党的执政根基的政治问题,也是物业企业解决长期存在的矛盾、实现创新发展的宝贵机遇。通过主动营造发展生态,促进"红色物业"可持续发展,是政府、业主和物业企业共同的责任。

(5)"红色物业"创建的主要问题

①"红色物业"创建动力不足。"红色物业"建设,有的社区开展了一阵子停了下来,有的社区搞了党建活动室就没有继续深入。有的物业服务项目只是被动响应街道社区党组织的号召。

②共建共享机制有待完善。物业企业相对执行多、事权少,责任多、利益少,付出多、荣誉少。共建责任边界还不够清晰,工作机制还不够完善,综合执法和警务进社区等尚未配备到位。

③志愿者活动开展比较困难。志愿者活动开展还缺少规范,环境氛围尚未真正形成。志愿者相对缺少的问题一直是无法避开的痛点,致使许多工作和活动无法顺利开展。

7.宝石花物业兰州公司

(1)公司概况

宝石花物业兰州公司是宝石花物业下属的地区公司,地处甘肃省兰州市。公司住宅物业管理面积391.35万平方米,工业服务面积19.3万平方米。目前管辖11个项目,现有员工684名(不含外委服务人员),年饱和收入1.4亿元。

(2)"红色物业"创建的主要做法

①"红色传承",不忘初心。秉持"源自国企改革、服务美好生活"的发展理念,传承中国石油40年矿区物业管理优良传统。公司承接运营后,继续坚持让石油人服务石油小区,让"石油精神"和"红色物业"在石油小区延伸。搭建品质管控体系,启动管家服务系统,推进智慧社区建设,推进一体化管理体系,形成了党领导下的市场化社会化运行机制,实现了"交得出、接得住、可持续"的物业改革目标。

②依靠"五个实",强化落地性。一是把治理构架筑实。公司与街道社区签署了党建联盟协议,人员实现了"双向进入、交叉任职";二是让企地共建落实。在小区名称标识上方增加了街道、社区名称及物业标识,社区"两委"和物业项目从"两家人"变成"一家亲";三是把服务资源靠实。充分依托"社工委"平台聚合作用,将客服管家、楼院长职责结合起来,开启客服管家就是楼院长全新服务模式;四是把共建效果做实。充分发挥宝石花物业的央企背景和专业优势,快速推进街道党工委"四个一批"(自管一批、托管一批、整合一批、运营一批)社区治理新实践;五是把综合治理力量用实。通过企地共建,实现了苑区管理由物业"独唱"向物业与社区"合唱"模式的转变。

③依靠"四个承接",探索创建路径。契合街道党工委"四个一批"工作思路,对"三不管小区"、独立楼盘、老旧楼盘等开展物业服务承接。一是整体承接。对完成老旧楼改造并符合承接条件的苑区或独立楼盘,采取整体承接的方式,与街道签订物业服务承接协议;二是分项专业承接。对未完成老旧楼改造或不符合承接条件的苑区或独立楼盘,采取分项专业承接方式,对符合承接条件的单项或多项业务进行承接,在小区整体符合承接条件后,再采取整体承接方式承接;三是"旧改"捆绑承接。未进行老旧楼改造的苑区或独立楼盘,采取"旧改"捆绑承接方式。公司按政府老旧楼改造要求进行改造施工,同时在改造期间派驻项目进场提供物业服务;四是政府配套支持承接。对暂时无计划改造的老旧楼苑区或独立楼盘,或空置房屋较多的苑区、楼盘,采取政府配套支持承接方式。

④打造"三个阵地",提供暖心服务。一是13街区日间照料站。针对社

区养老突出问题，打造社区老年人日间照料中心，帮助小区老年人得到及时的救助和照顾，成为家庭养老强有力的支撑与补充。二是22街党群服务中心。把"红色物业"创建和街道社工委党群服务中心的建立进行有机融合，既宣传了党的方针政策，又解决了老百姓的生活难题，探索城市社区"共治共建共管共享"管理模式。三是庄西路社区党群服务中心。设立"物业客服中心+社区全科受理台"合二为一的服务窗口，打通服务群众的"最后一公里"。以单位和群众办事"只进一扇门、只跑一次腿、只到一个窗口"为核心，全面构建"服务面对面"窗口运行机制，实行所有物业服务、政务服务事项集中办理。

⑤用好"两个抓手"，解决居民急需。一是"物业+养老"。充分发挥物业贴近居民和场所优势，积极探索推进"物业服务+养老服务"模式，着力破解高龄、空巢、独居、失能老年人生活照料和长期照护难题；二是"物业+托幼"。以党建引领，成立"红色教师"队伍，多渠道提供托幼服务。支持社会力量利用公共服务设施、闲置场所等资源举办托幼机构，依托周边公立学校建设托幼点。支持园区基地、用人单位以单独或联合举办等方式，在工作场所为住户提供福利性托幼服务。免费为本社区孩子提供安全陪护、兴趣培养的人性化温馨服务。开办艺术教室、文化教室、体育教室场所，免费向广大业主开放。

⑥倾力营造"一个家"，打造36.5℃温暖社区。以宝石花物业"五齿联动"的管家式服务为核心，不断提高服务品质。创建睦邻友好的和美社区，每月定期开展社区文化活动以及贴心便民服务。将好服务进行到底，为业主打造安全舒适的居住环境，提供专业细致的物业服务。急业主之所急，想业主之所想，通过温暖极致的服务，赢得业主信赖和支持。

（3）"红色物业"创建的主要成果

①公司品牌初步建立。公司先后荣获"甘肃省精神文明建设先进单位""宝石花物业管理有限公司先进单位"、兰州石化长庆乙烷制乙烯项目建设"优秀服务商"等荣誉称号。居民服务满意率大幅度提高，2021年物业费收缴率达到99.18%。

②"红色创建"开花结果。2022年4月8日，公司与福利路街道签订物

业委托协议,就街道综合楼物业服务整体托管进行了交接。目前,"四个一批""四个承接"正在顺利有效推进,"红色物业"创建的效果日益彰显。

③形成良好创建环境。"红色物业"创建,得到兰州市西固区高度认可,创建经验在全区进行了推广。街道社区在平台搭建、机制完善、政府帮扶等方面给予有力支持,双方正在持续推进物业管理、幼小托管、养老服务、智慧社区建设、农城互助等方面的深化合作。

(4)"红色物业"创建的主要经验

①工作做实是前提。"红色物业"创建不是喊口号,而是实实在在见真章。按照街道"四个一批"的要求,明确"四个承接"的路径,干一个项目成一个项目,赢得政府和居民的信任和支持。

②发挥优势是关键。宝石花物业有中国石油的"红色基因",有40年矿区物业管理的历史,有专业化管理的丰富经验,有"红色物业管家"的独特优势,这些在经济欠发达的兰州都变成了创建优势。

③顶层设计是基础。"红色物业"是街道社区党建工作的一项创举,也是对物业企业的一道考题,需要深度思考和科学谋划,特别是需要街道社区和物业企业的责任担当和创新智慧。

(5)"红色物业"创建的主要问题

①创建环境有待于进一步培育。与经济发达地区相比,"红色物业"在地处大西北的兰州起步相对滞后。政府、企业、业主、社会组织等对"红色物业"的认知和参与都有待进一步地培养和激发。

②共建模式有待于进一步探索。目前的共建机制、共建模式等相对缺乏系统化,创建的认识、经验、安排等显得比较零碎,一些"红色物业"生态培育深层次的问题需要进一步研究解决。

③"红色人才"有待进一步培养。"红色物业"既需要物业服务的专业要求,更需要满足党建要求的政治素质,目前地区公司的人才队伍还不能完全满足"红色物业"创建的工作要求。

8.宝石花物业天津公司

（1）公司概况

宝石花物业天津公司地处天津市滨海区，现有员工195人，其中党员77人，入党积极分子1人。公司成立了总支委员会，下设8个支部。主要负责中国石油大港油田的物业管理、家政服务、酒店管理、人力资源服务、市政设施管理、城市生活垃圾经营性服务等。公司管理服务项目8个，在管物业面积616万平方米，年饱和收入8592万元。

（2）"红色物业"创建的主要做法

①坚持党建引领，打造"红色物业"。坚持把党建工作与物业服务工作有机融合作为助力社区治理、解决物业服务难题、提升服务品质的重要途径之一。在滨海新区政府部门的领导下，协同34家联盟单位，以党建引领为主线，以"红色物业"为引擎，以整合服务资源、聚集服务力量、健全服务机制为重点，深化党建引领，紧密结合经营发展需求，开展了形式多样的党组织活动，有效落实基层党建"三基本"建设与"三基"工作的有机融合；参与联盟内党员共学党建知识、共听优秀党课、共谈思想感悟活动；发掘总结共享共治、规范服务、为群众办实事等方面表现突出的典型事例和经验做法，为解决社区治理难题提供可借鉴经验；结合《滨海新区社区物业管理办法》，开展了专题讲座、研讨、现场观摩、知识竞赛等法律法规咨询、培训，营造物业企业健康发展的良好氛围。

②构建联动机制，提升治理能效。定期组织党总支各支部、业委会成员代表、同心业主与社区居委会开展联席活动，汇报各项工作开展情况，集中力量协同解决居民急难险重的诉求和问题，与属地政府部门形成良好的协作机制，建立党建引领下的社区居委会、业主委员会、物业服务企业三方协作机制，化解社区各种矛盾，提升社区治理能力，打造共建共赢共享格局；加大发展党员力度，积极组织青年骨干、统战对象参与党组织活动，干部选聘向党员倾斜，将物业管理队伍打造成基层党组织联系服务群众的重要力量；联合社区居委会、公安、城管、消防等多个部门力量，常态化开展物

业服务、秩序管理、环境治理和消防安全等多项整治，通过构筑互联共建、会议联席、服务联做、治理联动、成效联评，践行为人民谋幸福的初心使命，有效提升基层社区治理能效。

③探索科技渠道，畅通保障机制。通过"享惠家"小程序收费管理、报事报修平台等，收集居民诉求，让居民足不出户就能实现物业费缴纳、诉求问题快速解决的便利，享受到优质便捷的服务；大力推广企业微信的应用，适时推送温馨提示、节日祝福、恶劣天气提醒及各类突发事件的告知，同时，规范管家回复消息礼貌用语，要求30分钟内回复业主诉求；强化首办负责制，管家电话常态受理，24小时开机，随时接听业主或外协单位、总部400热线电话，快速、及时、有效解决居民电话诉求、业务咨询；打造了一区一品的物业服务大厅和管家驿站，保证业主"只进一家门、解决所有事"。建立有效的业主电话联系、窗口服务的双通道保障机制，焕新专业服务形象，全方位擦亮服务窗口。

④依托群众力量，拓展自治途径。秉持"发动和依靠群众"的理念，组织发动业主积极参与到环境治理、绿化补植等事项中，让更多的业主融入物业服务日常工作中，走进物业人的日常生活中，使业主更全面地了解物业工作，理解物业人的工作内容，形成小区建设和整治工作人人参与、人人尽力、人人享有的良好局面，打造共建共治共享的社会治理格局，有效拓展基层党建引领社区自治的途径。重要节日组织不同主题的业主开放日活动，以提供"优质服务"为根本、以打造"优美环境"为基础、以维护"优等设施"为保证、以建设"优越业主"为宗旨，将主动服务、靠前服务、暖心服务融入各项工作之中，携手共建"36.5℃温暖"社区。

⑤巩固多元发展，树立良好形象。结合项目不同特点把服务做出特色，以业主需求为向导，建立党员服务队、"金牌管家"服务队、青年志愿突击队，推行有感服务，为业主提供义务帮抬重物、关爱独居老人、为莘莘学子中高考期间排解压力，疫情期间更是为隔离业主免费提供送货上门等便民服务；完善品质管理配套建设，油区范围内全覆盖安装电动自行车充电桩、新能源汽车充电桩；建设英雄CS项目、冰雪季项目、老家味道家宴、"641"相声剧场项目，满足油区职工群众日益高涨的文化需求，对完善油区文体设

施和服务功能、打造一体化工作生活圈具有里程碑的意义，引领前沿潮流，着力打造"宜居、宜业、宜游、宜乐"的美丽石油新城。

（3）"红色物业"创建主要成果

①依靠党建引领凝聚共识，把握发展"风向标"。创新搭建"机关+项目+单元"管理模式，构建"支部委员+党员骨干+统战对象"带头服务模式，定策略、定指标、定措施，建立有效运行机制。以"春播焕新"专项行动为抓手，精细工作流程、精湛业务能力、精益服务表现、精心业主打造、精彩效益成果，打造扁平化管理、集约化经营、社会化服务、市场化运作的现代管理企业。

②固本强基夯实党建根基，厚植发展"支撑点"。以提供"优质服务"为根本、以打造"优美环境"为基础、以维护"优等设施"为保证、以建设"优越业主"为宗旨，开展"基础管理年"活动，创建品质管控体系，推行有感服务，提炼管家"十项"必须工作，重点打造一区一品的物业服务中心和管家驿站，树立品牌新窗口。秉持"科技赋能、平台助力"的策略，完善品质管理配套建设，推行四级监督检查机制，开展劳动竞赛和专项治理行动，焕颜辖区环境品质，焕新专业服务形象，实现服务体系化、标准化、精细化、智能化。

③党建"发动机"高效能运转，激活发展"原动力"。充分发挥基层党组织统筹协调作用，深入贯彻"成就业主，成长自己"的服务理念，开展满意度调查、品质月报公示、业主开放日、设备观摩、联席会等系列活动。积极推进疫情防控、管家深度拜访、应急清雪铲冰、拓荒实践、物业企业选聘等专项攻坚行动，将主动服务、靠前服务、暖心服务融入各项工作之中。同时利用微信公众号、门户网站、朋友圈等新媒体矩阵，树立形象，塑造品牌，组建了一支1.3万余人的同心献策、同心践行、勠力同心的业主队伍，收到表扬信19封，获得锦旗55面。

④弘扬"铁人"精神勇于开拓，闯出发展"新路径"。坚持立足油区、走出油区的内外部市场齐头并进策略，市场开发打破思想"桎梏"，大胆放开视野，增强自身"造血"功能，摸准拓展脉络，成功中标天津大学环卫保洁、天津理工大学花卉租摆和滨海新区垃圾分类等项目。在油区内连续拿下

老旧小区改造绿化工程项目，实现从内强管理到外拓版图的转变，吹响多元市场拓展的"冲锋号"，市场区域覆盖面获得重要进展，充分激活发展动能。

⑤党建领航风帆奋勇前行，众智发展"竞争力"。充分发挥机制灵活、资质多元化优势，打造油区业主自己的宝石花"综合生活服务中心"，为业主个人、对公单位提供衣物干洗、家政保洁、康养旅居、房屋租赁、"享惠家"商品销售、适老化服务、团建培训等全方位服务，打开收入增值新的增长点。积极盘活属地公共资源，开展地推摆展、人车分离栏杆广告位销售等业务，14个小区278个汽车充电桩顺利完成安装并投入运营，进一步便捷业主的生活服务需求，社区增值服务走上"快车道"。

⑥党建引领激发实干激情，打造发展"战斗力"。大胆创新选人用人机制，打破用工界限，60余名骨干走上核心管理岗位，厚培了发展动能。重点锤炼管家队伍，通过成长平台、梯度星级评定和考核评价的严格检验，67名优秀管家及客服主管分获"一星级管家"和"金牌管家"荣誉称号，激发管家团队"乘数效应"。健全绩效考核评价体系，强化薪酬能增能减理念，全面激发创效潜能。不拘一格降人才、育人才，组建了一支"思想认同，行为趋同，目标相同"的员工队伍。

（4）"红色物业"创建主要经验

①党建赋能多方联动，注入"红色原动力"。完善组织框架，成立"1+3+X+N"物业党建联盟，即以滨海新区物业管理协会为核心，以居民委员会、业主委员会和物业服务企业为主体，以派出所、综合执法、市场监督和住建等部门为抓手，以社会组织和同心业主为基石，充分发挥基层党组织党建工作优势、同心业主带动业主自我管理优势、物业公司专业服务优势，达到多方联动、整体推进的效果。

②资源整合同心共治，凝聚"红色向心力"。充分调动区域内居委会、业委会、物业企业、共建单位、在职党员、居民群众等各方面资源，整合多方力量，形成信息共享机制。规范议事协商运行制度，定期组织社区居委会、物业项目党支部书记、居民代表等召开联席会，了解小区存在的问题，分析解决办法，发挥"红色物业"枢纽作用，实现网格化精细管理。

③秉持"发动和依靠群众"的理念，紧密依靠群众这个主体。以完善基

层群众自治机制为着力点，充分调动群众自主自治的积极性，在发动群众、创新组织群众的机制上聚力用劲，开展多元化的社区治理工作，逐一攻破现阶段社区治理过程中存在的问题，削弱矛盾，强化居民的认同感，真正激活基层党建的神经末梢，打通基层治理的"最后一公里"，实现以党建引领社区治理的目的。

（5）"红色物业"创建主要困难与瓶颈

①随着业主诉求的多元化、利益格局的复杂化，小区内的问题和矛盾也不局限于垃圾和乱停乱放等表面问题，社区治理格局的深层次迈进任重而又道远。

②随着城市化进程的加快，城市人口数量剧增，高速的城市化进程堆积了大量可以预料或难以预料的问题、矛盾和风险，这些问题不可回避地聚集到住宅小区，小区业主与物业之间的矛盾愈加明显，解决小区内众口难调的重大事项和各种矛盾纠纷是基层党组织所要面临的重大挑战。

③在发展过程中，物业企业运作不规范、物业服务水平偏低、业委会不能完全依法履职、专营单位履行义务不到位、物业服务矛盾调处机制不完善等问题仍然很突出，制约了物业企业的高质量发展。

附录 B

"红色物业"生态体系评价调研资料

B-1 《"红色物业"生态体系指标权重确定问卷》

"红色物业"生态系统指标权重确定问卷

尊敬的专家：

您好！

感谢您参与我们的权重确定调查问卷！本次问卷的目标在于确定"'红色物业'生态系统指标评价体系"各级指标的权重，请您根据您的专业认知和实践经验进行重要性程度的选择，以便为每个问题确定适当的权重。您的参与对于确保问卷结果的准确性和可靠性非常重要，答案无对错之分，仅供研究使用，请您认真阅读所有项目进行填写，再次感谢您的支持。

您的姓名：_____

您的职务：_____

【填表说明】：

本指标体系主要用于评判一个"红色物业"生态（包含小区居民、物业企业、居委会等）的生命力指数。"红色物业"生态指在党的政治引领下，"红色物业"个体、相关联主体与外部资源环境共同构成的相互作用、相互影响、共生共融的生命共同体。

本指标体系主要由九个一级指标构成，每个一级指标下有 2～3 个二级指标，每个二级指标之下有 3～4 个三级指标。您需要做的是评判同级指标

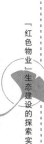

之间的重要性，您的工作将会帮助我们确认每个指标的权重。

本问卷分为三个部分：

第一部分：评判一级指标的重要性。例如，若您觉得在评判"红色物业"生态时，党建引领比社会组织明显重要，则对于题目"党建引领VS社会组织"，勾选"明显重要5"即可。

第二部分：评判二级指标的重要性。例如，若您觉得在评判一级指标"党建引领"时，其二级指标"组织建设强化"比"制度建设健全"稍微不重要，则对于题目"组织建设强化VS制度建设健全"勾选"稍微不重要1/3"即可。

第三部分：评判三级指标的重要性。对三级指标的重要性进行排序，排得越前代表您认为该指标越重要。

本问卷的一级指标共9个，分别是：党建引领、政策保障、外部环境促进、居民委员会作用、业主广泛参与、物业企业服务、社会组织参与、社会综合认可、创新发展。各指标解释如下：

党建引领：在社区层面上，指的是党组织和党员在社区治理中发挥先锋模范作用，通过提供公共服务、推动社区经济发展、解决居民的实际问题等方式，积极参与社区事务，增强党的组织力和影响力，推动社区的整体发展。

政策保障：指政府通过制定和执行相关政策，为"红色物业"的建设提供保障和支持。这些政策可以包括法律法规、规章制度、财政扶持等，旨在促进经济发展、社会进步和人民福祉。

外部环境促进：指外部环境对"红色物业"的建设的影响。外部环境包括经济发展水平、社会价值观等各种因素，对政策实施、组织运作等方面产生影响，需要进行有效的分析和应对。

居民委员会作用：居民委员会是基层社区的组织形式，由居民选举产生，代表居民利益和需求，参与社区事务的决策和管理。居民委员会的作用包括参与社区治理、提供社区服务等，促进社区的和谐稳定和居民的参与意识。

业主广泛参与：指在物业管理和社区治理中，业主广泛参与决策、监督和管理工作。业主参与可以通过业主大会、业主委员会等形式进行，以确保业主权益得到保护，加强物业管理的透明度和效能。

物业企业服务：指的是物业企业的服务，以服务质量提升与创新为目标。物业企业的服务质量和效果直接关系到居民生活质量，需要提供高质量的物业管理服务，以满足居民的需求。

社会组织参与：指社会组织（非政府组织如志愿者组织等）在社区建设和公共事务中发挥作用。社会组织可以提供社会服务、参与公益活动、促进社会创新等，通过其专业性和参与性推动社会发展和改善社会问题。

社会综合认可：指社会对组织的认可和支持。社会综合认可是社会各界对某个个体、组织或政策的肯定和赞同，包括口碑、声誉、荣誉等方面的认可。

创新发展：指在"红色物业"的建设过程中通过创新方式和思维进行发展。创新发展包括工作模式创新、资源整合方式创新等，通过推动创新来提高效率、优化资源配置、更好地服务社区居民，实现可持续发展和社会进步。

第一部分

评判一级指标的重要性。例如，若您觉得在评判"红色物业"生态时，党建引领比社会组织参与明显重要，则对于题目"党建引领VS社会组织参与"勾选"明显重要5"即可。

1.一级指标重要性比较

项目	同等重要 1	稍微重要 3	明显重要 5	强烈重要 7	极端重要 9	稍微不重要 1/3	明显不重要 1/5	强烈不重要 1/7	极端不重要 1/9
党建引领相比于政策保障									
党建引领相比于外部环境促进									
党建引领相比于居民委员会作用									
党建引领相比于业主广泛参与									
党建引领相比于物业企业服务									
党建引领相比于社会组织参与									
党建引领相比于社会综合认可									
党建引领相比于创新发展									

2. 一级指标重要性比较

项目	同等重要 1	稍微重要 3	明显重要 5	强烈重要 7	极端重要 9	稍微不重要 1/3	明显不重要 1/5	强烈不重要 1/7	极端不重要 1/9
政策保障相比于外部环境促进									
政策保障相比于居民委员会作用									
政策保障相比于业主广泛参与									
政策保障相比于物业企业服务									
政策保障相比于社会组织参与									
政策保障相比于社会综合认可									
政策保障相比于创新发展									

3. 一级指标重要性比较

项目	同等重要 1	稍微重要 3	明显重要 5	强烈重要 7	极端重要 9	稍微不重要 1/3	明显不重要 1/5	强烈不重要 1/7	极端不重要 1/9
外部环境促进相比于居民委员会作用									
外部环境促进相比于业主广泛参与									
外部环境促进相比于物业企业服务									
外部环境促进相比于社会组织参与									
外部环境促进相比于社会综合认可									
外部环境促进相比于创新发展									

4. 一级指标重要性比较

项目	同等重要 1	稍微重要 3	明显重要 5	强烈重要 7	极端重要 9	稍微不重要 1/3	明显不重要 1/5	强烈不重要 1/7	极端不重要 1/9
居民委员会作用相比于业主广泛参与									
居民委员会作用相比于物业企业服务									
居民委员会作用相比于社会组织参与									
居民委员会作用相比于社会综合认可									
居民委员会作用相比于创新发展									

5.一级指标重要性比较

项目	同等重要 1	稍微重要 3	明显重要 5	强烈重要 7	极端重要 9	稍微不重要 1/3	明显不重要 1/5	强烈不重要 1/7	极端不重要 1/9
业主广泛参与相比于物业企业服务									
业主广泛参与相比于社会组织参与									
业主广泛参与相比于社会综合认可									
业主广泛参与相比于创新发展									

6.一级指标重要性比较

项目	同等重要 1	稍微重要 3	明显重要 5	强烈重要 7	极端重要 9	稍微不重要 1/3	明显不重要 1/5	强烈不重要 1/7	极端不重要 1/9
物业企业服务相比于社会组织参与									
物业企业服务相比于社会综合认可									
物业企业服务相比于创新发展									

7.一级指标重要性比较

项目	同等重要 1	稍微重要 3	明显重要 5	强烈重要 7	极端重要 9	稍微不重要 1/3	明显不重要 1/5	强烈不重要 1/7	极端不重要 1/9
社会组织参与相比于社会综合认可									
社会组织参与相比于创新发展									

8.一级指标重要性比较

项目	同等重要 1	稍微重要 3	明显重要 5	强烈重要 7	极端重要 9	稍微不重要 1/3	明显不重要 1/5	强烈不重要 1/7	极端不重要 1/9
社会综合认可相比于创新发展									

第二部分

评判二级指标的重要性。例如，若您觉得在评判一级指标"党建引领"时，其二级指标"组织建设强化"比"制度建设健全"稍微不重要，则对于题目"组织建设强化VS制度建设健全"，勾选稍微不重要1/3"即可。

2.1 "党建引领"下的二级指标重要性比较

项目	同等重要 1	稍微重要 3	明显重要 5	强烈重要 7	极端重要 9	稍微不重要 1/3	明显不重要 1/5	强烈不重要 1/7	极端不重要 1/9
组织建设强化相比于制度建设健全									
组织建设强化相比于党建作用发挥									
制度建设健全相比于党建作用发挥									

2.2 "政策保障"下的二级指标重要性比较

项目	同等重要 1	稍微重要 3	明显重要 5	强烈重要 7	极端重要 9	稍微不重要 1/3	明显不重要 1/5	强烈不重要 1/7	极端不重要 1/9
政府法规政策相比于工作机制平台									
政府法规政策相比于协调多方合作									
工作机制平台相比于协调多方合作									

2.3 "外部环境促进"下的二级指标重要性比较

项目	同等重要 1	稍微重要 3	明显重要 5	强烈重要 7	极端重要 9	稍微不重要 1/3	明显不重要 1/5	强烈不重要 1/7	极端不重要 1/9
经济发展水平相比于社会价值观									
经济发展水平相比于"红色文化"基础									
社会价值观相比于"红色文化"基础									

2.4 "居民委员会作用"下的二级指标重要性比较

项目	同等重要 1	稍微重要 3	明显重要 5	强烈重要 7	极端重要 9	稍微不重要 1/3	明显不重要 1/5	强烈不重要 1/7	极端不重要 1/9
构筑服务社区相比于建设民主社区									
构筑服务社区相比于构筑平安社区									
建设民主社区相比于构筑平安社区									

2.5 "业主广泛参与"下的二级指标重要性比较

项目	同等重要 1	稍微重要 3	明显重要 5	强烈重要 7	极端重要 9	稍微不重要 1/3	明显不重要 1/5	强烈不重要 1/7	极端不重要 1/9
参与积极性相比于邻里互动									

2.6 "物业企业服务"下的二级指标重要性比较

项目	同等重要 1	稍微重要 3	明显重要 5	强烈重要 7	极端重要 9	稍微不重要 1/3	明显不重要 1/5	强烈不重要 1/7	极端不重要 1/9
物业服务能力相比于服务质量提升与创新									
物业服务能力相比于经营效益									
服务质量提升与创新相比于经营效益									

2.7 "社会组织参与"下的二级指标重要性比较

项目	同等重要 1	稍微重要 3	明显重要 5	强烈重要 7	极端重要 9	稍微不重要 1/3	明显不重要 1/5	强烈不重要 1/7	极端不重要 1/9
种类规模相比于参与程度									

2.8 "社会综合认可"下的二级指标重要性比较

项目	同等重要 1	稍微重要 3	明显重要 5	强烈重要 7	极端重要 9	稍微不重要 1/3	明显不重要 1/5	强烈不重要 1/7	极端不重要 1/9
社区治理水平相比于社会评价									

2.9 "创新发展"下的二级指标重要性比较

项目	同等重要 1	稍微重要 3	明显重要 5	强烈重要 7	极端重要 9	稍微不重要 1/3	明显不重要 1/5	强烈不重要 1/7	极端不重要 1/9
工作联动相比于资源整合									
工作联动相比于创新研发									
资源整合相比于创新研发									

第三部分

评判三级指标的重要性。对三级指标的重要性进行排序,排得越前代表您认为该指标越重要。例如,序号1代表该指标越重要,序号2重要性其次,以此类推。

1.1 "组织建设强化"下的三级指标重要性排序【排序题】

选项	排序
小区成立党组织,实现党的工作覆盖	
物业企业按党章要求建立党组织	

1.2 "制度建设健全"下的三级指标重要性排序【排序题】

选项	排序
政治制度	
组织制度	
领导制度	
工作制度	
纪律制度	
生活制度	

1.3 "党建作用发挥"下的三级指标重要性排序【排序题】

选项	排序
党支部战斗堡垒作用发挥	
党员发挥先锋模范作用,在工作中亮明身份,当先锋、作表率	
参与上级党组织的党建活动,并获得上级党组织颁发的荣誉	

2.1 "政府法规政策"下的三级指标重要性排序【排序题】

选项	排序
政府出台有关"红色物业"建设的相关政策	
政府设立相应的机构和部门负责政策的实施和监督	
政府通过预算安排和财政政策,提供资金保障来支持政策的实施	

2.2 "工作机制平台"下的三级指标重要性排序【排序题】

选项	排序
政府建立监督和评估机制,对政策的实施进行监测和评估	
政府建立人才培训机制,提高政策实施的专业水平和执行能力,保障政策的顺利进行	

2.3 "协调多方合作"下的三级指标重要性排序【排序题】

选项	排序
政府建立共建联建机制	
政府向公众和利益相关方公开政策信息,加强与各方的沟通和互动	
政府加强与各利益相关方的合作与协调,整合资源、分享经验,共同推进政策的实施	

3.1 "经济发展水平"下的三级指标重要性排序【排序题】

选项	排序
社区人口就业率	
基础设施建设	
公共服务水平	

3.2 "社会价值观"下的三级指标重要性排序【排序题】

选项	排序
社区和谐与合作程度,社区内人与人之间的互助、合作和团结程度	
个人尊重与多元包容程度,社区内居民尊重个体的权利和尊严,以及包容多元的观点、信仰和文化	
集体主义思想,社区内居民愿意为集体社会或共同利益而服务和奉献,将集体的利益置于个体的利益之上	

3.3 "'红色文化'基础"下的三级指标重要性排序【排序题】

选项	排序
"红色阵地"数量	
居民对于"红色文化"认同感	

4.1 "构筑服务社区"下的三级指标重要性排序【排序题】

选项	排序
定期开展社区培训工作	
设立调解委员会,及时开展矛盾纠纷排查化解工作	
社区有1~2个深受居民喜爱的社区特色服务项目	

4.2 "建设民主社区"下的三级指标重要性排序【排序题】

选项	排序
建有居民自治章程或居民公约	
社区政务公开,利用社区信息平台,为居民提供及时、全面、准确的政务信息	

4.3 "构筑平安社区"下的三级指标重要性排序【排序题】

选项	排序
建立社区实有人口、流动人口、居民房屋坐落、社区单位和企业档案信息数据库	
社区配有应急器材,定期组织居民开展防灾知识宣传与演练	
社区三年内无重大刑事案件,无群体性事件,无邪教组织活动	

5.1 "参与积极性"下的三级指标重要性排序【排序题】

选项	排序
社区居民参加社区会议、志愿者活动、社区团体的积极性	
居民在社区党组织任职积极性	
居民参与选举、投票、建言的积极性	

5.2 "邻里互动"下的三级指标重要性排序【排序题】

选项	排序
邻里交往频率	
邻里满意度，通过问卷调查、面对面访谈等方式收集居民的反馈，了解他们对邻里互动的感受和建议	

6.1 "物业服务能力"下的三级指标重要性排序【排序题】

选项	排序
物业企业所提供的服务	
企业管理制度	
信息化平台建设程度或社区事务数字化程度	

6.2 "服务质量提升与创新"下的三级指标重要性排序【排序题】

选项	排序
特色服务、定制化服务	
企业社会责任履行	
收费合理性	

6.3 "经营效益"下的三级指标重要性排序【排序题】

选项	排序
企业年营业收入	
总资产周转率	
研发经费投入强度	

7.1 "种类规模"下的三级指标重要性排序【排序题】

选项	排序
志愿者队伍规模	
社会组织类型多样性	

7.2 "参与程度"下的三级指标重要性排序【排序题】

选项	排序
社会组织参与社区事务机制健全程度	
社会组织参与活动频率	
参与活动类型丰富度	

8.1 "社区治理水平"下的三级指标重要性排序【排序题】

选项	排序
社区秩序	
社区网格化管理水平	
社区不稳定因素	
社会影响力/品牌效应	
市级及以上奖项数量	

8.2 "社会评价"下的三级指标重要性排序【排序题】

选项	排序
行业协会评定	
居民对社区归属感	
居民对社区信任度	
居民生活满意度	

9.1 "工作联动"下的三级指标重要性排序【排序题】

选项	排序
工作联动创新性	
工作联动有效性	

9.2 "资源整合"下的三级指标重要性排序【排序题】

选项	排序
政府资源整合	
文化资源整合	
其他资源整合	

9.3 "创新研发"下的三级指标重要性排序【排序题】

选项	排序
创新成果	
人才培养合作	
产学研水平	

B-2 《"红色物业"生态调查表》

宝石花物业XX公司——"红色物业"生态调查表（XX社区）

尊敬的物业企业代表：

您好！

感谢您在百忙之中参与我们的问卷调查，本问卷将基于《"红色物业"生态系统指标评价体系》对您接管社区的相关情况进行调查。问卷将从九个维度展开调查：党建引领、政策保障、外部环境促进、居民委员会作用、业主广泛参与、物业企业服务、社会组织参与、社会综合认可和创新发展。请注意，本问卷的物业企业指的是区域分公司，非集团总公司。

请您根据每题的【评定标准】如实进行评分，并在每题后面详细附上您评分的依据（相关文件截图、照片、文字描述等），您的专业评价对于确保评估的准确性和可靠性非常重要，最后真诚感谢您作为专家参与评分！

"红色物业"生态调查表

题项	评分	评分依据
1.小区成立党组织，实现党的工作覆盖		
[评定标准]： 按照小区党组织中党员人数占总人数的比率打分。 达90%以上得10分； 达80%~90%（不含80%）得9分； 达70%~80%（不含70%）得8分； 达60%~70%（不含60%）得7分； 达50%~60%（不含50%）得6分； 达40%~50%（不含40%）得5分； 达30%~40%（不含30%）得4分； 达20%~30%（不含20%）得3分； 达10%~20%（不含10%）得2分； 达0~10%（不含0）得1分。 本指标共计10分		
题项	评分	评分依据
2.物业企业按党章要求建立党组织		
[评定标准]： 该项指标为以下两部分的加和。 1.物业企业建立的党组织是否包含党的委员会、党支部、党小组、党组织委员会，是否设立了党组织会议制度，其中每项得1分，本部分共计5分。 2.物业服务项目建立党支部是否包含党支部委员会、党支部会议、党支部活动、党支部档案，其中每项得1.25分，本部分共计5分。 2中：在不具备党支部成立条件（党员数量不足3人）的情况下，成立联合党支部或功能型党支部，评估联合党支部或功能型党支部召开"三会一课"（支部党员大会、支部委员会、党小组会、党课）的频次。支部党员大会每3个月召开一次、支部委员会每月召开一次、党小组会每月召开一次、党课每3个月上一次。全部达标得5分，一项不达标扣1.25分，全部不达标得0分		
题项	评分	评分依据
3.生活制度		

279

续表

	评分	评分依据
[评定标准]： 主要衡量小区和物业企业党组织是否以明确的规章制度要求党员必须做到：忠于党和人民、遵守党纪党规、维护党员形象、关心群众，以上每点小区与物业企业皆具备得2.5分，仅有一个组织具备每项得1.5分。 本指标为以上四个方面得分的加和，最终分值按照四舍五入法保留整数，本指标共计10分		
题项	评分	评分依据
4.累计参与上级党组织的党建活动，并获得上级党组织颁发的荣誉		
[评定标准]： 每参与一次上级党组织的党建活动得分1分，获得荣誉再得1分。例如，参与上级党组织活动5次，获得荣誉3次，则得分8分，本指标共计10分		
题项	评分	评分依据
5.政府出台有关"红色物业"建设的相关政策、文件等		
[评定标准]： 每出台一个相关政策、文件，得分2.5分，最终分值按照四舍五入法保留整数，本指标共计10分		
题项	评分	评分依据
6.政府设立相应的机构和部门负责"红色物业"政策的实施和监督		
[评定标准]： 每设立一个相关机构或部门，得分5分，本指标共计10分		
题项	评分	评分依据
7.政府通过预算安排和财政政策，提供资金保障来支持政策的实施		
[评定标准]： 政府每进行一次拨款、资金投入、税收优惠或其他支持措施，得2分，本指标共计10分		
题项	评分	评分依据
8.政府建立监督和评估机制，对政策的实施进行监测和评估		
[评定标准]： 政府建立监督机制得分5分，建立评估机制得分5分，本指标共计10分		

续表

题项	评分	评分依据
9.政府建立"红色物业"领域人才培训机制，提高政策实施的专业水平和执行能力，保障政策的顺利进行		
[评定标准]： 政府建立"红色物业"领域人才培训机制得5分，累计培养人才超过50人，再得1分，超过100人，得2分，以此类推，本指标共计10分		

题项	评分	评分依据
10.政府向公众和利益相关方公开政策信息，加强与各方的沟通和互动		
[评定标准]： 主要从政府公开信息渠道的数量衡量，包含但不仅限于政府网站、新闻网站、公众号、座谈会，其中每条信息渠道得2分，本指标共计10分		

题项	评分	评分依据
11.政府加强与各利益相关方的合作与协调，整合资源、分享经验，共同推进政策的实施		
[评定标准]： 政府每促成一次相关方的合作，如政府建立共建联建机制等，得5分，本指标共计10分		

题项	评分	评分依据
12.社区人口就业率		
[评定标准]： 就业率达90%以上得10分； 达80%～90%(不含80%)得9分； 达70%～80%(不含70%)得8分； 达60%～70%(不含60%)得7分； 达50%～60%(不含50%)得6分； 达40%～50%(不含40%)得5分； 达30%～40%(不含30%)得4分； 达20%～30%(不含20%)得3分； 达10%～20%(不含10%)得2分； 达0～10%(不含0)得1分。 本指标共计10分		

题项	评分	评分依据
13."红色阵地"数量		

续表

	评分	评分依据
[评定标准]： 主要衡量社区内既有的"红色场地"的数量，包含但不仅限于"红色"博物馆、纪念馆、"红色"历史遗迹等。 社区"红色阵地"数量达5个及以上得10分；4个，得8分；3个，得6分；2个，得4分；1个，得2分；没有不得分，本指标共计10分		

题项	评分	评分依据
14.定期开展社区培训工作		
[评定标准]： 每年开展一次社区培训工作得2分，每年开展两次得4分，以此类推，本指标共计10分		

题项	评分	评分依据
15.设立调解委员会，及时开展矛盾纠纷排查化解工作		
[评定标准]： 设立调解委员会得5分，矛盾化解率达95%及以上再加5分；达90%~95%（不含95%）再加4分；达85%~90%（不含90%）再加3分；达80%~85%（不含85%）再加2分；达75%~80%（不含80%）再加1分，本指标共计10分		

题项	评分	评分依据
16.社区有1~2个深受居民喜爱的社区特色服务项目(包括但不限于为老年人、未成年人、残疾人等特殊群体服务的项目)		
[评定标准]： 每项社区特色服务项目加5分，本指标共计10分		

题项	评分	评分依据
17.建有居民自治章程或居民公约		
[评定标准]： 社区建有居民自治章程或居民公约得5分，内容详细、宣传力度强、居民高度认同等要素每包含一条，再加2分，本指标共计10分		

题项	评分	评分依据
18.社区政务公开，利用社区信息平台，为居民提供及时、全面、准确的政务信息		
[评定标准]： 主要从社区公开政务信息渠道的数量衡量，包含但不仅限于公众号、微信群、宣传栏、黑板报，其中每条信息渠道得2分，本指标共计10分		

续表

题项	评分	评分依据
19.建立社区实有人口、流动人口、居民房屋坐落、社区单位和企业档案信息数据库		
[评定标准]： 包含以上要素每包含一项得2分，本指标共计10分		

题项	评分	评分依据
20.社区配有应急器材，定期组织居民开展防灾知识宣传与演练		
[评定标准]： 应急器材应包括灭火器、防烟面具、安全绳索、应急照明设备、消火栓和消防水带、急救箱和急救器具，以上应急器材全部具备得5分，缺少任意一项不得分。每年举办一次宣传或演练再加1分，每年举办两次宣传或演练加2分，以此类推，本项指标共计10分		

题项	评分	评分依据
21.社区三年内无重大刑事案件，无群体性事件，无邪教组织活动		
[评定标准]： 满足以上条件得10分，任意一项不满足得0分		

题项	评分	评分依据
22.物业服务企业的年营业收入		
[评定标准]： 以企业年度实际营业收入为准。营业收入≥5亿元得10分；5亿元＞营业收入≥2亿元得7分；2亿元＞营业收入≥0.1亿元得5分；营业收入＜0.1亿元得3分。本指标最高10分		

题项	评分	评分依据
23.物业服务企业的总资产周转率		
[评定标准]： 资产周转率（次）=主营业务收入净额÷平均资产总额。企业总资产周转率≥2%得10分；2%＞周转率≥1%得7分；1%＞周转率≥0.5%得5分；周转率＜0.5%得3分。本指标最高10分		

题项	评分	评分依据
24.物业服务企业的研发经费投入强度		

续表

	评分	评分依据
[评定标准]： 企业研发经费投入率=研发经费支出÷主营业务收入净额×100%。投入率≥2‰得10分；2‰>投入率≥1‰得7分；1‰>投入率≥0.1‰得5分；投入率<0.1‰得3分。本指标最高10分		
题项	评分	评分依据
25.在该社区区域范围内的志愿者队伍规模		
[评定标准]： 以志愿者数量/社区总人数计算。志愿者数量/社区总人数达1‰得1分，达2‰得2分，以此类推，本指标最高10分		
题项	评分	评分依据
26.在该社区区域范围内的社会组织类型多样性		
[评定标准]： 在该社区区域范围内，所有的社会组织类型达5种及以上得10分，4种得8分，3种得6分，2种得4分，1种得2分，本指标最高10分		
题项	评分	评分依据
27.在该社区区域范围内，社会组织参与活动的频率		
[评定标准]： 以月度为单位，社会组织参与活动的次数达5次及以上得10分，4次得8分，3次得6分，2次得4分，1次得2分，0次得0分。本指标最高10分		
题项	评分	评分依据
28.在该社区区域范围内，社会组织参与活动类型的丰富度		
[评定标准]： 以月度为单位，计算社会组织参与活动的种类数目。种类达5种及以上得10分，4种得8分，3种得6分，2种得4分，1种得2分，0种得0分。本指标最高10分		
题项	评分	评分依据
29.物业服务企业累计获得的市级及以上奖项数量		
[评定标准]： 每获评1项得1分，本项评定可累加计算，最高得10分，本指标共计10分		
题项	评分	评分依据
30.物业服务企业所获得的行业协会评定		

续表

	评分	评分依据
[评定标准]： 分为正面评定和负面评定。评定以年度获得中国物业管理协会、当地物业管理协会书面评定状况为准，以企业获得书面评定次数为评估值。每获得1次正面评定得2分，每获得1次负面评定得-2分，若最终计算为负数则记为0分，最高为10分		
题项	评分	评分依据
31.物业服务企业所获得的创新成果		
[评定标准]： 以年度为单位，物业服务企业获得创新成果的次数和等级为评估值。每取得一项创新成果，如专利等得2分；每取得一次重大创新成果（国家级）得5分。本项评定可累加计算，最高得10分，本指标共计10分		
题项	评分	评分依据
32.物业服务企业的人才培养合作情况		
[评定标准]： 以企业与院校签订人才培养协议、接收院校毕业生的人数为评估值。与院校签订人才培养协议，并执行落实，每签订1份得1分；年度接收院校毕业生，每接收1人得0.5分。本项评定可累加计算，最高得10分，本指标共计10分		
题项	评分	评分依据
33.物业服务企业的产学研水平		
[评定标准]： 以企业与相关机构签订的产学研合作协议的数量为评估值。每1份得1分，本项评定可累加计算，最高得10分，本指标共计10分		

感谢您的填写！

B-3 《社区调查问卷物业企业版》

社区调查问卷物业企业版

尊敬的物业企业代表：

您好！

感谢您在百忙之中参与我们的问卷调查，本问卷将基于《"红色物业"

生态系统指标评价体系》对您所在社区的相关情况进行调查，调查结果将会展示在宝石花物业管理有限公司的课题中。问卷将从九个维度展开调查：党建引领、政策保障、外部环境促进、居民委员会作用、业主广泛参与、物业企业服务、社会组织参与、社会综合认可和创新发展请您根据每题的【评定标准】如实进行评分，您的专业评价对于确保评估的准确性和可靠性非常重要，最后真诚感谢您作为专家参与评分！

【评分说明】：

本问卷中每题满分皆为10分，每题的评定标准有相应的打分规则。当您看到"程度非常高打分10分，程度一般打分5分，程度非常低打分0分"类似的打分规则，并不意味着您只能打分0分、5分、10分，该条评分规则只是规定了：评分越高代表程度越高，评分越低代表程度越低。您可根据实际情况选择合适的评分，例如，打分7分或7.5分，则意味着您认为程度比较高但未达到非常高。类似地，"非常健全得2.5分，一般得1.25分，非常不健全得0分"，您也可根据实际情况选择打分1.6分或者0.8分。所有最终分值保留整数。

第一部分　党建引领

题项	评分
1.政治制度	
[评分标准]： 主要从小区和物业企业党组织内部的民主程度来评定。非常民主得10分，一般民主得5分，非常不民主得0分，所有分值均可选择，分值越高代表民主程度越高，分值越低代表民主程度越低，请您根据实际情况选择合适的分值，本指标共计10分	

题项	评分
2.组织制度	
[评分标准]： 主要从小区和物业企业党组织架构健全程度来评定。党组织架构非常健全分10分，一般得5分，非常不健全得0分，所有分值均可选择，分值越高代表越健全，分值越低代表越不健全，请您根据实际情况选择合适的分值，本指标共计10分	

续表

题项	评分
3.领导制度	
[评分标准]： 主要从党的集中统一领导程度来评定。程度非常高得10分，一般得5分，非常低得0分，所有分值均可选择，分值越高代表程度越高，分值越低代表程度越低，请您根据实际情况选择合适的分值，本指标共计10分	

题项	评分
4.工作制度	
[评分标准]： 主要从以下四个方面来评定：小区和物业企业党组织决策机制健全程度、党务公开程度、党组织职权划分合理性、党组织选举合规性。以小区和物业企业党组织决策机制健全程度为例，非常健全得分2.5分，一般得分1.25分，非常不健得分0分。 本指标为以上四个方面得分的加和，最终分值按照四舍五入法保留整数，本指标共计10分	

题项	评分
5.纪律制度	
[评分标准]： 主要从以下两个方面来评定：小区和物业企业党组织廉政建设程度、监督机制健全程度。以党组织廉政建设程度为例，非常健全得5分，一般得2.5分，非常不健得0分。 本指标为以上两个方面得分的加和，最终分值按照四舍五入法保留整数，本指标共计10分	

题项	评分
6.党支部战斗堡垒作用发挥	
[评分标准]： 主要评估党支部凝聚党员的能力、党员参与活跃度、党建工作成效、群众对党支部的满意度。以小区党支部凝聚党员能力为例，能力非常强得2.5分，一般得1.25分，能力非常弱得0分，所有分值均可选择，请您根据实际情况选择合适的分值。 本指标为以上四个方面得分的加和，最终分值按照四舍五入法保留整数，本指标共计10分	

题项	评分
7.党员发挥先锋模范作用，在工作中亮明身份，当先锋、作表率	

续表

[评定标准]： 党员是否能够做到遵守党的纪律与规矩、履行岗位职责、弘扬党的理论与精神、服务群众、廉洁自律其中每项得2分。以遵守党的纪律与规矩为例，党员非常遵守党的纪律与规矩得2分，基本遵守得1分，不遵守得0分，所有分值均可选择，请您根据实际情况选择合适的分值。 本指标以以上五个方面得分的加和，最终分值按照四舍五入法保留整数，本指标共计10分。	

第二部分　政策保障

题项	评分
8.政府建立共建联建机制	
[评定标准]： 主要从"红色物业"党建联席会议事制度是否健全，多元治理监督机制是否健全，社区党组织、业主委员会党组织和物业企业党组织交叉任职情况，物业企业党组织认领社区党建服务项目数量四个方面来评定。 每个方面分值2.5，以"红色物业"党建联席会议事制度是否健全为例，非常健全得2.5分，一般得1.25分，非常不健全得0分，最终分值按照四舍五入法保留整数，本指标共计10分。 其中物业企业党组织认领社区党建服务项目分值固定，每年5个以上即为满分2.5分，超过1个不足5个的，得分1.5分，数量为0的，得分0分	

第三部分　外部环境促进

题项	评分
9.基础设施建设	
[评定标准]： 从道路交通、公共交通、能源供应、水资源与供水、通信网络五个方面考虑，以道路交通为例，非常完善得2分，一般得1分，非常差得0分，所有分值均可选择。 基础设施建设一项的分数是该五项得分的加和，最终分值按照四舍五入法保留整数，本指标共计10分。	
题项	评分
10.公共服务水平	

续表

[评定标准]： 从教育资源、医疗保健、公共安全、文化体育、环境保护五个方面考虑，以教育资源为例，非常充足得2分，一般得1分，非常少得0分，所有分值均可选择。 公共服务水平一项的分数是该五项得分的加和，最终分值按照四舍五入法保留整数，本指标共计10分	

第四部分　居民委员会作用

该部分内容全部体现在附件B-2《"红色物业"生态调查表》中的14-21题。

第五部分　业主广泛参与

题项	评分
11.社区居民参加社区会议、志愿者活动社区团体的积极性	
[评定标准]： 居民参与积极性非常高得10分，积极性一般得5分，积极性非常低得0分，所有分值均可选择，本指标共计10分	
题项	评分
12.居民在社区党组织任职积极性	
[评定标准]： 居民任职积极性非常高得10分，积极性一般得5分，积极性非常低得0分，所有分值均可选择，本指标共计10分	
题项	评分
13.居民参与选举、投票、建言的积极性	
[评定标准]： 居民参与积极性非常高得10分，积极性一般得5分，积极性非常低得0分，所有分值均可选择，本指标共计10分	

第六部分　物业企业服务

题项	评分
14.物业服务企业所提供基本服务的服务水平	
[评定标准]： 从公共设施维护、社区安全、环境卫生、绿化管理四个方面来打分。以社区公共设施维护为例，非常满意得2.5分，一般得1.25分，非常差得0分，所有分值均可选择。 基本服务水平一项的分数是该四项得分的总和，最终分值按照四舍五入法保留整数，本指标共计10分	

题项	评分
15.物业服务企业的企业管理制度	
[评定标准]： 从职能部门设置是否合理、"红色物业"纳入公司章程的深入程度、财务管理制度是否健全、人才培养制度是否健全四个方面来打分。以职能部门设置为例，认为非常合理得2.5分，一般得1.25分，非常不合理得0分，所有分值均可选择。 企业管理制度一项的分数是该四项得分的总和，最终分值按照四舍五入法保留整数，本指标共计10分	

题项	评分
16.物业服务企业的信息化平台建设程度或社区事务数字化程度	
[评定标准]： 信息化程度非常高得10分，一般得5分，非常低得0分，所有分值均可选择，本指标共计10分	

题项	评分
17.物业服务企业的特色服务与定制化服务	
[评定标准]： 从企业所提供特色服务、定制化服务的数量和质量两方面来打分。所提供特色服务、定制化服务数量非常多得5分，一般得2.5分，非常少得0分；所提供特色服务、定制化服务质量非常高得5分，一般得2.5分，非常低得0分，所有分值均可选择。 企业的特色服务与定制化服务一项的分数是该两项得分的总和，最终分值按照四舍五入法保留整数，本指标共计10分	

题项	评分
18.物业服务企业的社会责任履行度	

续表

[评定标准]： 从企业对员工、对社会公益、对环境资源、对产品与服务质量的责任感四个方面来打分。以企业对员工的责任感为例，责任感非常强得2.5分，一般得1.25分，非常弱得0分，所有分值均可选择。 企业社会责任履行度这一项的分数为该四项得分的总和，最终分值按照四舍五入法保留整数，本指标共计10分	
题项	评分
19.物业服务企业收费的合理性	
[评定标准]： 收费非常不合理得0分，一般得5分，非常合理得10分，所有分值均可选择，本指标最高10分	

第七部分　社会组织参与

题项	评分
20.在该社区区域范围内，社会组织参与社区事务机制的健全程度	
[评定标准]： 机制非常健全得10分，一般得5分，非常不健全得0分，所有分值均可选择，本指标最高10分	

第八部分　社会综合认可

题项	评分
21.社区公共秩序	
[评定标准]： 从社区内部是否安全、邻里交往矛盾是否较少、居民群众向上反映渠道是否顺畅、群众矛盾是否能有效化解四个方面来打分。以社区内部是否安全为例，非常安全得2.5分，一般得1.25分，非常不安全得0分，所有分值均可选择。 社区公共秩序一项的分数为该四项得分的总和，最终分值按照四舍五入法保留整数，本指标共计10分	
题项	评分
22.社区网格化管理水平	

续表

[评定标准]： 社区网格化管理水平非常高得10分，一般得5分，非常低得0分，所有分值均可选择，本指标最高10分	
题项	评分
23.社区不稳定因素	
[评定标准]： 从社区邻里关系是否和谐、社区自治权行使是否顺畅、社区运行规范是否先进、社区内部基础是否强健四个方面综合打分。以社区邻里关系是否和谐为例，非常和谐得2.5，一般得1.25分，非常不和谐得0分，所有分值均可选择。 社区不稳定因素这一指标的分数为此四项得分的总和，最终分值按照四舍五入法保留整数，本指标共计10分	
题项	评分
24.物业服务企业的社会影响力/品牌效应	
[评定标准]： 社会影响力非常大得10分，一般得5分，非常小得0分，所有分值均可选择，本指标最高10分	

第九部分　创新发展

题项	评分
25.物业服务企业工作联动的创新性	
[评定标准]： 可以从工作联动理念是否创新、联动制度是否创新、工作方式是否创新等方面综合考量。创新性非常高得10分，一般得5分，非常低得0分，所有分值均可选择，本指标最高10分	
题项	评分
26.物业服务企业工作联动的有效性	
[评定标准]： 可以通过员工对企业工作联动的评价来考量，认为物业服务企业工作联动水平非常高得10分，一般得5分，非常低得0分，所有分值均可选择，本指标最高10分	
题项	评分
27.政府资源整合	

续表

[评定标准]: 政府资源整合是指政府通过协调和组织,将社会各方面的资源进行优化配置,包括但不限于出台政策将老旧街区改造、街区碎片化业务整合交给物业企业以及政府权力下放物业企业等模式形成整体效益。认为政府资源的整合程度非常高得10分,一般得5分,非常低得0分,所有分值均可选择,本指标最高10分	
题项	评分
28.文化资源整合	
[评定标准]: 文化资源主要包括文化遗产、历史古迹、文化活动等,主要考虑居民是否能够便捷参观当地文化遗产,是否有相应的主题文化活动供居民参与等方面。认为文化资源整合程度非常高得10分,一般得5分,非常低得0分,所有分值均可选择,本指标最高10分	
题项	评分
29.其他资源整合	
[评定标准]: 主要考虑室内外场地、设备、器材、工具是否能得到有效利用,如利用楼组大堂、楼组外墙面等较小的空间设立图书角,绿化角等。认为其他资源整合程度非常高得10分,一般得5分,非常低得0分,所有分值均可选择,本指标最高10分	

感谢您的填写!

■ B-4 《社区调查问卷社区居民版》

社区调查问卷社区居民版

尊敬的居民朋友:

您好!

感谢您参与我们的居民调查问卷!我们是宝石花物业管理有限公司的调研团队,正在进行一项有关"红色物业"的调研。我们希望借此机会了解您对本小区的看法,包括但不限于邻里关系、社区安全等方面。我们鼓励您对每个问题都给予真实的回答,以便我们更全面地了解居民的需求和意见。您的参与对我们非常重要,将会帮助我们评定整个社区的"红色物业"

生命力指数，最后真诚感谢您的填写！

【评分说明】：

本问卷中每题满分皆为10分，每题的评定标准有相应的打分规则。当您看到"程度非常高打分10分，程度一般打分5分，程度非常低打分0分"类似的打分规则，并不意味着您只能打分0分、5分、10分，该条评分规则只是规定：评分越高代表程度越高，评分越低代表程度越低。您可根据实际情况选择合适的评分，例如，打分7分或7.5分，则意味着您认为程度比较高但未达到非常高。

所有最终分值都按照四舍五入法保留整数。

您所在的小区是：_____

题项	评分
1.您觉得您所在的小区，人与人之间的互助、合作和团结程度是怎样的？	
[评分标准]： 若您觉得程度非常高，则打分10分；程度一般，则打分5分；程度非常低，则打分0分。分值越高代表程度越高，分值越低代表程度越低，所有分值均可选择，请您凭借自身的真实感受选择合适的分值	|//

题项	评分
2.您觉得您所在的小区，人们尊重个体权利和尊严以及包容多元观点的程度是怎样的？	
[评分标准]： 若您觉得程度非常高，则打分10分；程度一般，则打分5分；程度非常低，则打分0分。分值越高代表程度越高，分值越低代表程度越低，所有分值均可选择，请您凭借自身的真实感受选择合适的分值	

题项	评分
3.您觉得您所在的小区，人们愿意为集体社会或共同利益而服务和奉献的程度是怎样的？	
[评分标准]： 若您觉得程度非常高，则打分10分；程度一般，则打分5分；程度非常低，则打分0分。分值越高代表程度越高，分值越低代表程度越低，所有分值均可选择，请您凭借自身的真实感受选择合适的分值	

续表

题项	评分
4.您觉得您所在的小区，人们对"红色文化"的认同感是怎样的？	
[评分标准]： 若您觉得小区人们对"红色文化"认同感非常强，则打分10分；认同感一般，则打分5分；认同感非常弱，则打分0分。分值越高代表认同感越强，分值越低代表认同感越低，所有分值均可选择，请您凭借自身的真实感受选择合适的分值	

题项	评分
5.请您对您的邻里交往频率打分	
[评分标准]： 在您平时生活中，每两个月与您的邻居友好相处的次数达到10次以上，则打分10分； 每两个月达到9次，则打分9分； 每两个月达到8次，则打分8分； 每两个月达到7次，则打分7分； 每两个月达到6次，则打分6分； 每两个月达到5次，则打分5分； 每两个月达到4次，则打分4分； 每两个月达到3次，则打分3分； 每两个月达到2次，则打分2分； 每两个月达到1次，则打分1分； 每两个月0次，则打分0分。 注：友好相处包含但不仅限于互送食物、闲谈、互相帮助等	

题项	评分
6.您对于自己的邻里关系满意吗？	
[评分标准]： 若您对邻里关系非常满意，则打分10分；对邻里关系感觉一般，则打分5分；对邻里关系非常不满意，则打分0分。分值越高代表越满意，分值越低代表越不满意，所有分值均可选择，请您凭借自身的真实感受选择合适的分值	

题项	评分
7.您对自己所在的小区有归属感吗？	
归属感即您认为对您来说小区是温暖的港湾，是您幸福的家。 [评分标准]： 若您对小区非常有归属感，则打分10分；归属感一般，则打分5分；非常没有归属感，则打分0分。分值越高代表越有归属感，分值越低代表越没有归属感，所有分值均可选择，请您凭借自身的真实感受选择合适的分值	

续表

题项	评分
8.您信任自己的小区吗？包括您对于小区安全、小区工作人员等方面的信任	
[评分标准]： 若您非常信任自己的小区，则打分10分；信任度一般，则打分5分；非常不信任，则打分0分。分值越高代表越信任，分值越低代表越不信任，所有分值均可选择，请您凭借自身的真实感受选择合适的分值	

题项	评分
9.您满意自己在小区中的生活吗？	
[评分标准]： 若您非常满意自己在小区的生活，则打分10分；满意度一般，则打分5分；非常不满意，则打分0分。分值越高代表越满意，分值越低代表越不满意，所有分值均可选择，请您凭借自身的真实感受选择合适的分值	

感谢您的填写！

附录C

"红色物业"生态体系评价应用——社区数据

1. 社区D

(1) 数据计算

对该社区物业企业员工、社区居民分别发放《社区调查问卷物业企业版》《社区调查问卷社区居民版》,根据问卷中企业员工、社区居民对"红色物业"生态体系各项的打分,汇总得到如下"红色物业"生态体系评分汇总表。

"红色物业"生态体系评分汇总表　　　　　表1

一级指标	得分	二级指标	得分	三级指标	得分
党建引领	14.86	组织建设强化	2.18	小区是否成立党组织	0.44
				物业企业是否按党章建立党组织	1.74
		制度建设健全	6.24	政治制度	1.84
				组织制度	1.55
				领导制度	0.90
				工作制度	1.07
				纪律制度	0.67
				生活制度	0.21
		党建作用发挥	6.44	党支部战斗堡垒作用发挥	3.14
				党员发挥先锋模范作用	2.70
				党建活动参与度	0.60
政策保障	9.93	政府法规政策	4.17	"红色物业"建设相关政策的数量	2.59
				政策的实施和监督	1.12
				政策实施的资金保障	0.46
		工作机制平台	2.39	对政策的监测和评估	2.39

续表

一级指标	得分	二级指标	得分	三级指标	得分
政策保障	9.93	工作机制平台	2.39	政策实施的专业水平和执行能力	0
		协调多方合作	3.37	共建联建机制	1.73
				政策信息公开	1.13
				各利益相关方的合作与协调	0.51
外部环境促进	5.97	经济发展水平	2.05	社区人口就业率	0.41
				基础设施建设	0.92
				公共服务水平	0.72
		社会价值观	2.53	社区和谐与合作程度	1.08
				个人尊重与多元包容程度	0.76
				集体主义思想观念	0.69
		"红色文化"基础	1.39	"红色阵地"数量	0.21
				居民对于"红色文化"认同感	1.18
居民委员会作用	7.98	构筑服务社区	2.37	社区培训工作开展	1.07
				社区矛盾纠纷排查化解率	0.43
				社区特色服务项目数	0.87
		建设民主社区	3.32	建有居民自治章程或居民公约	1.71
				社区政务公开	1.61
		构筑平安社区	2.29	档案信息数据库建立情况	0
				社区应急防范	1.19
				社区安全性	1.10
业主广泛参与	10.26	参与积极性	6.06	居民参加社区会议积极性	2.52
				居民在社区党组织任职积极性	2.02
				居民参与选举、投票、建言的积极性	1.52
		邻里互动	4.20	邻里交往频率	1.90
				邻里满意度	2.30
物业企业服务	9.73	物业服务能力	4.35	基本服务能力	1.93
				企业管理制度	1.32
				信息化平台建设程度	1.10

续表

一级指标	得分	二级指标	得分	三级指标	得分
物业企业服务	9.73	服务质量提升与创新	4.01	特色服务、定制化服务	1.31
				企业社会责任履行度	1.55
				收费合理性	1.15
		经营效益	1.37	企业年营业收入	0.58
				总资产周转率	0.60
				研发经费投入强度	0.19
社会组织参与	4.01	种类规模	0.30	志愿者队伍规模	0
				社会组织类型多样性	0.30
		参与程度	3.71	社会组织参与社区事务机制健全程度	1.92
				社会组织参与活动频率	0.78
				参与活动类型丰富度	1.01
社会综合认可	5.81	社区治理水平	2.36	社区秩序	0.76
				社区网格化管理水平	0.67
				社区不稳定因素	0.42
				社会影响力/品牌效应	0.49
				市级及以上奖项数量	0.02
		社会评价	3.45	行业协会评定	0
				居民对社区归属感	1.27
				居民对社区信任度	1.15
				居民生活满意度	1.03
创新发展	4.92	工作联动	2.43	工作联动创新性	1.03
				工作联动有效性	1.40
		资源整合	2.49	政府资源整合	1.19
				文化资源整合	0.85
				其他资源整合	0.45
		创新研发	0	创新成果	0
				人才培养合作	0
				产学研水平	0
总分：73.47		总分：73.47		总分：73.47	

根据本书评价方法，对社区D的"红色物业"生态体系建设情况开展调研，由表1可知，社区D的"红色物业"生态体系总得分为：

14.86+9.93+5.97+7.98+10.26+9.73+4.01+5.81+4.92=73.47。

以百分制的"红色物业"生态体系总得分衡量，该社区处于中等偏上的水平。

（2）结果分析

由社区D"红色物业"生态体系评分汇总表可知，该社区一级指标党建引领、外部环境促进、居民委员会作用、业主广泛参与和物业企业服务分值较高。党建引领方面，社区党组织参加上级活动三次，获得"'红色物业'标杆项目"和"2022年'红色物业'建设基地"称号；区域政府高度重视政策保障，陆续出台《市"红色物业"创建行动实施方案》《加强社区物业党建联建，深化"红色物业"建设实施意见》等。但外部环境促进方面，"红色文化"基础的分数相比之下较为落后，仅得分1.39，深究其原因，发现社区D的"红色文化"阵地数量较少，导致该项失分较多，另外三级指标社区人口就业率一项较低，仅得一半分数。居民委员会作用方面，构筑服务社区与构筑平安社区指标得分偏低，两者均存在一个得分极低的三级指标，分别是设立调解委员会开展矛盾纠纷排查化解工作与建立社区信息数据库，但在二级指标建设民主社区方面广受好评，获得满分。物业企业服务指标中，二级指标物业服务能力、物业质量提升与创新的得分都极高，接近满分，但二级指标经营效益的得分较低，仅为满分的一半，其根本原因是三级指标中研发经费投入强度不足与企业年营业收入较低。一级指标的政策保障、社会组织参与、社会综合认可和创新发展有待加强。二级指标党建作用发挥整体得分较高，但部分项目较为落后。社区在政策法规建设方面得分较低，政策支持有待加强。该社区志愿者规模与社会组织类型多样性较差，物业企业创新成果、人才培养合作和产学研水平也是存在很大不足。但二级指标制度建设健全整体得分较高，值得一提的是，其三级指标生活制度建设一项达到满分。

（3）小结

总体而言，社区D实行党委领导下的居委会、物业企业、业主管委会、社区民警"五位一体"工作机制，与驻地单位建立了党建联席会议制度，形成了"区域化党建、网格化管理、组团式服务"社区治理工作新品牌，社区工作也得到广大居民群众的充分肯定。但社区D在党建引领、政策保障、社会组织参与、创新发展方面仍需进一步提升水平。党建引领方面，建议社区D党组织未来需要进一步吸纳党员参与工作，规范物业企业党组织规范性。政府保障方面，政府应当多出台"红色物业"相关法规政策，需要加强立法机构的能力，简化立法程序，加强内部协调，引入立法督察机制，加强信息收集和分析，鼓励社会参与，提高政府人员的法律素养，借鉴成功经验等。社会组织参与方面，政府可以制定相关政策和法规，明确支持和鼓励社会组织参与公共事务的原则和具体措施或者设立专门的资金或基金，用于资助社会组织参与社区事务。社区可以打造社会组织网络平台，鼓励社会组织的成立并对优秀组织进行宣传，树立典型榜样，激励更多的社会组织参与。创新发展方面，社区可以适当引入科技创新，运用先进的科技手段，如物联网、人工智能、大数据等技术，提升社区管理和服务水平。例如，建立智能化社区管理系统，实现智能安防、智能环境监测、智能垃圾分类等功能，提高社区运行效率和居民生活品质。鼓励居民积极参与社区建设和决策，搭建平台促进居民与社区组织、政府的互动与合作。通过社区议事会、社区志愿者服务队等形式，发挥居民的主体作用，推动社区自治和共治。

2.社区E

（1）数据计算

对该社区物业企业员工、社区居民分别发放《社区调查问卷物业企业版》《社区调查问卷社区居民版》，根据问卷中企业员工、社区居民对"红色物业"生态体系各项的打分，汇总得到如下"红色物业"生态体系评分汇总表。

根据本书评价方法，对社区E的"红色物业"生态体系建设情况开展调

"红色物业"生态体系评分汇总表　　　　　表2

一级指标	得分	二级指标	得分	三级指标	得分
党建引领	18.23	组织建设强化	6.06	小区是否成立党组织	3.94
				物业企业是否按党章建立党组织	2.12
		制度建设健全	5.68	政治制度	1.66
				组织制度	1.42
				领导制度	0.82
				工作制度	0.98
				纪律制度	0.59
				生活制度	0.21
		党建作用发挥	6.49	党支部战斗堡垒作用发挥	2.76
				党员发挥先锋模范作用	2.52
				党建活动参与度	1.21
政策保障	8.90	政府法规政策	3.97	"红色物业"建设相关政策的数量	1.73
				政策的实施和监督	2.24
				政策实施的资金保障	0
		工作机制平台	1.20	对政策的监测和评估	1.20
				政策实施的专业水平和执行能力	0
		协调多方合作	3.73	共建联建机制	1.59
				政策信息公开	1.13
				各利益相关方的合作与协调	1.01
外部环境促进	6.95	经济发展水平	2.31	社区人口就业率	0.82
				基础设施建设	0.83
				公共服务水平	0.66
		社会价值观	2.44	社区和谐与合作程度	1.03
				个人尊重与多元包容程度	0.72
				集体主义思想观念	0.69
		"红色文化"基础	2.2	"红色阵地"数量	1.06
				居民对于"红色文化"认同感	1.14
居民委员会作用	10.60	构筑服务社区	3.37	社区培训工作开展	1.07
				社区矛盾纠纷排查化解率	1.43

续表

一级指标	得分	二级指标	得分	三级指标	得分
居民委员会作用	10.60	构筑服务社区	3.37	社区特色服务项目数	0.87
		建设民主社区	3.32	建有居民自治章程或居民公约	1.71
				社区政务公开	1.61
		构筑平安社区	3.91	档案信息数据库建立情况	1.63
				社区应急防范	1.18
				社区安全性	1.10
业主广泛参与	9.38	参与积极性	5.35	居民参加社区会议积极性	2.22
				居民在社区党组织任职积极性	1.79
				居民参与选举、投票、建言的积极性	1.34
		邻里互动	4.03	邻里交往频率	1.79
				邻里满意度	2.24
物业企业服务	9.08	物业服务能力	3.98	基本服务能力	1.77
				企业管理制度	1.22
				信息化平台建设程度	0.99
		服务质量提升与创新	3.66	特色服务、定制化服务	1.18
				企业社会责任履行度	1.41
				收费合理性	1.07
		经营效益	1.44	企业年营业收入	0.58
				总资产周转率	0.86
				研发经费投入强度	0
社会组织参与	6.88	种类规模	2.85	志愿者队伍规模	1.34
				社会组织类型多样性	1.51
		参与程度	4.03	社会组织参与社区事务机制健全程度	1.72
				社会组织参与活动频率	1.30
				参与活动类型丰富度	1.01
社会综合认可	5.50	社区治理水平	2.07	社区秩序	0.68
				社区网格化管理水平	0.58
				社区不稳定因素	0.37
				社会影响力/品牌效应	0.44
				市级及以上奖项数量	0

续表

一级指标	得分	二级指标	得分	三级指标	得分
社会综合认可	5.50	社会评价	3.43	行业协会评定	0
				居民对社区归属感	1.23
				居民对社区信任度	1.16
				居民生活满意度	1.04
创新发展	4.46	工作联动	2.20	工作联动创新性	0.94
				工作联动有效性	1.26
		资源整合	2.26	政府资源整合	1.06
				文化资源整合	0.78
				其他资源整合	0.42
		创新研发	0	创新成果	0
				人才培养合作	0
				产学研水平	0
总分：79.98		总分：79.98		总分：79.98	

研，由表2可知，社区E的"红色物业"生态体系总得分为：

18.23+8.90+6.95+10.60+9.38+9.08+6.88+5.50+4.46=79.98。

以百分制的"红色物业"生态体系总得分衡量，该社区的"红色物业"生态体系建设处于中等偏上水平。

（2）结果分析

结合各级指标实际得分及其所占权重来看，该社区的项目一级指标外部环境促进与社会组织参与得分较高。其中"红色阵地"种类和数量非常突出，拥有社区老年大学、党群活动室、"红色国防教育"广场等。居民委员会作用取得各项满分，社区人员每年参与开展各项业务知识培训20余次，在社区开展各项培训、宣传30余次；党组织牵头，多方参与创建了老年艺术团、老年大学、青春健康成长乐园、爱心储蓄志愿服务队等特色服务项目，关心关爱居民身心健康。党建引领指标得分为18.23，得分较为良好，但组织建设强化比较薄弱，尤其体现物业党组织成立方面，社区E物业党组织建设得分较低，须按照党章要求进一步规范。政策保障方面，监督评估机制较为健全，物业办及社区物业专干对政策实施进行检测和评估，政府建立了微信公众号、新闻网站、"党务""居务"公开栏、公示栏、党员大会等渠道进行公开公示，但二级指标政策法规建设的得分较低，原因是其三级指标政府通过预算安排和财政政策，提供资金保障来支持政策的实施得分为0，二级指标工作机制平台评价也较低。业主广泛参与、社会综合认可、物业企业服务与创新发展分值有待提高。

（3）小结

由数据可得，社区E在政策保障、社会综合认可、创新发展方面亟待提高。政策保障方面，政府应当多出台"红色物业"相关法规政策，需要加强立法机构的能力，简化立法程序，加强内部协调，引入立法督察机制，加强信息收集和分析，鼓励社会参与，提高政府人员的法律素养，借鉴成功经验等。社会综合认可方面，建立科学合理的社区治理体系，确立明确的社区治理目标和原则，建立科学完善的组织架构和工作机制。制定规范的社区治理政策和法规，明确各方责任和权力，提高社区治理的透明度和可操作性。其次，为获得较高的社会评价，提供公正高效的公共服务，加强社区公共服务设施建设和管理，提供高质量、公正、高效的公共服务，确保居民的基本生活需求得到满足。创新发展方面，推动数字化社区服务，借助互联网和移动应用技术，提供便捷的社区服务。例如，开展线上社区服务平台，方便居民查询信息、办理业务、提出问题等；推行线上社区议事平台，促进民意的表达和政府的反馈。

3. 社区F

（1）数据计算

对该社区物业企业员工、社区居民分别发放《社区调查问卷物业企业版》《社区调查问卷社区居民版》，根据问卷中企业员工、社区居民对"红色物业"生态体系各项的打分，汇总得到如下"红色物业"生态体系评分汇总表。

"红色物业"生态体系评分汇总表　　　　　　　表3

一级指标	得分	二级指标	得分	三级指标	得分
党建引领	21.07	组织建设强化	7.41	小区是否成立党组织	4.38
				物业企业是否按党章建立党组织	3.03
		制度建设健全	6.41	政治制度	1.89
				组织制度	1.61
				领导制度	0.91
				工作制度	1.11
				纪律制度	0.68
				生活制度	0.21
		党建作用发挥	7.25	党支部战斗堡垒作用发挥	3.24
				党员发挥先锋模范作用	2.80
				党建活动参与度	1.21
政策保障	13.78	政府法规政策	5.58	"红色物业"建设相关政策的数量	1.04
				政策的实施和监督	2.24
				政策实施的资金保障	2.3
		工作机制平台	4.27	对政策的监测和评估	2.39
				政策实施的专业水平和执行能力	1.88
		协调多方合作	3.93	共建联建机制	1.79
				政策信息公开	1.13
				各利益相关方的合作与协调	1.01
外部环境促进	7.83	经济发展水平	2.51	社区人口就业率	0.82
				基础设施建设	0.95
				公共服务水平	0.74
		社会价值观	2.91	社区和谐与合作程度	1.20
				个人尊重与多元包容程度	0.88
				集体主义思想观念	0.83
		"红色文化"基础	2.41	"红色阵地"数量	1.06
				居民对于"红色文化"认同感	1.35
居民委员会作用	10.60	构筑服务社区	3.37	社区培训工作开展	1.07
				社区矛盾纠纷排查化解率	1.43
				社区特色服务项目数	0.87

续表

一级指标	得分	二级指标	得分	三级指标	得分
居民委员会作用	10.60	建设民主社区	3.32	建有居民自治章程或居民公约	1.71
				社区政务公开	1.61
		构筑平安社区	3.91	档案信息数据库建立情况	1.63
				社区应急防范	1.18
				社区安全性	1.10
业主广泛参与	11.33	参与积极性	6.32	居民参加社区会议积极性	2.63
				居民在社区党组织任职积极性	2.11
				居民参与选举、投票、建言的积极性	1.58
		邻里互动	5.01	邻里交往频率	2.28
				邻里满意度	2.73
物业企业服务	10.47	物业服务能力	4.49	基本服务能力	2.01
				企业管理制度	1.36
				信息化平台建设程度	1.12
		服务质量提升与创新	4.10	特色服务、定制化服务	1.33
				企业社会责任履行度	1.59
				收费合理性	1.18
		经营效益	1.88	企业年营业收入	0.58
				总资产周转率	0.86
				研发经费投入强度	0.44
社会组织参与	7.13	种类规模	2.85	志愿者队伍规模	1.34
				社会组织类型多样性	1.51
		参与程度	4.28	社会组织参与社区事务机制健全程度	1.97
				社会组织参与活动频率	1.30
				参与活动类型丰富度	1.01
社会综合认可	6.60	社区治理水平	2.52	社区秩序	0.79
				社区网格化管理水平	0.68
				社区不稳定因素	0.44
				社会影响力/品牌效应	0.51
				市级及以上奖项数量	0.10
		社会评价	4.08	行业协会评定	0.07

续表

一级指标	得分	二级指标	得分	三级指标	得分
社会综合认可	6.60	社会评价	4.08	居民对社区归属感	1.46
				居民对社区信任度	1.34
				居民生活满意度	1.21
创新发展	5.56	工作联动	2.53	工作联动创新性	1.08
				工作联动有效性	1.45
		资源整合	2.59	政府资源整合	1.23
				文化资源整合	0.88
				其他资源整合	0.48
		创新研发	0.44	创新成果	0.32
				人才培养合作	0.08
				产学研水平	0.04
总分：94.37		总分：94.37		总分：94.37	

根据本书评价方法，对社区F的"红色物业"生态体系建设情况开展调研，由表3可知，社区F的"红色物业"生态体系总得分为：

21.07+13.78+7.83+10.60+11.33+10.47+7.13+6.60+5.56=94.37。

以百分制的"红色物业"生态体系总得分衡量，该社区的"红色物业"生态体系建设处于比较高的水平。

（2）结果分析

结合各级指标实际得分及其所占权重来看，该社区获得了党建引领和居民委员会作用两个方面获得满分。党建引领层面，该社区及物业企业积极按照党章组建党支部，建立健全各项制度，主动参加上级党组织活动，也荣获了"老龄工作示范社区""先进基层党组织""区委社区党建工作示范点"等荣誉，党支部及成员在社区治理中发挥着重要的先锋模范作用。社区坚持传承"红色基因"，繁荣"红色文化"，党支部以全心全意为人民服务为根本宗旨，加强党员教育，积极培养党员价值理念，有效规范党员行为，不断扩大党员队伍，物业企业也充分发挥"两新"党组织党建引领作用，开展管家党员亮身份、我为群众办实事、重温入党誓词等活动，获得了广大人民群众的认同，赢得了他们的支持。居民委员会作用发挥方面，该社区居委会能够定期开展社区居民、物业企业消防、党建等方面的培训工作，配有应急器材，定期组织居民开展防灾知识宣传与演练，设有消防体验馆。社区设立了调解委员会，能够及时开展矛盾纠纷排查化解工作，矛盾调解率较高。此外，社区成立有文化服务队，爱心志愿者服务队，"红色管家"服务队和"红色宣讲团"，大大提升了服务居民效果。政策保障、外部环境促进、业主广泛参与、物业企业服务、社会组织参与、社会综合认可层面，该社区也表现不俗。当地政府出台《加强党建引领业主委员会工作方案》，并设立专门的实施和监督渠道；设立"红色物业"宣传栏，致力打造"红色物业"文化长廊；区委组织部组织党支部书记、物业行业党委党建骨干培训；为加强各方沟通互动，协调多方利益，建立了网上信访、问政平台、12388举报平台、市长热线、信访接待日等反馈渠道。社区的经济发展水平、和谐包容度、居民对于"红色文化"的认同、邻里交往等程度都较高。物业企业协调多方社会组织共同服务社区居民，获得省级消防安全示范社区、优秀物业服务项目、市应急消防科普教育基地等荣誉。总体来看，该社区在创新发展层面分值不高，尤其是企业创新研发层面。创新发展需要多元主体在工作模式、资源整合、技术创新等层面有所突破以达到提高工作效率，推动社区治理可持续发展的状态，如物业企业方面，人才引进仍有欠缺。

（3）小结

总体而言，社区F的"红色物业"生态体系建设程度很高。物业企业与社区始终坚持以社区党组织为主体，推行"双向进入、交叉任职"党建模式，完善党建联系制度，联动社区、政府有关部门、行业协会、志愿者团体等第三方社会组织、小区业主共同探索创新"红色物业"服务，能够做到小区安保联管，社区服务联做，文体活动联谊，实现各方联动、资源共享、优势互补，努力打造品牌居住小区，提升小区业主幸福指数。该社区在二级指标政府法规政策、企业经营效益存在不足。建议政府因地制宜，结合地区实际情况，出台详细的社区治理党建引领规章制度，压实各方责任义务，提升各主体主动性。物业企业经营效益是企业生存发展的基础和动力，需要依靠服务提质增效、拓展增值业务等方式提升。对于企业创新发展方面的欠缺，建议物业企业在与高校签订的协议基础上，引进对口专业人才，为社区"红色物业"生态体系运转提供智慧和活力,借助理论结合实际,为社区治理赋能。

4. 社区G

(1)数据计算

对该社区物业企业员工、社区居民分别发放《社区调查问卷物业企业版》《社区调查问卷社区居民版》,根据问卷中企业员工、社区居民对"红色物业"生态体系各项的打分,汇总得到如下"红色物业"生态体系评分汇总表。

"红色物业"生态体系评分汇总表　　　　表4

一级指标	得分	二级指标	得分	三级指标	得分
党建引领	14.08	组织建设强化	3.17	小区是否成立党组织	0.44
				物业企业是否按党章建立党组织	2.73
		制度建设健全	5.01	政治制度	1.44
				组织制度	1.27
				领导制度	0.70
				工作制度	0.85
				纪律制度	0.54
				生活制度	0.21
		党建作用发挥	5.9	党支部战斗堡垒作用发挥	2.43
				党员发挥先锋模范作用	2.26
				党建活动参与度	1.21
政策保障	14.75	政府法规政策	7.53	"红色物业"建设相关政策的数量	3.45
				政策的实施和监督	2.24
				政策实施的资金保障	1.84
		工作机制平台	3.70	对政策的监测和评估	2.39
				政策实施的专业水平和执行能力	1.31
		协调多方合作	3.52	共建联建机制	1.38
				政策信息公开	1.13
				各利益相关方的合作与协调	1.01
外部环境促进	6.18	经济发展水平	2.01	社区人口就业率	0.74
				基础设施建设	0.70

续表

一级指标	得分	二级指标	得分	三级指标	得分
外部环境促进	6.18	经济发展水平	2.01	公共服务水平	0.57
		社会价值观	2.44	社区和谐与合作程度	1.04
				个人尊重与多元包容程度	0.72
				集体主义思想观念	0.68
		"红色文化"基础	1.73	"红色阵地"数量	0.64
				居民对于"红色文化"认同感	1.09
居民委员会作用	9.81	构筑服务社区	3.08	社区培训工作开展	1.07
				社区矛盾纠纷排查化解率	1.14
				社区特色服务项目数	0.87
		建设民主社区	2.81	建有居民自治章程或居民公约	1.20
				社区政务公开	1.61
		构筑平安社区	3.92	档案信息数据库建立情况	1.63
				社区应急防范	1.19
				社区安全性	1.10
业主广泛参与	8.92	参与积极性	4.88	居民参加社区会议积极性	2.03
				居民在社区党组织任职积极性	1.64
				居民参与选举、投票、建言的积极性	1.21
		邻里互动	4.04	邻里交往频率	1.81
				邻里满意度	2.23
物业企业服务	7.81	物业服务能力	3.47	基本服务能力	1.56
				企业管理制度	1.06
				信息化平台建设程度	0.85
		服务质量提升与创新	3.18	特色服务、定制化服务	1.06
				企业社会责任履行度	1.23
				收费合理性	0.89
		经营效益	1.16	企业年营业收入	1.16
				总资产周转率	0
				研发经费投入强度	0
社会组织参与	6.16	种类规模	2.28	志愿者队伍规模	1.07
				社会组织类型多样性	1.21

311

续表

一级指标	得分	二级指标	得分	三级指标	得分
社会组织参与	6.16	参与程度	3.88	社会组织参与社区事务机制健全程度	1.57
				社会组织参与活动频率	1.30
				参与活动类型丰富度	1.01
社会综合认可	5.25	社区治理水平	1.92	社区秩序	0.59
				社区网格化管理水平	0.53
				社区不稳定因素	0.34
				社会影响力/品牌效应	0.41
				市级及以上奖项数量	0.05
		社会评价	3.33	行业协会评定	0
				居民对社区归属感	1.19
				居民对社区信任度	1.13
				居民生活满意度	1.01
创新发展	3.98	工作联动	1.99	工作联动创新性	0.83
				工作联动有效性	1.16
		资源整合	1.99	政府资源整合	0.95
				文化资源整合	0.67
				其他资源整合	0.37
		创新研发	0	创新成果	0
				人才培养合作	0
				产学研水平	0
总分：76.94		总分：76.94		总分：76.94	

根据本书评价方法，对社区G的"红色物业"生态体系建设情况开展调研，由表4可知，社区G的"红色物业"生态体系总得分为：

14.08+14.75+6.18+9.81+8.92+7.81+6.16+5.25+3.98=76.94。

以百分制的"红色物业"生态体系总得分衡量，该社区的"红色物业"生态体系建设处于中等偏上水平。

（2）结果分析

结合各级指标实际得分及其所占权重来看，社区G的一级指标政策保障、居民委员会作用、社会组织参与三个方面表现较好。政策保障方面,中央、省、市、区四级党委组织部门发文推动"红色物业"的创建实施,区物业办制定了标准和量化考核办法以规范"红色物业"建设,市委组织部调研组到公司调研党建工作,物业企业也积极参加省物业行业党务工作者培训班。为加强与各利益相关方的合作与协调,整合资源、分享经验,共同推进政策的实施,社区建立了党建联席会议制度,参与建立物业行业党委会议制度,组织同业间的交流学习观摩,组织市委组织部、城管局等部门开展"红色物业"实践调研。居民委员会在构筑服务社区、构建民主社区、构筑平安社区方面也发挥了积极作用,取得了该指标92.47%的分值,尤其是在平安社区方面,取得了满分。该社区的社会组织参与情况也十分乐观,志愿者团队达60余人,社区主导设立了合唱团、模特队、舞蹈队和书法组,社区街道、居委会、物业企业与各类型组织合作在社区内开展写春联、清雪、义诊、慰问等活动,丰富了社区居民休闲生活,为共建和谐安全社区贡献力量。但该区其他五个指标分值不高,党建引领、外部环境促进、业主广泛参与、物业企业服务、社会综合认可与创新发展的分值分别占该指标的66.85%、77.95%、78.20%、69.42%、71.21%、56.56%。创新发展作为所占权重最低的一级指标,该项最终分值也最低,为3.98分,二级指标创新研发模块获得0分,也是唯一获得0分的二级指标。由此可见该社区创新能力之差,不利于推动社区资源整合和运营发展,有待改进。

(3)小结

该社区需要继续加强"红色阵地"建设,包括:第一,高度重视,明确责任。物业企业主动接受社区党组织的领导,积极参与社区物业党建工作和社区建设。加强企业自身党建工作,成立项目党小组,充分发挥党员先锋模范作用,带动全体员工不断提升综合素质,不断提高物业管理服务水平,严格规范组织生活。第二,大力宣传,营造浓厚氛围。强化工作措施,加大工作力度,把"红色物业"工作抓紧抓好、抓出成效。完善党群服务站,以"党建引领、空间共享、服务多元"为建设理念,建设"党建活动、为民服务、教育培训、协商议事、文化宣传"等功能于一体的综合阵地;构建党建文化宣传角,为物业服务注入"红色基因",让"红色物业"成为打造值得信赖的物业服务企业的重要载体,努力构建环境优美、功能完善、生活便利、舒适宜居的小区生活环境;组建志愿团队,以社区党组织为主导,广泛开展"党建联动,为民服务"活动,积极参与社区治理和物业服务工作,增强团队的互助意识、奉献意识、服务意识、担当意识,从而强化社区的凝聚力。加大外媒宣传报道,加强正面宣传和舆论引导,通过宣传报道先进典型、经验交流等形式,充分反映工作成效,为打造"红色物业"营造良好社会氛围。第三,创新发展,提升效益。企业要高度重视创新研发对于自身提质增效、促进可持续发展的重要性,创新工作模式、业务范畴、增收模式等是当今物业企业跳出基本服务牢笼,扭转低利润甚至亏损现状,实现自身发展的重要手段。

5.社区H

（1）数据计算

对该社区物业企业员工、社区居民分别发放《社区调查问卷物业企业版》《社区调查问卷社区居民版》,根据问卷中企业员工、社区居民对"红色物业"生态体系各项的打分,汇总得到如下"红色物业"生态体系评分汇总表。

"红色物业"生态体系评分汇总表　　表5

一级指标	得分	二级指标	得分	三级指标	得分
党建引领	19.40	组织建设强化	7.41	小区是否成立党组织	4.38
				物业企业是否按党章建立党组织	3.03
		制度建设健全	6.19	政治制度	1.83
				组织制度	1.57
				领导制度	0.90
				工作制度	1.04
				纪律制度	0.64
				生活制度	0.21
		党建作用发挥	5.80	党支部战斗堡垒作用发挥	3.04
				党员发挥先锋模范作用	2.64
				党建活动参与度	0.12
政策保障	1.70	政府法规政策	0	"红色物业"建设相关政策的数量	0

续表

一级指标	得分	二级指标	得分	三级指标	得分
政策保障	1.70	政府法规政策	0	政策的实施和监督	0
				政策实施的资金保障	0
		工作机制平台	0	对政策的监测和评估	0
				政策实施的专业水平和执行能力	0
		协调多方合作	1.70	共建联建机制	1.70
				政策信息公开	0
				各利益相关方的合作与协调	0
外部环境促进	6.89	经济发展水平	2.41	社区人口就业率	0.82
				基础设施建设	0.89
				公共服务水平	0.70
		社会价值观	2.34	社区和谐与合作程度	1
				个人尊重与多元包容程度	0.70
				集体主义思想观念	0.64
		"红色文化"基础	2.14	"红色阵地"数量	1.06
				居民对于"红色文化"认同感	1.08
居民委员会作用	10.60	构筑服务社区	3.37	社区培训工作开展	1.07
				社区矛盾纠纷排查化解率	1.43
				社区特色服务项目数	0.87
		建设民主社区	3.32	建有居民自治章程或居民公约	1.71
				社区政务公开	1.61
		构筑平安社区	3.91	档案信息数据库建立情况	1.63
				社区应急防范	1.18
				社区安全性	1.10
业主广泛参与	10.16	参与积极性	6.16	居民参加社区会议积极性	2.59
				居民在社区党组织任职积极性	2.04
				居民参与选举、投票、建言的积极性	1.53
		邻里互动	4.00	邻里交往频率	1.82
				邻里满意度	2.18
物业企业服务	9.71	物业服务能力	4.30	基本服务能力	1.90
				企业管理制度	1.30

续表

一级指标	得分	二级指标	得分	三级指标	得分
物业企业服务	9.71	物业服务能力	4.30	信息化平台建设程度	1.10
		服务质量提升与创新	3.97	特色服务、定制化服务	1.29
				企业社会责任履行度	1.53
				收费合理性	1.15
		经营效益	1.44	企业年营业收入	0.58
				总资产周转率	0.86
				研发经费投入强度	0
社会组织参与	7.11	种类规模	2.85	志愿者队伍规模	1.34
				社会组织类型多样性	1.51
		参与程度	4.26	社会组织参与社区事务机制健全程度	1.95
				社会组织参与活动频率	1.30
				参与活动类型丰富度	1.01
社会综合认可	5.55	社区治理水平	2.38	社区秩序	0.75
				社区网格化管理水平	0.67
				社区不稳定因素	0.41
				社会影响力/品牌效应	0.5
				市级及以上奖项数量	0.05
		社会评价	3.17	行业协会评定	0
				居民对社区归属感	1.16
				居民对社区信任度	1.06
				居民生活满意度	0.95
创新发展	5.21	工作联动	2.47	工作联动创新性	1.05
				工作联动有效性	1.42
		资源整合	2.52	政府资源整合	1.20
				文化资源整合	0.86
				其他资源整合	0.46
		创新研发	0.22	创新成果	0.14
				人才培养合作	0.08
				产学研水平	0
总分：76.33		总分：76.33		总分：76.33	

根据本书评价方法，对社区 H 的"红色物业"生态体系建设情况开展调研，结果如表5所示。

由表5可知，社区 H 的"红色物业"生态体系总得分为：
19.40+1.70+6.89+10.60+10.16+9.71+7.11+5.55+5.21=76.33。

以百分制的"红色物业"生态体系总得分衡量，该社区的"红色物业"生态体系建设处于中等偏上水平。

（2）结果分析

调研数据结果显示，一级指标最佳的是居民委员会作用，获得了该评价指标的满分，表明居委会在构建服务社区、民主社区、平安社区方面工作充分、效果显著。社会组织参与指标次之，得分占该指标分值的99.53%，多项三级指标达到满分。一级指标党建引领、外部环境促进、业主广泛参与、物业企业服务、社会综合认可、创新发展的分值有较大的进步空间。政府保障指标最差，权重占比16.20%，实际得分1.7分，除"政府建立共建联建机制"指标外，其他指标得分全部为0分，这表明该地区政府对于"红色物业"的创建十分缺乏，容易造成政府有关部门、街道、居委会、物业企业、居民等社区治理主体在参与"红色物业"创建过程中缺乏依据与指导，"政策保障"这一指标是权重占比第二的指标，重要性可见一斑。

（3）小结

社区是社会的基本单元，也是基层政府联系广大人民群众的纽带。而社区治理既是社会治理的基石，也是国家治理的重要组成部分。加强社区治理，推进国家治理体系和治理能力现代化，关键在于社区党建如何发挥好引领、凝聚的核心作用，为社区治理注入"红色"动能。政策是发挥党建引领，强化"红色物业"建设的重要保障。

"红色物业"创建的多元参与主体的责任和能力都是有限的，无限责任会将各个主体压垮。因此，制定政策厘清权责边界，使得各个主体各司其职，能够帮助发挥社区治理的最大效用；制定政策建立健全互动机制，协助各治理主体间形成持续良性互动，推动双方资源流动转化；制定政策完善监督考评机制，从而保障各治理主体之间的规范运作；制定政策构建奖惩机制，将有助于提高各主体的积极性和严谨性。在我国当前的政治环境下,加强"红色物业"生态建设,制定相应对制度规则,是把稳政治方向、促进治理提质增效的关键途径。

6.社区Ⅰ

(1) 数据计算

对该社区物业企业员工、社区居民分别发放《社区调查问卷物业企业版》《社区调查问卷社区居民版》,根据问卷中企业员工、社区居民对"红色物业"生态体系各项的打分,汇总得到如下"红色物业"生态体系评分汇总表。

"红色物业"生态体系评分汇总表　　　　表6

一级指标	得分	二级指标	得分	三级指标	得分
党建引领	13.42	组织建设强化	2.18	小区是否成立党组织	0.44
				物业企业是否按党章建立党组织	1.74
		制度建设健全	5.59	政治制度	1.61
				组织制度	1.41
				领导制度	0.82
				工作制度	0.95
				纪律制度	0.59
				生活制度	0.21
		党建作用发挥	5.65	党支部战斗堡垒作用发挥	2.81
				党员发挥先锋模范作用	2.48
				党建活动参与度	0.36
政策保障	7.16	政府法规政策	1.58	"红色物业"建设相关政策的数量	0
				政策的实施和监督	1.12
				政策实施的资金保障	0.46
		工作机制平台	2.39	对政策的监测和评估	2.39
				政策实施的专业水平和执行能力	0
		协调多方合作	3.19	共建联建机制	1.55
				政策信息公开	1.13
				各利益相关方的合作与协调	0.51
外部环境促进	6.01	经济发展水平	2.13	社区人口就业率	0.66
				基础设施建设	0.82

续表

一级指标	得分	二级指标	得分	三级指标	得分
外部环境促进	6.01	经济发展水平	2.13	公共服务水平	0.65
		社会价值观	2.52	社区和谐与合作程度	1.07
				个人尊重与多元包容程度	0.74
				集体主义思想观念	0.71
		"红色文化"基础	1.36	"红色阵地"数量	0.21
				居民对于"红色文化"认同感	1.15
居民委员会作用	8.26	构筑服务社区	2.65	社区培训工作开展	1.07
				社区矛盾纠纷排查化解率	0.71
				社区特色服务项目数	0.87
		建设民主社区	3.32	建有居民自治章程或居民公约	1.71
				社区政务公开	1.61
		构筑平安社区	2.29	档案信息数据库建立情况	0
				社区应急防范	1.19
				社区安全性	1.1
业主广泛参与	9.97	参与积极性	5.62	居民参加社区会议积极性	2.35
				居民在社区党组织任职积极性	1.89
				居民参与选举、投票、建言的积极性	1.38
		邻里互动	4.35	邻里交往频率	1.92
				邻里满意度	2.43
物业企业服务	8.62	物业服务能力	3.94	基本服务能力	1.76
				企业管理制度	1.19
				信息化平台建设程度	0.99
		服务质量提升与创新	3.67	特色服务、定制化服务	1.2
				企业社会责任履行度	1.42
				收费合理性	1.05
		经营效益	1.01	企业年营业收入	0.35
				总资产周转率	0.6
				研发经费投入强度	0.06
社会组织参与	3.85	种类规模	0.3	志愿者队伍规模	0
				社会组织类型多样性	0.3

续表

一级指标	得分	二级指标	得分	三级指标	得分
社会组织参与	3.85	参与程度	3.55	社会组织参与社区事务机制健全程度	1.76
				社会组织参与活动频率	0.78
				参与活动类型丰富度	1.01
社会综合认可	5.58	社区治理水平	2.12	社区秩序	0.69
				社区网格化管理水平	0.6
				社区不稳定因素	0.37
				社会影响力/品牌效应	0.44
				市级及以上奖项数量	0.02
		社会评价	3.46	行业协会评定	0
				居民对社区归属感	1.26
				居民对社区信任度	1.15
				居民生活满意度	1.05
创新发展	4.51	工作联动	2.24	工作联动创新性	0.96
				工作联动有效性	1.28
		资源整合	2.27	政府资源整合	1.08
				文化资源整合	0.78
				其他资源整合	0.41
		创新研发	0	创新成果	0
				人才培养合作	0
				产学研水平	0
总分：67.38		总分：67.38		总分：67.38	

根据本书评价方法，对社区I的"红色物业"生态体系建设情况开展调研，由表6可知，社区I的"红色物业"生态体系总得分为：

13.42+7.16+6.01+8.26+9.97+8.62+3.85+5.58+4.51=67.38。

以百分制的"红色物业"生态体系总得分衡量，该社区的"红色物业"生态体系建设处于中等水平。

（2）结果分析

社区I的"红色物业"生命力指数仅为67.38分，后续应该针对性地促进"红色物业"的发展,以提高"红色物业"发展水平。接下来,对不同级别指标的得分进行分析,从中找出影响评价等级的重要因素。从党建引领来看,这一项指标得分为13.42分。从三级指标上来看,同样也是在党组织建设方面存在不足,尤其是小区内的党组织覆盖度较低,这可能是由于"红色物业"发展的时间较短,社区未能及时注意到此方面。政策保障指标得分为7.16分,得分较低,具体从得分来看,除了政府对"红色物业"政策的财政支持不足,政策执行的专业度不够外,社区I政策保障得分低的原因还包括政府未能充分出台有关"红色物业"的相关政策。这一结果显示政府在政策保障方面还有待进一步加强和改善,要加强对"红色物业"的政策研究和制定,制定更加有针对性和有效的政策措施,为"红色物业"提供更好的发展环境和政策支持。外部环境促进得分处于中等水平,共有三个二级指标较高,可以发现,社区I的经济状况相对较好,社区的社会价值观念较为健康和积极,这可以对"红色物业"的发展起到良好的引领作用,而"红色文化"基础方面存在一定的改善空间,在"红色文化"传承和基础方面存在一些不足。居民委员会指标得分在所有九项指标中处于第二位。从三级指标来看,除调解委员会及档案信息数据库这两项指标以外,其余指标均为满分,这表明居民委员会在民主参与和决策方面发挥了重要作用,社区居民有机会参与社区事务的讨论和决策,后续可从调解委员会的建立、信息数据库的建立方面发力,以提高"红色物业"生命力指数。在业主广泛参与方面,有两个二级指标,即参与积极性和邻里互动,这两项指标的得分均比较高,表明业主在社区事务中的参与程度较高,且业主之间有较好的互动和交流。社会组织参与这一指标的得分较低,造成该指标得分较低的原因主要有两个,一是社区I的志愿者团队规模太小(不足1%),二是社会组织仅有志愿者一类,类型的多样性不足。社会综合认可这一指标的得分为5.58分,位居第5位,处于中下游水平,这主要是由于企业没有获得行业协会的正面评定,市级奖项获得太少。创新发展这一指标的得分较低。具体来看,主要是由于企业无创新成果,人才培养机制不够完善,产学研水平低下。

(3)小结

随着城市化进程的加速和社区治理的日益重要,"红色物业"生态建设作为一种创新的管理模式，逐渐引起人们的关注。社区I所在政府积极支持"红色物业"建设，如加大对"红色物业"生态建设中环境保护和绿化方面的支持，制定政策支持社区居民自治和参与等。而社区I得分较低，根据上述分析结果，一方面，建议物业服务企业积极与高校、科研机构等建立合作，开展产学研合作项目。可以通过签订合作协议、共建研究实验室等方式，促进知识和技术的交流与共享；也可以积极申请相关的科研项目和资金支持，与政府建立合作关系。另一方面，社会组织具有公益性的特点，社区整体规模较大，多样化的、大规模的社会组织的组建可以提供社会服务、参与公益活动、促进社会创新等，有利于社区治理水平的提高。因此建议社区I积极鼓励居民建立社会组织，同时要注意所存在的社会组织要严格登记在册，并进行适当的管理，以避免产生不必要的问题。此外，建立档案信息数据库对于构筑平安社区至关重要，而安全社区也是"红色物业"发展的前提条件，通过建立档案信息数据库，居民委员会可以更好地了解社区居民的安全需求和问题，并制定相应的措施来维护社区的安全。因此，建议企业及社区建立一个全面的档案信息数据库，包括居民基本信息、安全事件记录、安全隐患等，以便居民委员会能够更加全面地了解社区的安全状况，为社区安全管理提供支持。

7. 社区J

（1）数据计算

对该社区物业企业员工、社区居民分别发放《社区调查问卷物业企业版》《社区调查问卷社区居民版》，根据问卷中企业员工、社区居民对"红色物业"生态体系各项的打分，汇总得到如下"红色物业"生态体系评分汇总表。

"红色物业"生态体系评分汇总表　　　　表7

一级指标	得分	二级指标	得分	三级指标	得分
党建引领	16.14	组织建设强化	4.04	小区是否成立党组织	1.31
				物业企业是否按党章建立党组织	2.73
		制度建设健全	5.70	政治制度	1.69
				组织制度	1.46
				领导制度	0.82

续表

一级指标	得分	二级指标	得分	三级指标	得分
党建引领	16.14	制度建设健全	5.70	工作制度	0.94
				纪律制度	0.6
				生活制度	0.19
		党建作用发挥	6.40	党支部战斗堡垒作用发挥	2.85
				党员发挥先锋模范作用	2.46
				党建活动参与度	1.09
政策保障	15.39	政府法规政策	7.99	"红色物业"建设相关政策的数量	3.45
				政策的实施和监督	2.24
				政策实施的资金保障	2.30
		工作机制平台	3.70	对政策的监测和评估	2.39
				政策实施的专业水平和执行能力	1.31
		协调多方合作	3.70	共建联建机制	1.56
				政策信息公开	1.13
				各利益相关方的合作与协调	1.01
外部环境促进	7.35	经济发展水平	2.19	社区人口就业率	0.74
				基础设施建设	0.81
				公共服务水平	0.64
		社会价值观	2.82	社区和谐与合作程度	1.20
				个人尊重与多元包容程度	0.83
				集体主义思想观念	0.79
		"红色文化"基础	2.34	"红色阵地"数量	1.06
				居民对于"红色文化"认同感	1.28
居民委员会作用	10.46	构筑服务社区	3.22	社区培训工作开展	1.07
				社区矛盾纠纷排查化解率	1.28
				社区特色服务项目数	0.87
		建设民主社区	3.32	建有居民自治章程或居民公约	1.71
				社区政务公开	1.61
		构筑平安社区	3.92	档案信息数据库建立情况	1.63
				社区应急防范	1.19
				社区安全性	1.10

续表

一级指标	得分	二级指标	得分	三级指标	得分
业主广泛参与	10.56	参与积极性	5.75	居民参加社区会议积极性	2.40
				居民在社区党组织任职积极性	1.88
				居民参与选举、投票、建言的积极性	1.47
		邻里互动	4.81	邻里交往频率	2.17
				邻里满意度	2.64
物业企业服务	8.74	物业服务能力	3.96	基本服务能力	1.76
				企业管理制度	1.18
				信息化平台建设程度	1.02
		服务质量提升与创新	3.62	特色服务、定制化服务	1.18
				企业社会责任履行度	1.39
				收费合理性	1.05
		经营效益	1.16	企业年营业收入	1.16
				总资产周转率	0
				研发经费投入强度	0
社会组织参与	6.70	种类规模	2.85	志愿者队伍规模	1.34
				社会组织类型多样性	1.51
		参与程度	3.85	社会组织参与社区事务机制健全程度	1.80
				社会组织参与活动频率	1.04
				参与活动类型丰富度	1.01
社会综合认可	6.38	社区治理水平	2.22	社区秩序	0.68
				社区网格化管理水平	0.62
				社区不稳定因素	0.37
				社会影响力/品牌效应	0.45
				市级及以上奖项数量	0.10
		社会评价	4.16	行业协会评定	0.33
				居民对社区归属感	1.41
				居民对社区信任度	1.26
				居民生活满意度	1.16
创新发展	5.17	工作联动	2.28	工作联动创新性	0.96
				工作联动有效性	1.32

续表

一级指标	得分	二级指标	得分	三级指标	得分
创新发展	5.17	资源整合	2.32	政府资源整合	1.11
				文化资源整合	0.79
				其他资源整合	0.42
		创新研发	0.57	创新成果	0.32
				人才培养合作	0.16
				产学研水平	0.09
总分：86.89		总分：86.89		总分：86.89	

根据本书评价方法，对社区J的"红色物业"生态体系建设情况开展调研，由表7可知，社区J的"红色物业"生态体系总得分为：

16.14+15.39+7.35+10.46+10.56+8.74+6.70+6.38+5.17=86.89。

以百分制的"红色物业"生态体系总得分衡量，该社区的"红色物业"生态体系建设处于中等偏上水平。

（2）结果分析

社区J的得分总体为86.89分，处于较高水平。这可能是因为社区J是其所在市"红色物业"先行先试的小区，其于2020年10月便开始了"红色物业"的探索和实践。接下来分别对不同级别的指标进行分析。首先，党建引领指标得分为16.14分，分数不高，说明和其他方面工作相比，社区J在党建引领工作效果较差，这主要是由于小区内党员数量少，低于10%。政策保障指标得分较高，说明该物业服务企业对"红色物业"的政策保障度较高，这也显示出政府在推动党建工作方面做出了一定的努力和成绩，但仍需关注工作机制和平台的改进，以进一步提高党建工作的效果和影响力。外部环境促进指标得分较高。可以发现，社区J经济发展水平较高，但"红色阵地"数量较少，后续可以注重开拓"红色阵地"以进一步提高"红色物业"生命力。居民委员会指标得分位居第一位，社区整体具有较强民主性、平安性，这说明居民委员会在社区治理、提供社区服务方面工作效果较优，这也和社区居民满意度连续大幅提升的现状相符。业主广泛参与这项指标得分为10.56分，处于一个较高的水平。这主要是因为业主能够广泛参与社区事务，并且在邻里互动中表现出积极性和合作性。业主的积极参与和邻里互动有助于增强社区凝聚力、促进社区共识的形成，通过业主广泛参与，"红色物业"可以更好地了解业主的需求、意见和期望，与业主建立良好的互动关系，从而推动"红色物业"的发展和提升。物业企业服务这一指标的得分不高，具体来看，是在企业经营效益方面存在不足，尤其是总资产周转率较低。社会组织参与这一指标的得分为6.7分，在全部一级指标中处于上游。社会组织的类型多样，规模较大，均处于较高水平。社会综合认可这一指标的得分为6.38分，处于中下游水平。具体来看，相对于其他指标而言，拉低该指标得分的原因是企业所获得的市级奖项和行业协会评定较少。和所有九项一级指标相比，创新发展这一指标的得分较低，具体来看，主要是在创新研发方面存在不足，创新研发需要资本投入，这可能是企业本身对于创新研发的重视程度不够。

（3）小结

从上述分析中可以发现，社区J在企业的经营效益、创新研发能力、人才培养方面存在不足。在企业的经营效益方面，物业服务企业可以通过提供增值服务，加大营销推广、创新工作模式等方式来提高企业经营效益，如设立健身房、开展社区活动、安全防护等。物业服务企业可以通过增值服务的提供，满足业主的多样化需求，提升企业的竞争力和吸引力，提升业主对物业企业的认可度和忠诚度，以进一步增加经营效益。创新能力方面，物业企业作为服务行业，通过不断创新能够提升服务品质，优化和改进管理流程，提高工作效率和管理水平。具体方法包括应用物联网技术实现智能化管理，制定创新研发策略规划，建立创新研发团队，激励创新研发成果转化等。在人才培养方面，建议企业完善人才培养机制。人才是企业发展的核心竞争力，通过建立科学有效的人才培养机制，能够培养和提升员工的专业技能、管理能力和创新能力，推动企业的发展，通过系统化、科学化的人才培养机制来为"红色物业"的进一步发展提供人才，更好地促进"红色物业"发展。

8.社区K

（1）数据计算

对该社区物业企业员工、社区居民分别发放《社区调查问卷物业企版》《社区调查问卷社区居民版》,根据问卷中企业员工、社区居民对"红色物业"生态体系各项的打分,汇总得到如下"红色物业"生态体系评分汇总表。

"红色物业"生态体系评分汇总表 表8

一级指标	得分	二级指标	得分	三级指标	得分
党建引领	15.86	组织建设强化	3.61	小区是否成立党组织	0.88
				物业企业是否按党章建立党组织	2.73
		制度建设健全	5.75	政治制度	1.72
				组织制度	1.40
				领导制度	0.84
				工作制度	0.99
				纪律制度	0.61
				生活制度	0.19
		党建作用发挥	6.50	党支部战斗堡垒作用发挥	2.95
				党员发挥先锋模范作用	2.58
				党建活动参与度	0.97
政策保障	15.07	政府法规政策	7.99	"红色物业"建设相关政策的数量	3.45
				政策的实施和监督	2.24
				政策实施的资金保障	2.30
		工作机制平台	3.33	对政策的监测和评估	2.39
				政策实施的专业水平和执行能力	0.94
		协调多方合作	3.75	共建联建机制	1.61
				政策信息公开	1.13
				各利益相关方的合作与协调	1.01
外部环境促进	6.90	经济发展水平	2.22	社区人口就业率	0.82
				基础设施建设	0.77
				公共服务水平	0.63
		社会价值观	2.77	社区和谐与合作程度	1.19
				个人尊重与多元包容程度	0.81
				集体主义思想观念	0.77
		"红色文化"基础	1.91	"红色阵地"数量	0.64
				居民对于"红色文化"认同感	1.27

续表

一级指标	得分	二级指标	得分	三级指标	得分
居民委员会作用	10.60	构筑服务社区	3.37	社区培训工作开展	1.07
				社区矛盾纠纷排查化解率	1.43
				社区特色服务项目数	0.87
		建设民主社区	3.32	建有居民自治章程或居民公约	1.71
				社区政务公开	1.61
		构筑平安社区	3.91	档案信息数据库建立情况	1.63
				社区应急防范	1.18
				社区安全性	1.10
业主广泛参与	10.13	参与积极性	5.43	居民参加社区会议积极性	2.29
				居民在社区党组织任职积极性	1.77
				居民参与选举、投票、建言的积极性	1.37
		邻里互动	4.7	邻里交往频率	2.12
				邻里满意度	2.58
物业企业服务	8.66	物业服务能力	3.99	基本服务能力	1.83
				企业管理制度	1.17
				信息化平台建设程度	0.99
		服务质量提升与创新	3.51	特色服务、定制化服务	1.15
				企业社会责任履行度	1.33
				收费合理性	1.03
		经营效益	1.16	企业年营业收入	1.16
				总资产周转率	0
				研发经费投入强度	0
社会组织参与	6.43	种类规模	2.85	志愿者队伍规模	1.34
				社会组织类型多样性	1.51
		参与程度	3.58	社会组织参与社区事务机制健全程度	1.79
				社会组织参与活动频率	0.78
				参与活动类型丰富度	1.01
社会综合认可	6.25	社区治理水平	2.12	社区秩序	0.65
				社区网格化管理水平	0.57
				社区不稳定因素	0.35

续表

一级指标	得分	二级指标	得分	三级指标	得分
社会综合认可	6.25	社区治理水平	2.12	社会影响力/品牌效应	0.45
				市级及以上奖项数量	0.1
		社会评价	4.13	行业协会评定	0.33
				居民对社区归属感	1.39
				居民对社区信任度	1.26
				居民生活满意度	1.15
创新发展	4.98	工作联动	2.25	工作联动创新性	0.96
				工作联动有效性	1.29
		资源整合	2.25	政府资源整合	1.05
				文化资源整合	0.78
				其他资源整合	0.42
		创新研发	0.48	创新成果	0.32
				人才培养合作	0.16
				产学研水平	0
总分：84.88		总分：84.88		总分：84.88	

根据本书评价方法，对社区K的"红色物业"生态体系建设情况开展调研，由表8可知，社区K的"红色物业"生态体系总得分为：

15.86+15.07+6.90+10.60+10.13+8.66+6.43+6.25+4.98=84.88。

以百分制的"红色物业"生态体系总得分衡量，该社区的"红色物业"生态体系建设处于比较高的水平。

(2)结果分析

社区K的"红色物业"生命力指数得分为84.88分，处于较高水平。近年来，社区K坚持以"党建引领+红色物业"为抓手，建立"红管家"服务机制，不仅在物业管理方面取得了良好的成绩，还为社区居民营造了温馨、和谐的生活环境，这种成功经验可以为其他小区和物业管理机构提供借鉴和参考。接下来对指标进行进一步分析。首先，在党建引领方面，党建引领指标得分为15.86分，拉低此项分值的原因主要是小区党员数量较少（仅占10%左右），这意味着在党建引领中，党组织建设强化方面存在较大的改进空间。在政策保障的方面，共有三个二级指标，从具体得分来看，可以发现政府法规政策的制定得到了充分的重视和有效的执行，为党建工作提供了良好的政策环境。而工作机制及平台的设立方面可能存在一些问题，导致得分较低。外部环境促进一级指标得分为6.9分，在全部九项指标中处于中下游水平，这表明该地区或组织在外部环境因素的影响方面取得了一定的成绩，但仍有改进的空间。社区K积极打造开放式的"红色宣传"阵地，使社会主义核心价值观文化墙等"红色元素"错落有致地点缀在小区各个角落，但从得分来看，"红色阵地"数量仍较少，社区K在党建引领和"红色文化"传承方面仍需继续努力。居民委员会指标得分满分，在构筑民主社区、构筑服务社区和构筑安全社区等方面取得了全面发展和优异成绩。可以看到，秉承党为人民服务的理念，社区K积极开展金秋助学、帮扶困难老人、低保户送温暖等活动，彰显了人文关怀，大大提升了居民满意度。业主广泛参与得分为10.13分，社区K的业主对社区事务有着较高的参与度和积极性，这与小区内部的良好管理和社区组织的有效运作密切相关，通过建立健全的居民委员会、开展各种形式的居民活动和参与机制，社区K大大吸引和激发了业主的参与热情，形成了积极向上的社区氛围。物业企业服务指标得分为8.66分，在所有九项一级指标中位居第7位，这意味着在物业企业的服务方面仍有改进的空间。具体从得分来看，造成该指标得分较低的原因主要是企业的经营效益较低，低得分反映出物业企业在经营效益方面存在一定挑战和问题。在社会组织参与方面，社区K社会组织的类型丰富，且社会组织能够积极参与到社区事务中。社会组织的广泛参与对于社区K的社区建设和发展具有积极的影响，能够提供丰富的服务和资源，满足居民的多样化需求，促进社区的和谐稳定。社会综合认可这一指标的得分为6.25分，具体来看，相对于其他三级指标而言，企业所获得的市级奖项和行业协会评定较少，较少的市级奖项和行业协会评定可能是企业资源投入不足、管理体系不健全等原因造成的。最后，创新发展指标是所有指标中得分最低的。这表明企业在创新方面存在一些挑战和不足。具体从三级指标得分来看，创新研发得分为4.97分，远低于其他两项，说明企业在资源整合和工作联动方面取得了较好的成绩，但在创新研发方面仍有待提高，这可能是由于企业的研发投入不足，创新文化和氛围缺乏，缺乏创新策略和规划等。

(3)小结

近年来，社区K以"党建引领+红色物业"为抓手，架起服务"连心桥"巧解居民"烦心事"，传承"红色文化"丰富党员活动、凝心聚力践初心、便民服务暖人心、促进老旧小区实现全面"蝶变升级"，有效提升了居民群众幸福感、获得感和归属感。这使得社区K的"红色物业"生命力指数较高，"红色物业"建设处于一个较好的水平。但在对上述指标的分析中，可以发现还是存在一些不足。一是产学研水平较低，在社区K，企业产学研水平指标得分为0分，即企业并未与其他机构合作签订产学研合作协议。企业的产学研水平提高可以推动企业的创新发展，将"红色文化"与产学研合作相结合，可以加强企业的创新能力、提高物业服务品质和技术能力。企业可以通过与高校、科研机构等积极建立合作关系，开展以"红色文化"为主题的研究项目，组织企业员工参与相关的"红色文化"培训和教育活动，为产学研合作提供有力的人才支持等，以提高产学研水平。二是企业的总资产周转率较低。物业企业的总资产周转率的提高能够提升企业的运行效率，使企业能够高效地运营管理"红色物业"，为租户提供优质的服务和环境，形成良好的口碑和品牌形象，这将进一步增加"红色物业"的利用率和影响力。主要方法包括加强物业管理、优化资产配置、引入先进的技术和管理手段、实现智能化管理和优化决策等。三是研发经费投入强度较小，通过加大研发经费投入强度，物业企业可以在"红色物业"的建设和运营中进行创新和改进，从而提升"红色物业"的品质和内涵。比如，物业企业可以通过研发经费的投入，引入智能化管理系统、开展线上服务、提供定制化的服务等，可以提升"红色物业"的服务质量和体验。因此，建议加大对研发经费的投入力度，为居民提供更加便捷和个性化的服务，从而促进"红色物业"的可持续发展。

参考文献 REFERENCE

［1］中国指数研究院."一个明确"+"六大趋势"：住宅物业管理工作新规解读[J].中国房地产，2021（5）：70-72.

［2］西安紫薇物业管理有限公司.劲松模式："五方联动"改造老旧社区[J].中国物业管理，2022（7）：34-36.

［3］中海物业管理有限公司.强化党建引领，融入基层治理[J].中国物业管理，2022（7）：6-7.

［4］"现代林业统计评价研究"课题组.现代林业统计评价研究[J].中国国情国力，2013，249（10）：59-61.

［5］MICHAEL S. Job Market Signaling[J]. The Quarterly Journal of Economics，1973，87（3）：355-374.

［6］蔡晓明.生态系统生态学[M].北京：科学出版社，2000.

［7］陈铭，郭步华."红色物业"融入城市老旧社区治理发展研究：以武汉市水仙里社区红光小区为例[J].城市建筑，2019，16（10）：70-72.

［8］陈鹏.城市社区业委会治理困境及对策研究[J].山西师大学报（社会科学版），2023，50（2）：56-62.

［9］陈琦，秦泽慧，王中岭."红色物业"融入社区治理：理论与实践：以百步亭社区为例[J].江汉大学学报（社会科学版），2018，35（1）：68-72；126.

［10］陈天祥，叶彩永.新型城市社区公共事务集体治理的逻辑：基于需求—动员—制度三维框架的分析[J].中山大学学报（社会科学版），2013，53（3）：147-162.

［11］成金华，李悦，陈军.中国生态文明发展水平的空间差异与趋同性[J].中国人口·资源与环境，2015，25（5）：1-9.

［12］崔祯珍.基于商业生态系统的企业生命力及其战略研究[D].济南：山东大学，2009.

［13］丁宁，蒋华英.企业商业模式发展的趋势：商业生态系统[J].中国集体经济，2011（3）：63-64.

[14] 杜运潮,肖新宇.社区社会组织参与治理的创新路径研究[J].浙江工商职业技术学院学报,2021,20(1):24-26.

[15] 樊仲辉,何晓明.并购对我国央企可持续发展的影响研究:以中粮集团为例[C]//中国管理现代化研究会,复旦管理学奖励基金会.第十二届(2017)中国管理学年会论文集.[出版地不详]:[出版者不详],2017:456-464.

[16] 范逢春.城镇老旧小区改造面临的困境及破解[J].国家治理,2021(47):35-38.

[17] 方雨.百步亭创新"红色物业工作机制"[J].中国物业管理,2022(7):58-60.

[18] 付文乾.坚持党建引领,树立物业服务品牌:"红色物业"企业文化的探索与思考[J].中外企业文化,2022(9):159-161.

[19] 耕荒,张乃仁."红色引擎"助力社区服务党建统领夯实执政根基:武汉市"红色物业"的实践探索[J].中国民政,2018(5):48-51.

[20] 贡艺丹.健康城市导向下兰州市安宁区社区宜居性评价及规划策略研究[D].兰州:兰州交通大学,2022.

[21] 郭元飞,张聪杰."红色物业"融入社区治理的实践路径[J].沧州师范学院学报,2020,36(4):20-24.

[22] 韩巧霞,王树文.论商业生态系统的构建[J].当代经济,2006(8):42-43.

[23] 黄栋林."红色物业"探索城市小区治理新路径[J].群众,2021(7):64-65.

[24] 黄光宇,顾玉兰.寻找初露端倪的未来:从"红色物业"中寻找物业服务企业发展变革之路[J].中国物业管理,2018(12):2.

[25] 黄亚萍."红色物业"助推社区党建创新的实践进路:基于安徽省Y区实践的考察[J].吉林省社会主义学院学报,2020(4):28-31.

[26] 霍文杰.基于使用者视角的城镇生态社区评价指标体系研究[D].唐山:华北理工大学,2016.

[27] 贾晓芬.从地方实践看城乡社区治理的创新方向[J].国家治理,2019(4):48-65.

[28] 金康."自我修复"助力物管企业实现可持续发展[J].现代物业(上旬刊),2010(11):74-75.

[29] 金序能.住宅小区物业管理评价指标体系的研究[J].南京理工大学学报(社会科学版),1998(6):115-117.

[30] 金序能.住宅小区物业管理评价指标体系的研究[J].南京理工大学学报(社会科学版),1998,(6):115-117.

[31] 金旸.水利发展与国家战略协调状况的评估:基于协调度模型的实证[J].统计与决策,2007,230(2):36-38.

[32] 荆晓梦.宜居生态社区构成系统与建设研究[D].北京：北京交通大学，2018.

[33] 李爱玉.健康商业生态系统评价标准研究[D].南京：东南大学，2006.

[34] 李佳鹏.生态系统战略下M公司财务风险评价研究[D].哈尔滨：哈尔滨商业大学，2022.

[35] 李军.集群环境中的产学研协同创新研究[D].太原：太原理工大学，2020.

[36] 李亚茹.节约型公路交通建设评价体系研究[D].武汉：武汉理工大学，2009.

[37] 李志坚，颜爱民，徐晓飞.商业生态系统的复杂适应性研究[J].矿冶工程，2008（3）：124-128.

[38] 梁海红.基于商业生态系统视角谈企业竞争战略[J].商场现代化，2007（19）：70-71.

[39] 刘爱."红色物业"嵌入城市老旧社区治理的现状与推进路径研究[D].石家庄：河北经贸大学，2022.

[40] 刘彬.新时代物业管理行业党建工作探析[J].中国物业管理，2023（2）：106-107.

[41] 刘小兵.社会发展转型视域下领导者转型的八个维度（下）：国家领导者社会角色丛的主体性视角分析[J].桂海论丛，2012，28（6）：11-15.

[42] 刘雪梅.社区营造：公共治理的基层实践[J].四川行政学院学报，2017（6）：37-41.

[43] 刘宇芳，邹阳，范茜，等.基于健康视角的城市宜居社区评价指标体系构建[J].建设科技，2022（10）：34-38；47.

[44] 柳劲松，王丽华，等.环境生态学基础[M].北京：化学工业出版社，2003.

[45] 陆璐.城市基层党建视角下武汉市打造"红色物业"的创新研究[D].武汉：武汉理工大学，2020.

[46] 麻雪峰，陈承新.社会资本视域下的村改居社区党组织建设及治理[J].河南理工大学学报（社会科学版），2015，16（1）：1-8.

[47] 苗波涛，何心雨，吴俊颖，等.基于健康社区评价的济南市商埠区公共空间评价与优化研究[J].园林，2022，39（4）：134-141.

[48] 明海英.社会治理现代化呼唤本土理论建构[N].中国社会科学报，2014-07-16（2）.

[49] 欧晓军.市场经济视野下中国媒介集团多元化经营战略分析[D].湘潭：湘潭大学，2009.

[50] 潘慧.哈尔滨市N区老旧小区治理问题研究[D].沈阳：辽宁大学，2022.

[51] 齐琳.基层党建在社区治理中的功能研究[D].秦皇岛：燕山大学，2020.

[52] 祁欣欣.石家庄市"红色物业"的多元共治实践研究[D].石家庄：河北师范大学，2022.

[53] 秦安.树立中华文明温暖世界的网络文化观[J].中国信息安全，2014，59（11）：

33-37.

[54] 任园.新时代城市社区"组织再造"中的主体及其功能调适[D].上海：华东师范大学，2020.

[55] 容志，孙蒙.创造公共价值："红色物业"的有益实践[J].党政论坛，2019（12）：21-24.

[56] 容志，孙蒙.党建引领社区公共价值生产的机制与路径：基于上海"红色物业"的实证研究[J].理论与改革，2020（2）：160-171.

[57] 邵志.基于生态系统的ZX公司竞争战略研究[D].湘潭：湘潭大学，2019.

[58] 沈佳伊，李洋，王汝冰，等.从2020年平台数据探究中国主要城市新消费发展[J].商业经济，2021，540（8）：35-38；44.

[59] 宋利，柴瑜.社区治理创新的可持续性发展困境和对策研究[J].河北广播电视大学学报，2021，26（5）：60-63.

[60] 苏美蓉，杨志峰，陈彬.基于生命力指数与集对分析的城市生态系统健康评价[J].中国人口·资源与环境，2010，20（2）：122-128.

[61] 孙柏瑛，邓顺平.以执政党为核心的基层社会治理机制研究[J].教学与研究，2015（1）：16-25.

[62] 孙大鹏.协同治理的理论框架及案例考察[J].财经问题研究，2022（8）：113-121.

[63] 孙乐乐，杜妍慧，李岱枰，等.跨国建筑企业可持续发展研究[J].经济研究导刊，2019（25）：12-13；20.

[64] 孙蒙.党建引领下的社区公共价值创造[D].上海：上海师范大学，2020.

[65] 孙敏，梁效永.提升改造"老破旧"打造特色宜居小区[N].人民政协报，2021-08-02（6）.

[66] 孙志娟.面向功能和性能的机构综合性能分析和评价方法研究[D].北京：北京工业大学，2014.

[67] 田秀华，聂清凯，夏健明，等.商业生态系统视角下企业互动关系模型构建研究[J].南方经济，2006（4）：50-57.

[68] 汪坚强，高学成，李海龙，等.基于科学知识图谱的城市住区低碳研究热点、演进脉络分析与展望[J].城市发展研究，2022，29（5）：95-104.

[69] 汪颖.国有物业企业参与社区治理问题研究[D].上海：华东师范大学，2021.

[70] 王德福.催化合作与优化协作：党建引领社区治理现代化的实现机制[J].云南行政学院学报，2019，21（3）：13-20.

[71] 王栋林.数字普惠金融对企业贸易转型的影响[J].中国商论，2022，867（20）：

43-48.

[72] 王华.社区物业管理对基层社会生态影响研究[D].重庆：重庆理工大学，2022.

[73] 王量量，操颖，张书悦.城市老旧小区社区治理体系研究：以厦门市湖里街道为例[J/OL].中国房地产，2022（27）：47-57. DOI：10.13562/j.china.real.estate.2022.27.012.

[74] 王龙建.基于商业生态系统的企业组织结构变革分析[J].科教文汇（上旬刊），2007（9）：159-160.

[75] 王素侠，龚洁松.社区治理创新集群效应评价[J].统计与决策，2017，483（15）：63-66.

[76] 王薇，高国生，芮琳琳.高职院校与实习就业基地企业间合作成效评价指标体系构建及测评方法分析[J].市场周刊（理论研究），2013，（12）：99-100.

[77] 王雪铭，吴瑞明.评价方法的发展与体系研究[J].科学技术与工程，2009，9（2）：351-356；365.

[78] 王雪铭.评价方法的演变与分类研究[D].上海：上海交通大学，2009.

[79] 王雅宁.商业生态系统中网络核心型企业竞争战略研究[D].济南：山东大学，2011.

[80] 王颖颖.基于商业生态系统的企业角色转换研究[D].济南：山东大学，2010.

[81] 王钊.加强社区治理视阈下的"红色物业"研究[J].中国房地产，2021（27）：65-72.

[82] 吴伟俊.新时代高职院校物业管理行业人才培养探析[J].教育与职业，2018（21）：104-108.

[83] 吴新叶.社区中的政党：领导与赋能的基层治理迭代：基于石家庄一个老旧社区"红色物业"的调查[J].同济大学学报（社会科学版），2022，33（3）：20-29.

[84] 夏冰，潘若茗，陈雨琪，等.基于"未来社区"建设目标的老旧小区改造适宜性评价研究[J].住区，2023（1）：114-123.

[85] 肖东生，岳洪雷.衡阳市输变电产业集群企业竞合关系研究[J].南华大学学报（社会科学版），2011，12（2）：6-9.

[86] 辛杰.商业生态系统视角下的企业社会责任实现[J].华东经济管理，2011，25（6）：105-107.

[87] 徐培备.城市社区公共环境治理困境与多元治理模式探索[D].上海：华东政法大学，2014.

[88] 徐晓明，许小乐.社会力量参与老旧小区改造的社区治理体系建设[J].城市问题，2020（8）：74-80.

[89] 许佳绿.幼儿园教师游戏观察素养评价指标体系的构建研究[D].金华：浙江师范

大学，2022.

[90] 许泰蒙，段翔.基于模糊综合评价法的绿色社区评价研究[J].城市建筑，2021，18（26）：31-34.

[91] 许文文，康晓光.企业战略性慈善理论研究：对波特战略性慈善理论的拓展[J].云南师范大学学报（哲学社会科学版），2014，46（5）：126-132.

[92] 薛璟璟.智慧社区建设绩效评价及实证研究[D].合肥：安徽建筑大学，2021.

[93] 严定峰.物业管理企业人力资源管理问题及对策探析[J].企业改革与管理，2021（22）：109-110.

[94] 杨梦晗.山东威海出台"红色物业"建设规范[N].中国建设报，2021-7-29（2）.

[95] 杨思祺，丁旨仪，韩璐."红色物业"背景下武汉市江岸区物业管理满意度调研[J].住宅与房地产，2020（15）：1-3.

[96] 姚寂然."红色物业"：城市社区党建的创新与探索[D].武汉：湖北省社会科学院，2018.

[97] 叶成.物业企业参与社区治理问题研究[D].武汉：华中师范大学，2018.

[98] 叶娟丽，韩瑞波.吸纳式合作机制在社区治理中为何失效？：基于H小区居委会与物业公司的个案分析[J].南京大学学报（哲学·人文科学·社会科学），2019，56（2）：136-144；160.

[99] 叶锡祥.浙江省衢州市：党建引领"红色物业"联盟建设[J].党建，2018（12）：50-51.

[100] 伊超男.平台型商业生态系统组织治理研究[D].哈尔滨：黑龙江大学，2019.

[101] 殷学兵，邓露洁，玄萱."百子红"蹚出党建引领基层治理"玄武路径"[N].南京日报，2022-09-05（1）.

[102] 于潇远.城市规划中的公众参与制度研究[D].北京：中国人民公安大学，2021.

[103] 喻利仙.中部地区金融生态问题研究[D].南京：南京航空航天大学，2008.

[104] 袁劼.基础评价理论的公理化分析与构建研究[D].上海：上海交通大学，2009.

[105] 袁琪.健康城市导向下社区公共空间健康评价与优化研究[D].长春：吉林建筑大学，2022.

[106] 张海涛，闫奕文，冷晓彦.企业信息生态系统的解构及三元性分析[J].图书情报工作，2010，54（10）：11-14.

[107] 张建，李海乐.多元视角导向下北京老旧小区宜居性评价研究[C]//中国城市规划学会，成都市人民政府.面向高质量发展的空间治理：2021中国城市规划年会论文集（02城市更新）.北京：中国建筑工业出版社，2021：133-140.

[108] 张建龙.现代林业统计评价研究[M].北京：中国林业出版社，2013.

[109] 张利平.商业生态系统理念下企业商业行为进化与优化[J].商业经济研究，2016（12）：98-99.

[110] 张威，刘妍伶.基于生态演化观点的企业竞合分析模式[J].研究与发展管理，2007（2）：1-6.

[111] 张蔚磊.大学外语教师绩效评估指标体系研究[J].中国外语，2012，9（4）：9-16.

[112] 张小军.党建引领物业管理 构建和谐幸福矿区：宝石花"红色物业"模式的实践与探索[J].青海党的生活，2022（8）：48-50.

[113] 张玉华.探路"大物业"城市服务[J].中国物业管理，2022（10）：59-61.

[114] 张振.合法性建构：党建引领城市社区业主组织发展的策略机制：以全国城市基层"红色业委会"党建创新为例[J].内蒙古社会科学，2021，42（2）：27-35.

[115] 张作祥.物业管理实务[M].3版.北京：清华大学出版社，2014：6-10.

[116] 赵和岗.成都市城市社区党组织领导城市社区治理研究[D].成都：西南交通大学，2020.

[117] 赵惠敏，李琦.三个维度的中国税制改革目标取向[J].社会科学战线，2016（9）：71-79.

[118] 赵娜男."红色物业"融入基层治理：盘点2022之基层治理篇[J].中国物业管理，2022（12）：51-55.

[119] 郑路，张栋.城市美好社区指标体系研究[J].社会政策研究，2020（3）：11-28.

[120] 钟耕深，崔祯珍.商业生态系统理论及其发展方向[J].东岳论丛，2009，30（6）：27-33.

[121] 钟耕深，崔祯珍.商业生态系统隐喻的价值与局限性[J].山东大学学报（哲学社会科学版），2008（6）：117-122.

[122] 钟耕深，杨海华，王芳.商业生态系统的内部风险识别与控制[J].山东社会科学，2010（12）：81-84；155.

[123] 周波，徐浙，冯田.基于CiteSpace的中国低碳城市研究知识图谱分析[J].城市发展研究，2022，29（5）：86-94.

[124] 周春山.实现老旧城区改造高质量发展：问题与对策[J].国家治理，2021（47）：30-34.

[125] 周如南，陈敏仪.城市社区业主自治的集体行动逻辑：以广州Q小区为例[J].广西民族大学学报（哲学社会科学版），2017，39（4）：60-69.